朱巍◎著

抗美援朝后援地

三地三摇篮系列丛书

吉林人民出版社

出 品 人：常　宏
选题策划：吴文阁
责任编辑：门雄甲
封面设计：上层品牌

图书在版编目(CIP)数据

抗美援朝后援地 / 朱巍著. -- 4版. -- 长春：吉林人民出版社，2023.12
("三地三摇篮"系列丛书)
ISBN 978-7-206-20751-8

Ⅰ.①抗… Ⅱ.①朱… Ⅲ.①抗美援朝战争—史料—吉林 Ⅳ.①E297.5

中国国家版本馆CIP数据核字(2023)第232207号

抗美援朝后援地

KANGMEI YUANCHAO HOUYUANDI

著　　者：朱　巍
出版发行：吉林人民出版社
　　　　（长春市人民大街7548号 邮政编码：130022）
印　　刷：长春第二新华印刷有限责任公司
开　　本：720mm×1000mm　1/16
印　　张：28.25
字　　数：230千字
标准书号：ISBN 978-7-206-20751-8
版　　次：2023年12月第1版
印　　次：2024年5月第2次印刷
定　　价：75.00元

如发现印装质量问题，影响阅读，请与出版社联系调换。

序 言
Preface

赓续红色血脉
激发奋进力量

　　红色是中国共产党最鲜亮的底色，红色资源是中国共产党艰辛而辉煌奋斗历程的见证，是最宝贵的精神财富和精神力量。党的十八大以来，习近平总书记反复强调要用好红色资源，赓续红色血脉，努力创造无愧于历史和人民的新业绩。2020年，习近平总书记在视察吉林时指出："吉林有着光荣的革命传统。抗日战争时期，在极其恶劣的条件下，杨靖宇将军领导抗日武装冒着零下四十摄氏度的严寒，同数倍于己的敌人浴血奋战。牺牲时，胃里全是枯草、树皮、棉絮，没有一粒粮食，其事迹震撼人心。解放战争时期，'三下江南''四保临江''四战四平''围困长春'，党领导人民军队在这里奏响一曲曲胜利凯歌。在抗美援朝战争中，吉林人民也做出了重大贡献。要把这些红色资源作为坚定理想信念、加强党性修养的生动教材，组织广大党员、干部深入学习党史、新中国史、改革开放史、社会主义发展史，教育引导广大党员、干部永葆初心、永担使命，自觉在思想上政治上行动上同党中央保持高度一致，矢志不渝为实现中华民族伟大复兴而奋斗。"[①]这是习近平总书记对吉林为中国革命做出巨大牺牲和伟大贡献的充分肯定，也为我们弘扬践行伟大革命精神，指明了前进方向，增添了奋进动力。

100多年来，在中国共产党的坚强领导下，吉林人民为保卫和建设这块红色热土，前赴后继、不怕牺牲，进行了波澜壮阔、艰苦卓绝的英勇斗争，谱写了一曲曲感天动地、气壮山河的英雄赞歌，涌现出无数可歌可泣、真挚动人的红色故事，留下了大量不可复制、不可替代的革命文物与红色遗址遗迹。按照党史学习教育领导小组的安排部署，我多次到吉林省参与指导党史学习教育工作，其间走访参观了省内颇具代表性的红色遗址遗迹、纪念馆、博物馆等，对吉林的红色资源、红色文化有了更深刻更直观的感受，也深切体会到吉林省时刻牢记习近平总书记的重托，以强烈的"答卷意识"和"赶考精神"，充分用好丰富鲜活的红色资源，创造性开展各项学习教育活动，着力汇聚起推动吉林全面振兴全方位振兴的磅礴力量。特别是吉林省

---

① 习近平：《用好红色资源，传承好红色基因，把红色江山世世代代传下去》，载《求是》2021年第10期，第17页。

提炼概括的"东北抗日联军创建地、东北解放战争发起地、抗美援朝后援地，新中国汽车工业的摇篮、新中国电影事业的摇篮、中国人民航空事业的摇篮"六大红色标识，更是为传承红色基因、赓续红色血脉提供了最直接最生动最鲜活的教材。

"三地三摇篮"红色标识集中体现了吉林红色资源的鲜明特色、独特品质、丰富内涵，凝聚着吉林人民艰苦奋斗、牺牲奉献、开拓进取的伟大品格。读史明智，知古鉴今。组织编写"三地三摇篮"六卷本丛书，是尊重革命历史、传承红色文化的需要，是从党的历史中汲取智慧、启示和力量的需要，更是用党的历史教育广大人民群众的需要。

阅读这套丛书，我们可以看到，九一八事变后，为了挽救民族危亡，在中国共产党的领导下，东北抗日联军爬冰卧雪、吞絮食草，英勇战斗、前赴后继，在白山松水、林海雪原中，以挑战人类生存极限的顽强意志与日本侵略者殊死搏斗14年，沉重打击了日本侵略者的嚣张气焰，挺起中华民族不屈的脊梁，用鲜血和生命谱写了惊天地、泣鬼神的爱国主义篇章，铸就了具有"忠诚于党的坚定信念，勇赴国难的民族大义，血战到底的英雄气概"的东北抗联精神，成为中国共产党人精神谱系的重要组成部分。我们可以看到，抗战胜利后，东北成为国共两党争夺的焦点，中国共产党领导的东北民主联军（后称东北人民解放军），在两种命运、两个前途的决战中，来不及拂去满身征尘，来不及揩干伤口血迹，便用吉林大地上一系列重大战役吹响了全国解放的号角，谱写出一曲曲新民主主义革命的胜利凯歌。我们可以看到，在抗美援朝战争期间，吉林人民凭着对党的忠诚和必胜的信念，无私奉献、舍生忘死，举全省之人力、物力、财力提供战勤保障，保证了抗美援朝战争的最后胜利，践行了伟大的抗美援朝精神，成为抗美援朝的"钢铁后方"。我们可以看到，作为重要的老工业基地，吉林省见证了新中国工业的成长，为新中国经济建设做出了不可磨灭的贡献，特别是国家"一五"计划重点建设项目之一的中国第一汽车制造厂，以第一辆"解放"牌卡车的诞生，结束了中国不能制造汽车的历史，中国汽车工业从此翻开了崭新的一页。我们可以看到，作为新中国第一家电影制片厂，长春电影制片厂（简称"长影"）为时代立像、为人民放歌、为民族铸魂，长影的影片影响和激发了几代中国人的电影情结和爱国情怀，从长影走出去的艺术家遍布全国，长影的发展史，就是新中国电影的发展史。我们可以看到，在烽火硝烟中成立的东北民主联军航空学校，是中国共产党领导下的人民军队创办的第一所航空学校，培育出了新中国第一代空战精英，为中国空军的不断发展壮大孕育了第一批精良的种子，在人民空军的历史上写下了光辉的一页，并形成了以"团结奋斗、艰苦创业、勇于献身、开拓新路"为核心内容的东北老航校精神。

阅读这套丛书,重温百年以来吉林大地所经历的风云激荡的革命、建设和改革历程,人们会感受到清晰的历史足音、有力的时代脉动、澎湃的革命精神,有利于激发斗志、凝聚人心、增添干劲,引领吉林人民为在中国式现代化进程中推动吉林全面振兴取得新突破而攻坚克难、砥砺前行,取得一个又一个胜利。

潮涌催人进,扬帆再启航。当前,我们已经踏上了实现第二个百年奋斗目标新的赶考之路,能否向历史、向人民交出一份优异的答卷,坚定的历史自信极为重要。红色资源向我们所传递的,不仅是党的百年辉煌成就和历史经验,更是激励我们秉承历史荣光、创造新的伟业的号召。弘扬以伟大建党精神为源头的中国共产党人精神谱系,必将鼓舞我们更加自觉地坚定历史自信、筑牢历史记忆,继承革命传统、传承红色基因,赓续吉林文脉,踔厉奋发、勇毅前行,为全面建设中国式现代化新吉林、推进新时代吉林全面振兴率先实现新突破而团结奋斗。

朱虹

2023 年 7 月

目 录
Contents

第一章　朝鲜战争与抗美援朝运动 / 001

1. 二战后的世界格局演变 / 002
2. 朝鲜半岛冲突升级战争爆发 / 006
3. 抗美援朝的伟大决策 / 013
4. 未雨绸缪组建东北边防军 / 020

第二章　抗美援朝运动在吉林 / 025

1. 吉林省海关村渡口遭劫记 / 027
2. 抗美援朝第一渡：集安鸭绿江铁路大桥 / 033
3. 志愿军老兵回忆从集安跨过鸭绿江 / 046
4. 吉林省委贯彻抗美援朝运动决策 / 050

第三章　抗美援朝运动中吉林省的宣传教育 / 057

1. "三视"教育运动的开展 / 058
2. 保卫世界和平签名运动 / 068
3. 吉林省反美反战宣传部署举措 / 078
4. 全省各地的宣传活动 / 083

第四章　抗美援朝运动中吉林省的战勤支前 / 091

1. 支援前线边援边建 / 093
2. 全民掀起参战支前热潮 / 102
3. 保障战勤供应服务 / 106
4. 吉林人民参加战勤大队轶事 / 112

第五章　抗美援朝运动中吉林省的生产捐献 / 131

1. "三反""五反"运动 / 132
2. 订立爱国公约 / 141
3. 爱国丰产竞赛 / 147
4. 捐献武器运动 / 160

第六章　抗美援朝运动中吉林省的优抚拥军 / 171

1. 落实优抚拥军政策 / 172
2. 制定优抚拥军举措 / 176
3. 优抚拥军典型事迹 / 186
4. 全省青年参战参军热情高涨 / 190

第七章　抗美援朝运动中吉林省的反细菌战 / 201

1. 美军实施细菌战 / 202
2. 揭露细菌战罪行 / 206
3. 爱国卫生防疫运动 / 215
4. 反细菌战取得胜利 / 224

第八章　抗美援朝运动中吉林省的反谍锄奸 / 235

1. 边境反谍特战斗 / 236
2. 镇压反革命运动 / 242
3. 取缔反动会道门 / 252
4. 长白抓捕空特记 / 258

第九章　抗美援朝运动中吉林省的组织慰问 / 273

1. 吉林文艺工作者赴前线演出 / 275
2. 吉林人民捐赠慰问物品 / 285
3. 邀请归国代表巡回演讲 / 294
4. 热烈欢迎志愿军凯旋 / 300

第十章　抗美援朝运动中吉林省的救助帮扶 / 309

1. 成立伤员招待站 / 310
2. 安置难民 / 323
3. 照顾难童 / 333
4. 医疗服务 / 343

第十一章　抗美援朝运动中吉林省的铁路系统 / 355

1. 积极开展宣传动员 / 356
2. 筑路修桥保线畅通 / 364
3. 发挥奇智完成军运 / 369
4. 炸不断的钢铁前线 / 376

第十二章　最可爱的人 / 385

1 吉林英雄儿女之一：
龙源里阻击战中的一级战斗英雄——郭忠田 / 386

2 吉林英雄儿女之二：
和敌人同归于尽的一级战斗英雄——杨宝山 / 396

3 吉林英雄儿女之三：
牺牲在铁路线上的二级战斗英雄——王景洲 / 402

4 吉林英雄儿女之四：
松鼓峰战役殊死搏斗的烈士——隋金山 / 407

5 吉林英雄儿女之五：
用机枪打落美军飞机的战斗英雄——关崇贵 / 410

6 吉林英雄儿女之六：
一根扁担活捉25个美伪军的老民兵——曲洪一 / 417

7 吉林英雄儿女之七：
长春铁路分局一等功臣——张雨和 / 420

8 回家 / 425

参考文献 / 435

第一章

朝鲜战争与抗美援朝运动

★ 抗美援朝后援地

1950年6月25日,朝鲜内战爆发。美国随即派兵进行武装干涉,发动对朝鲜的全面战争,同时派遣第七舰队入侵中国台湾海峡,中国的国家安全受到严重威胁。应朝鲜民主主义人民共和国的请求,中共中央作出了"抗美援朝,保家卫国"的决策,毅然派遣中国人民志愿军入朝作战。吉林省地处祖国边疆,其延边、通化地区与朝鲜民主主义人民共和国仅一江之隔,边境线长达1206千米。按照中央指示,处在抗美援朝前沿的吉林人民高举爱国主义和国际主义旗帜,同心同德,团结奋斗,全力支援中国人民志愿军和朝鲜人民,为抗美援朝战争的胜利作出了重大贡献。[1]

1. 二战后的世界格局演变

朝鲜半岛位于亚洲东北部,东北部与俄罗斯相连,西北部隔着鸭绿江、图们江与中国相接,西部与胶东半岛隔海相望,东南部隔朝鲜海峡与日本相望。西、南、东三面分别被黄海、朝鲜海峡、日本海环绕,战略地位十分重要。1910年8月,日本公然吞并朝鲜,朝鲜人民在日本的统治下,被蹂躏了35年。1945年,中美英三国在促令日本投降

---

[1]《中国共产党吉林省历史》第二卷(1949-1978),中共吉林省委党史研究室著,中共党史出版社,第38页。

的《波茨坦公告》中表示，"在相当期间，使朝鲜独立"。然而，二战结束后，根据雅尔塔会议的安排，朝鲜半岛置于美苏两国相互争夺的势力范围内，被划分为南北两部分。

1945年2月初，苏军率先在欧洲战场东线发动强大攻势，美英等国盟军随后在法国登陆，形成对德国的东西夹击。在亚洲与太平洋战场方面，盟军通过岛屿登陆作战和海空作战对日军展开战略进攻。欧亚各国的抵抗运动和游击战则配合着盟军的进攻。此时，即将迎来胜利曙光的同盟国三巨头罗斯福、丘吉尔、斯大林聚首苏联克里米亚半岛的休养胜地雅尔塔，就战后世界新秩序和列强利益分配问题签定了秘密协议。此次会议虽然没有对战后朝鲜问题正式协商，但罗斯福和斯大林在非正式谈话中讨论了朝鲜半岛战后的设想，罗斯福提出朝鲜应当由苏联、中国和美国3个国家的代表负责托管的建议。

1945年5月，德国投降。在讨论对战败德国的处置和战后欧洲格局问题上，以及敦促苏联尽快对日本宣战方面，美、英、苏三国首脑于同年7月17日至8月2日，在德国柏林近郊的波茨坦举行了战时的第3次会晤，史称"波茨坦会议"或"柏林会议"。美、英、苏三国设想的太平洋战争应这样结束：由美国全歼太平洋地区和日本本土的日军，由苏联对付驻扎在中国东三省的日本关东军,由中国军队歼灭除东三省以外驻扎在中国大陆的其他日军。会议对各国军事行动区域大体作了上述划分,但究竟由谁来解决朝鲜半岛的日军问题没有提及。另外,在行政区划上,朝鲜已被日本列为其版图的一个行省,而朝鲜半岛上的日军又隶属于驻扎在中国东三省的关东军,于是朝鲜半岛出现了行动空白和模糊区域。

1945年12月19日,美国总统哈里·杜鲁门在《国情咨文中》公开宣称,美国"有经常而迫切的必要来领导世界了"。1947年3月12日,杜鲁门在美国国会特别会议上更提出了一个系统的纲领,宣称要把美国的利益扩展到整个世界,宣称美国不能在对"自由世界"的"领导方面举棋不定","必须采取果断的行动",向某些国家的反动政权提供"财政援助和物资援助""选派美国文职和军事人员"帮助镇压某些国家的"混乱和无秩序状态",挽救"自由制度的崩溃",遏制"共产主义的扩张"。这个纲领就是后来著名的"杜鲁门主义"。"杜鲁门主义"的实质就是支持一些国家的反动统治镇压人民革命运动,在全世界建立美国的霸权。"杜鲁门主义"的提出,标志着美苏冷战的正式开始,成为干涉别国内政的代名词。

在"杜鲁门主义"的支配下,美国政府依仗其强大的经济力量和军事力量①,积极推行以欧洲为重点的全球战略。在欧洲,它实行"马歇尔计划"②,恢复西欧资本主义国家的战争潜力,组织北大西洋公约集团,将美国军队和西欧国家军队进行"整体"部署,并在柏林与苏联对抗。在亚洲,它也竭力进行争夺和扩张:在阿拉斯加、日本到菲律宾、关岛的弧形地带,它建立了200多个军事基地,部署了三分之一的陆军和近100艘军舰、1100多架飞机;在印度,它提供军事和经济援助,支持法国进行殖民战争;在日本,它拒绝同有关各国达成协议,策划单独缔结对日和约,以保持其驻日军队,把日本变成它在亚洲的重要军事基地;在中国,它在共产党和国民党之间斡旋,到后来直接以金钱和武器援助国民党进行反共反人民的内战,失败后仍继续支持中国台湾国民党集团;在朝鲜,它阻挠苏、美联合

---

① 美国由于在第二次世界大战中没有遭受战争破坏,战后经济发展很快。它在资本主义世界工业总产量中所占的比重,由1937年的41.4%增长到1947年的62%。美国集中了资本主义世界黄金储备的70%。在军事方面,美国虽将军队人数由1945年的1100万逐渐减少到1950年的150万,但每年开支数百亿美元的军费以改进武器装备,着重发展原子武器,以保持"实力地位"进行原子讹诈。

② "马歇尔计划",即由美国国务卿乔治·马歇尔于1947年6月5日在哈佛大学的演说中提出的"欧洲复兴方案"。他宣称要向西欧国家提供"大量的额外援助",倾销美国的剩余物资,以免西欧"面临性质非常严重的经济、社会与政治的恶化"。为此,美国于1948—1952年向西欧提供了131.5亿美元的援助。

委员会的工作，破坏朝鲜半岛独立统一，试图将其纳入自己的势力范围。

而战后初期的苏联，战略总目标也是确保头等大国地位和势力范围，努力发展壮大以自己为首的世界社会主义体系。其主要战略构想是，维持美苏主导的雅尔塔体系，巩固苏联在二战中取得的战略利益和势力范围，建立包括东欧在内的保障苏联安全的屏障，扩大苏联的影响，增强苏联的国力，推进并领导世界革命，确保苏联经济的恢复和发展。

2. 朝鲜半岛冲突升级战争爆发

朝鲜战争爆发的最初起因源于朝鲜半岛的分裂。朝鲜南北对立政权成立之后，美苏双方通过"代理人"在朝鲜南北方实现了制衡，保持了各自的势力范围。这个时候美苏两国都把主要精力放在了战后的欧洲，对于远东地区的朝鲜，谁也不愿意投入过多的人力和物力，并且都做好了准备从朝鲜撤军的准备。

战后的朝鲜半岛，"三八线"以北主要为工业区，占总面积的57%，占总人口的40%；"三八线"以南主要为粮食产区，占总面积的43%，占总人口的60%。在美苏的支持下南北双方都开始组建各自的政党和社会组织。然而，虽然这些政党初期都将各自目标任务置于独立和民主旗帜下，但其政治目标和纲领并不明晰。与此同时，美国指责苏联在北方镇压右翼党派和反对派，苏联则指责美国在南方选举问题上弄虚作假。1947年9月，美国将朝鲜半岛问题提交联合国，主张联合国设立联合国朝鲜半岛问题临时委员会，负责观察、监督朝鲜南北方分别举行的大选，组成全朝鲜半岛的国民议会，由国民议会再召集会议建立国民政府。10月31日，美国避开安理会直接将此方案提交联合国大会。尽管联合国考虑到提议可能遭到苏联反对，但联大政治委员会仍以投票方式通过了美国的提案。

1947年底，以美国和苏联为主的冷战开始了。美苏双方为了称霸世界已无更多精力促成朝鲜半岛的统一选举，甚至鼓动朝鲜半岛南北双方互相打压。1948年2月26日，联大临时委员会通过决议："允许朝鲜人民在尽可能到达的地方继续选举。"5月10日，在美国军警的严密戒备和监督下，"南朝鲜"（韩国）举行了单独选举。这次选举，"南朝鲜"（韩国）共800万约85%以上的选民选举。最终结果是李承晚（"南朝鲜"过渡政府国会议长）以略微的优势当选大韩民国首任总统。此后，朝鲜南北双方先后成立大韩民国和朝鲜民主主义人民共和国。1948年底，朝鲜半岛最终分裂成两个国家，朝鲜半岛国土和民族分裂，"三八线"

两侧交通、电讯及人员物资的交流被切断。自1949年1月至1950年6月之前，朝韩双方在"三八线"附近共发生纠纷2000多起。随着冲突的不断升级，最终于1950年6月25日双方在"三八线"附近爆发了大规模战争。

1948年9月19日，苏联莫斯科电台宣布，为响应朝鲜最高人民会议于9月10日提出的关于要求苏联政府和美国政府撤退各自在朝鲜的驻军的请求，苏军将不迟于10月下半月开始撤出，并在1949年1月1日前撤出完毕。苏联照会美国政府，要求美国照此办理。12月30日，苏联宣布已完全从朝鲜撤军。但苏方撤军时留下了约3000名军事顾问。[①]

苏联撤军给美国造成了极大压力。同时，美国也担心其扶植的李承晚政权不受管控肆意妄为。为缓和局势，1949年3月23日，杜鲁门批准了美国国家安全委员会关于确定6月30日为美国撤军最后期限的报告，同时许诺为"南朝鲜"（韩国）军队提供6个月的补给，并帮助其建立一支至少拥有6.5万人的武装力量。6月29日，美军按计划全部撤出朝鲜，留下了一支不足500人的军事顾问团，并于1950年1月与"南朝鲜"（韩国）政府签订了防务协定。

---

①《抗美援朝战争风云录》，中国军事科学博物馆编著，花城出版社1998年版，第12页。

第一章 | 朝鲜战争与抗美援朝运动

1950年1月12日,时任美国国务卿艾奇逊发表讲话,表示不能保证被划在美国太平洋防线之外的"南朝鲜"(韩国)不会受到进攻。如果这种情况发生,一是要依靠他们自己来抵抗,二是依靠联合国的集体行动。这表明美国对朝鲜半岛的政策已从由美苏合作解决问题转变成依靠联合国行动来保卫"南朝鲜"(韩国),并在很大程度上决定了后来美国必定干涉朝鲜战争以及以"联合国军"的方式和规模干涉朝鲜战争。

朝鲜南北政权从成立之日起,就围绕着国家统一问题展开激烈斗争,美苏两国在朝鲜半岛问题上的对立和斗争也体现于此。因此,朝鲜半岛局势不但没有因为美苏撤军而缓和,相反日趋紧张。这主要表现在,"南朝鲜"(韩国)在美国支持下坚持"北进统一"政策。1949年10月31日,李承晚在美国发表演说,声称"南北分裂是必须用战争来解决的",并且加紧了战争准备。在此情况下朝鲜北方也做了必要准备,加强了人民军的建设。1949年3月,金日成访问苏联,与斯大林讨论了有关朝鲜的安全问题。[1] 斯大林明确表示,加强"北朝鲜"(朝鲜)的军队是必要的,但是没有必要害怕"南朝鲜"(韩国)。9月,大批苏联军事装备运

---

[1]《志愿军援朝纪实》,李庆山著,中共党史出版社出版2008年版,第12章。

· 009 ·

抵"北朝鲜"（朝鲜）。与此同时，金日成也致电中国共产党，请求参加中国人民解放军的朝鲜人民回朝，以加强朝鲜人民军的力量。

1949年1月，中共中央东北局联络部部长李立三、东北军区副司令员周保中与朝鲜民族保卫相崔庸健等人在苏联顾问的参与下，在哈尔滨举行会议，讨论中国军队中朝鲜籍士兵回国的问题。会议决定到1949年底以前将28000名朝鲜籍士兵送回国。7月至8月，第四野战军中以朝鲜籍士兵为主的164师和166师回到"北朝鲜"（朝鲜）。这些士兵回国后组成了朝鲜人民军第7师。1950年1月，金日成又派朝鲜人民军作战部长金光侠到中国，要求把中国军队中的另外1.4万名朝鲜籍士兵接回国，中国方面同意全部移交。金光侠又要求这批士兵携带武器返回，中共中央也表示同意。4月18日，这批朝鲜籍士兵到达朝鲜元山。

到1950年6月，朝鲜南北双方军事力量均有了较大增加。此时，"北朝鲜"（朝鲜）的总兵力已达到13.5万人，包括满员的步兵师8个、半满员的步兵师2个、独立团2个、装甲旅和装甲团各1个，以及5个警备旅和国内治安部队，此外还有坦克150辆、火炮600门、飞机196架。苏联军事顾问团约有3000人，在朝鲜人民军中甚至到连一级都设有顾问，每个步兵师的顾问多达15人。

同一时期,"南朝鲜"(韩国)军队的总兵力为:8个师共 9.8 万人、装甲车 27 辆、火炮 89 门、飞机 32 架。"南朝鲜"(韩国)军队是美军撤离前精心武装和培训的现代化军队。1949 年美军移交给"南朝鲜"(韩国)1.1 亿美元的军事装备,足够装备一支数万人的地面部队,其中包括:10 万支枪、5000 万发轻武器子弹、2000 支火箭发射筒、4 万多辆车辆,以及各种火炮和迫击炮。美国留下一个军事顾问团,共 472 名官兵。顾问团团长罗伯茨准将称,经他训练的"南朝鲜"(韩国)军队为"亚洲之雄"。

1950 年 6 月 25 日,朝鲜内战爆发。上午 9 时,朝鲜民主主义人民共和国内务省通过广播发布了第一条有关"三八线"战斗情况的新闻:[1]

"'南朝鲜'伪政府的所谓国防军,于 6 月 25 日拂晓,在全'三八线'地区向'三八线'以北开始了出其不意的进攻。"

"发动意外进攻的敌人,在海州西部、金川方面、铁原方面,侵入到以北地区 1 千米乃至 2 千米。"

"朝鲜民主主义人民共和国内务省,已命令共和国警备队击退侵入'三八线'以北地区的敌人。"

---

[1]《抗美援朝战争风云录》,中国军事科学博物馆编著,花城出版社,1998 年版,第 14 页。

"现在共和国警备队,正展开着激烈的防御战来抵抗敌人。共和国警备队已击退从襄阳方面侵入'三八线'以北地区的敌人。"

"朝鲜民主主义人民共和国政府,已指令共和国内务省警告'南朝鲜'当局,假若'南朝鲜'伪政府当局不立即停止对'三八线'以北地区的冒险的战争行为时,则即采取坚决的办法压制敌人,同时敌人须负因这一冒险的战争行为而引起严重后果的一切责任。"

同日,金日成紧急主持召开朝鲜劳动党中央政治委员会和内阁的非常会议,研究形势,讨论采取各种对策的问题。接着又召开朝鲜民主主义人民共和国最高人民会议常任委员会会议。会上,推选内阁首相金日成为军事委员会委员长和朝鲜人民军总司令。会议还就按照战时体制改组整个国家工作作出紧急决定。26日,金日成发表广播讲话,号召"全体朝鲜人民如不愿重新沦为外来帝国主义者的奴隶,就必须一致奋起投入打倒和粉碎李承晚卖国'政权'及其军队的救国斗争。我们将不惜任何牺牲,一定要争取最后胜利!"7月1日,"北朝鲜"(朝鲜)政府颁布了战时动员令。同时重新审查了发展国民经济的两年计划,把它改编为季度计划以适应战时需求。

动员令发布后,"北朝鲜"(朝鲜)人民积极响应号召,

第一章 | 朝鲜战争与抗美援朝运动

成千上万的青年学生、工人报名奔赴前线。朝鲜人民军官兵奋勇作战,以破竹之势向南部挺进,号称"亚洲之雄"的"南朝鲜"(韩国)军被打得丢盔卸甲。"朝鲜人民军在击退李承晚傀儡政府伪国防军向'三八线'以北地区的进攻后转入反攻,已从各方面迫近伪政府所在地汉城"。[1] 6月28日,"北朝鲜"(朝鲜)人民军攻克汉城。

3. 抗美援朝的伟大决策

战争初期,美苏两国都在观望局势发展。由于当时"南朝鲜"(韩国)大部分军队尚未进入战备状态,毫无招架之力,金日成所率领的军队很快在战场取得绝对优势,6月28日攻取汉城,7月20日占领大田,7月24日占领木浦,7月31日占领晋州。"南朝鲜"(韩国)军队和美军一直被逼退到釜山。当时,朝鲜人民军已占领朝鲜半岛90%的土地,拥有92%的人口。为确保在朝鲜半岛的利益,美国公然违反联合国关于不得干预他国内政的条约,迅速出兵朝鲜半岛支援"南朝鲜"(韩国)。

6月26日,美国总统杜鲁门命令驻日本的美国远东空军协助"南朝鲜"(韩国)作战。27日,再度命令美国第7

---

[1]《吉林日报》1950年6月29日,第3版。

舰队驶入中国台湾的基隆、高雄两个港口，并在台湾海峡巡逻，阻止解放军解放台湾。美国驻联合国代表还向安理会提交了动议案，该动议案在苏联代表因1950年1月抗议中国代表席位被中国台湾国民党政府继续占有而缺席的情况下，且以13∶1（南斯拉夫投了反对票）的票数得到通过。

"联合国军"以美军为主导，其他15个国家（英国、土耳其、加拿大、泰国、新西兰、澳大利亚、荷兰、法国、菲律宾、希腊、比利时、哥伦比亚、埃塞俄比亚、卢森堡、南非）也派小部分军队参战。这些军队与"南朝鲜"（韩国）国防军均归驻日本的美国远东军司令麦克阿瑟指挥。1950年9月15日，麦克阿瑟登上旗舰麦金利山号亲自督战，在美英两国300多艘军舰和500多架飞机的掩护下，美军第10军团成功登陆仁川，从朝鲜军队后方突袭，切断朝鲜半

"联合国军"以美军为主导，其他15个国家也派小部分军队参战

岛的蜂腰部一线，迅速夺回了仁川港和附近岛屿。9月22日，撤退到釜山环形防御圈的"联合国军"乘势反击，9月27日仁川登陆部队与釜山部队在水原附近会合，在美国的支持下"南朝鲜"（韩国）军队节节胜利，28日重夺汉城。

1950年9月30日，在朝鲜战争初期，大田战役爆发之后，大田市几乎被夷为平地

美国原先将"北朝鲜"（朝鲜）军队赶回"三八线"以北的计划也因战事进展极其顺利而有所改变。麦克阿瑟要求乘势追击将共产主义逐出整个朝鲜半岛。此时，朝鲜政府向中国求助，请求中国政府支援。

是否出兵入朝作战，中共中央的决策经历了一个从考虑出兵，到暂缓出兵，再到最终决定出兵的过程。

10月2日，毛泽东亲自草拟了一份长电报回复斯大林前一天的来电，内容是决定派遣志愿军入朝作战，并说明援朝的必要性、初步的战略设想和对参战前景的估计。然而，这份对志愿军入朝作战具有重要指导意义的电报并未送交苏联方面。这是因为在当天下午召开的书记处会议上，对出兵的问题未能取得一致意见，拟好的电稿被搁置下来。会后，毛泽东召见苏联大使罗申，让他向斯大林转呈中共中央书记处会议的意见：现在派遣志愿军援助朝鲜可能会承担极其严重的后果，中共中央的许多同志认为对此表示谨慎是必要的，目前最好克制一下，暂不出兵，同时积极准备力量。毛泽东还特别说明，"我们将召开一次党中央会议，中央各部门负责同志都要出席。关于这个问题还没有作出最后决定，这是我们的初步电报"。

10月4日和5日，中央政治局扩大会议在中南海颐年堂召开。会上充分发扬民主，与会者经过慎重讨论，反复权衡利弊得失，最后取得一致意见，做出了派遣中国人民志愿军入朝作战进行抗美援朝、保家卫国的决定。

毛泽东和中央政治局认为，尽管存在着严重困难，出兵还是必要的。这不仅是因为，如果让美国侵略军占领整个朝鲜，强兵压到鸭绿江边，我国将难以安定地从事建设，而且放任美国侵略军这样恣意践踏世界和平、欺凌友邦，于中国、于东方各国都极为不利。我军出战也存在着取得胜利的可能性。我们进行的是反侵略的正义战争,得道多助,士气旺盛;我军兵源充足,一贯能够以劣势装备战胜装备优良的敌人,有丰富的战争经验、灵活的战略战术和不怕牺牲、不畏艰苦的勇敢作战精神;战场背靠我国东北,后勤支持有利,而美军虽然武器先进,但兵力分散,补给线长,战斗意志不强。

关于参战的前景,毛泽东指出,必须从战略上作好两种准备:第一,既然决定出兵到朝鲜和美国人作战,就力求"在朝鲜境内歼灭和驱逐美国及其他国家的侵略军";第二,既然中美两军将在朝鲜境内交战,"就要准备美国宣布和中国进入战争状态,就要准备美国至少可能使用其空军轰炸中国许多大城市及工业基地,使用其海军攻击沿海地带"。毛泽东估计,"最不利的情况是中国军队在朝鲜境内不能大量歼灭美国军队,两军相持成为僵局,而美国又已和中国公开进入战争状态,使中国现在已经开始的经济建设计划归于破坏,并引起民族资产阶级及其他一部分人民对我们不满"。在准备应对最不利局面的同时,中共中央也估计到,由于中苏同盟的存在,如果美国把战争扩大到中国就会变为全面战争,变为世界大战,但出现这种情况的可能性并不很大。中国出兵顶住美国的进攻势头,挫其锐气,

> ★ 抗美援朝后援地

抗美援朝
保家卫国

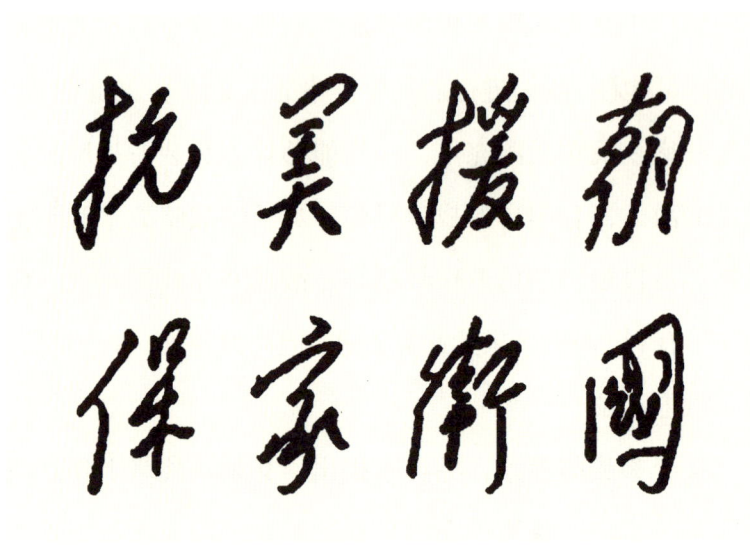

<small>毛泽东题字，记录了一个令人难忘的时代</small>

就可能使战争局部化，然后寻求和平解决的途径。

10月8日，在美军越过"三八线"的第二天，中国人民革命军事委员会主席毛泽东发布命令，将东北边防军组成中国人民志愿军，任命彭德怀为中国人民志愿军司令员兼政治委员，待命出动。10月13日晚，毛泽东向中国人民志愿军下达入朝作战的正式命令。[①]

1950年10月19日，在彭德怀的指挥下，中国人民志愿军雄赳赳气昂昂地跨过了鸭绿江，奔赴朝鲜战场。

[①]《中国共产党历史》第二卷（1949—1978）（上册），中共中央党史研究室著，中共党史出版社，第71页。

第一章 | 朝鲜战争与抗美援朝运动

中国人民志愿军在安东（今丹东）、长甸河口、辑安（今集安）等处跨过鸭绿江

中国人民志愿军第42军通过水下桥奔赴朝鲜

10月25日，中国人民志愿军第40军第118师于朝鲜境内两水洞、丰下洞地区与由温井向北镇进犯的李承晚军步兵第6师第2团前卫加强第3营进行了一次遭遇战。此战经约1小时，志愿军全歼敌军1个营及1个炮兵中队，共毙伤俘敌470多人。战后毛泽东致电："庆祝你们初战胜利。"这一天，后来被定为中国人民志愿军抗美援朝纪念日。

4. 未雨绸缪组建东北边防军

中国政府在美国武装侵略朝鲜、入侵我国台湾的第一时间表示了强烈抗议。1950年6月28日，毛泽东在中央人民政府委员会第八次会议上发表讲话，指出，"全世界各国的事务应由各国人民自己来管。美国对亚洲的侵略，只能引起亚洲人民广泛的和坚决的反抗"。中国人民"既不受帝国主义的利诱，也不怕帝国主义的威胁"。他号召，"全国和全世界的人民团结起来，进行充分的准备，打败美帝国主义的任何挑衅"。同日，中央人民政府政务院总理兼外交部长周恩来代表我国政府发表声明[①]，强调指出，"杜鲁门27日的声明和美国海军的行动，乃是对中国领土的武装侵

[①] 中央人民政府政务院，是1949年10月21日至1954年9月27日期间，中华人民共和国"国家政务的最高执行机关"，是中央人民政府的一个机构。政务院的规模要远远小于1954年之后的中华人民共和国国务院，其职权也远远小于国务院。

略,是对联合国宪章的彻底破坏"。"我国全体人民,必将万众一心,为从美国侵略者手中解放台湾而奋斗到底"。

朝鲜半岛爆发战争后,中国周边环境发生重大变化,特别是在美军侵入朝鲜以后,产生了一系列影响全局的复杂问题。1950年7月1日,美国向朝鲜半岛派出空军海军,随即又出动了地面部队投入到朝鲜战场。面对紧张局势,中共中央和毛泽东主席高瞻远瞩地分析了朝鲜半岛形势,认为朝鲜战争已越趋复杂化,已经成为东方斗争的热点,甚至成为国际斗争的热点。美国扩大战争规模和战争转入持久性的可能已日益增大,美国甚至会因为战争规模的不断扩大,有攻击中国东北的可能。[①] 因此,为保卫我国东北地区安全和在必要时刻支援朝鲜人民的反侵略战争,应及时采取应变措施,增强东北地区的国防力量以巩固国防、预防突发事件,并做好在必要时援助朝鲜人民抗击美国侵略的准备。

7月7日,周恩来主持召开保卫国防问题第一次会议,会上传达了中共中央和毛泽东关于成立东北边防军的决定,讨论了保卫东北边防的问题,提出并同与会者初步商议了边防军所辖与部署、指挥机构设立与领导人选配置、政治

[①]《抗美援朝战争风云录》,中国军事科学博物馆编著,花城出版社1998年版,第71页。

动员与后勤保障、车运计划与兵员补充等问题。10日，周恩来又主持召开第二次会议，最后商定组织东北边防军的各项问题。根据两次会议精神，13日正式形成中央军委《关于保卫东北边防的决定》（简称《决定》）。《决定》确定，立即抽调第13兵团（兵团部、第38军、第39军、第40军）、第42军、第四野战军炮兵司令部（炮兵司令部、第1炮兵师、第2炮兵师、第8炮兵师、高射炮兵4个团）、骑兵1个团、工兵第6团、汽车兵3个团，编制人数达25.5万余人，组成东北边防军；编入东北边防军的各部队从东北、华北、华东、中南和西南地区等原驻地开展车运工作，于8月5日前全部集结到达指定地区；以粟裕为东北边防军司令员兼政治委员，萧劲光为副司令员，萧华为副政治委员，李聚奎为后勤司令员，万毅负责指挥边防军特种兵部队，段苏权为司令员组成东北空军司令部。由于粟裕因病不能到职、萧劲光任刚组建的海军司令员、萧华任总政治部副主任主持日常工作，中央军委又对人员进行了调整。

23日，经毛泽东批准，中央军委决定东北边防军归东北军区司令员高岗指挥，并统由东北军区供应，李聚奎改任东北军区后勤部长。边防军的训练工作由第13兵团统一组织，并先后任命洪学智、韩先楚为第13兵团第一副司令员和副司令员，赖传珠离职养病，由邓华兼兵团政治委员。

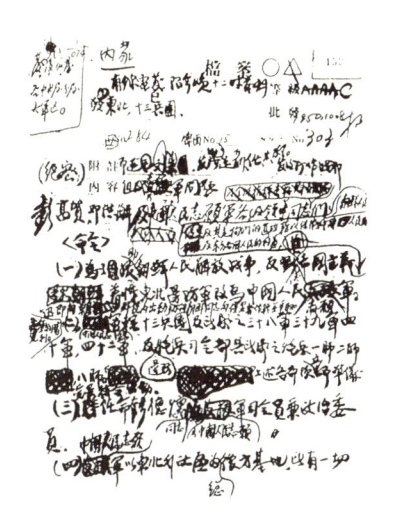

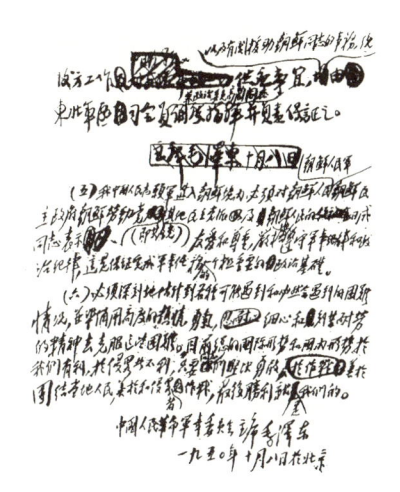

中央军委、毛泽东主席关于组成中国人民志愿军和中国人民志愿军出国作战的命令（复制品）

同时，东北边防军在安东（今丹东）至辑安（今集安）、凤城至通化、本溪至梅河口、沈阳至四平等"四线八点"上建立和完善了边境地区物资储备体系，并确定部署了通往战区的3条兵站运输线，对卫勤保障进行了精心准备。

10月19日，仅仅组建了两个多月的东北边防军，以中国人民志愿军的名义开赴朝鲜战场。

作为中国人民志愿军的前身部队，东北边防军的组建是抗美援朝战争史上不可磨灭的重要一笔。东北边防军自组建之日起，几经集结、加强、再部署，既巩固了国防，又为后来抗美援朝、保家卫国的战略决策争取了军事上的主动，也为抗美援朝的胜利奠定了坚实的基础。彭德怀曾在总结战争经验中提到，"最重要的则是由于党中央和毛主席英明的决策，坚定的意志和正确的领导。当美帝国主义发动侵略战争时，我们即调了5个军置于鸭绿江北岸，待敌越过'三八线'向我国边境逼近时，出其不意地给以痛击，取得第一个战役的胜利。这不仅挽救了当时朝鲜人民军败退的局面，而且取得了战争的主动权。如果预先无此准备，想要凭空扭转当时极不利、极严重的局面，那是不可设想的"。

中国人民志愿军从辑安（今集安）过江入朝部队序列

第二章

抗美援朝运动在吉林

★ 抗美援朝后援地

吉林省地处祖国东北边陲，其延边、白山、通化地区与朝鲜民主主义人民共和国仅一江之隔，集安、图们、珲春、临江等地曾是抗美援朝的重要口岸。

抗美援朝运动期间，吉林人民发扬爱国主义和国际主义精神，广泛开展宣传教育工作，踊跃参军参战，积极捐献飞机大炮，在各条战线上努力生产、厉行节约，用实际行动支援前线，吉林省也因此成为抗美援运动的重要后援地。

现在的集安鸭绿江铁路大桥

1. 吉林省海关村渡口遭劫记

吉林省集安市凉水乡海关村位于鸭绿江北岸，隔江与朝鲜楚山郡相望。这里江面狭窄，水稳浪静，一直以来都是中朝两国民间交往的天然渡口。1950年6月，朝鲜内战爆发后，海关村也遭到美军飞机的疯狂轰炸。

1950年10月，海关村村民们正忙着收割庄稼，忽然一阵轰鸣声划破寂静的夜空，村民看到3架飞机（后证实为美军B29型轰炸机）从鸭绿江对岸的楚山郡方向飞来，机后还拖着长长的烟雾，从高空向低空盘旋。当机身快要接近山头的时候，一排排子弹雨点般地扫射下来。正在忙碌的村民四处躲避，有的村民受了伤，有的村民家中房屋和物品被摧毁，还有的村民家中草垛被引燃，饲养的家禽也被烧死。

集安抗美援朝遗址——凉水乡海关村江岸碉堡

时隔几日对岸又传来炮声，随后接连几发炮弹落到海关村。村里的部分草房着了火，农田多处被炸出一米多深的大坑。躲避起来的村民被炸掀的泥土埋了半截身子，就连耕牛的尾巴也都被炸断了。村里的碾房被掀起一半，石碾子都被炸得从屋里滚了出来。事后，未爆炸的带有"USA"标记的炸弹被拍了照。

事件发生后，周恩来代表中国政府就美帝国主义的无端挑衅行为致电艾奇逊，并向美国政府提出了严正抗议。集安各界人士也纷纷举行集会，坚决拥护中国政府的声明，强烈声讨美帝国主义罪恶行径。随后，一场抗击美国侵略者和保卫祖国边疆的正义行动在海关村展开了。

当时，通化地区指派边防科副科长姜国权等人到海关村开展工作，发动和组织群众，组成了包括海关村派出所所长王宝山、股长王春林、干事吕跃廷、村长孙永才和支部书记胡广和等人在内的领导班子，并成立了运输队、接待站和联络站等机构，发动海关村村民为战时服务。

为支援朝鲜人民，海关村父老乡亲节衣缩食，将省下来的粮食和物品通过海关村这一重要渡口运往朝鲜。当时，运输主要靠艚子和木排为工具。一艘艘艚子上和一块块木排上装满货物，由几个水性好的村民冒着天冷水寒和被敌机低空袭击的危险，划着过江运往朝鲜。有一次，2艘艚子和4块木排装满物资,刚行进到江心就遇到敌机低空扫射,村民们迅速躲到刺骨的江水中,才脱离危险。虽然两块木排中弹着了火,但村民们不顾生命危险,纷纷到江中奋力抢救,把货物安全运到了朝鲜。

战争也使成千上万的朝鲜房屋倒塌、人民无家可归,朝鲜难民络绎不绝地通过渡口逃到鸭绿江北岸海关村避难。当地接待站组织海关村村民腾出草房,生火做饭,浆洗衣服,缝补被褥,热情接待。根据上级指示,当地接待站将朝鲜难民有秩序地送往桓仁、宽甸等地进行安置。

在得知对岸朝鲜楚山郡华全会中学被美军燃烧弹烧光,30多名朝鲜学生无家可归的消息后,边防派出所和村支部委员会连夜研究营救方案,并决定由姜国权、王宝山和吕跃廷三人带领一名翻译和十几名水性好的村民,划着一艘大艚子前去营救。到达朝鲜后,无家可归的学生像孩子见到母亲那样扑到他们怀里。返回途中,因被敌人发现,刚接近码头便遭到炮击,村民们奋不顾身掩护,朝鲜学生安全抵达海关村。

泅渡和摆渡营救不了大批难民。几天后,美军和"南朝鲜"(韩国)军队逼近楚山郡,大部民房被烧光,粮食和物品被洗劫一空,许多无辜的老人和孩子惨遭杀害,敌方很快攻到了鸭绿江边。危机中,经中朝双方政府协商,决定在海关村渡口临时架起一座浮桥。浮桥是由两条粗钢缆连通，一头用钢筋水泥固定在海关村渡口码头上，另一头固定在对岸山坡石砬子上，中间用厚木板铺平浮在水面上，为确保安全，上面还拉了两条粗钢丝做为把手。为了铺设这座浮桥，海关村村民克服了各种困难，日夜奋战，仅用几天就将浮桥架了起来。浮桥架起后，朝鲜难民和地方内务署工作人员络绎不绝地抵达中国境内。正当朝鲜难民过江达到高潮时，发生了一起惨不忍睹的大惨案。

1950年10月23日下午，美军和"南朝鲜"（韩国）军队已接近鸭绿江边。此前，我方联络员已获悉南朝鲜（韩国）军队先遣队在楚山郡放火烧房、枪杀华侨的事情，并向上级作了汇报。上级指示一定要守住渡口，并把民兵组织起来，埋伏在江边，作好战斗准备。这天傍晚，美军和"南朝鲜"（韩国）军队分乘8辆汽车来到鸭绿江边，每辆汽车上架着重机枪，车后还拉着大炮，后面一辆汽车上还捆绑着众多朝鲜妇女。他们来到江边后纷纷跳下汽车，用手比划着江面，叽里咕噜乱喊乱叫。不一会儿，当他们发现浮桥上挤满了抢着过江的朝鲜村民和江面上运输的艚子、木排时，"南朝鲜"（韩国）军官就下达了命令，架在汽车上的几十挺机枪和汽车后面拖着的大炮，集中火力向浮桥射击，顿时火光冲天，血流成河，惨不忍睹。艚子和木排上的朝鲜村民，一发现敌军到江边,就立即跳入江中,从水下泅渡,受轻伤的,被中国村民救上了岸,有几块木排被打着了火,有两艘艚子被打漏,连同货物沉到江里。

美军和"南朝鲜"(韩国)军队的几十挺机枪对着浮桥集中扫射,中弹者惨叫不止,血肉横飞,鲜血瞬间染红了江面。当时,一些人横躺竖卧地死在浮桥上,一些人掉到江里,被波涛滚滚的江水卷走。有一名妇女,两手死死地抓住浮桥上面的钢缆,背上背着两个孩子,她的下半身被机枪子弹全打断了。还有几个人刚刚爬到码头,就被机枪子弹打断了腿,倒在地上不能动弹了。屠杀浮桥上的村民后,美军又从最后两辆汽车上拉下40多名妇女,并用草绳将她们的手反绑起来再推到江边,然后一声令下——开枪,被打死的掉到江里,没被打死的被推到江里,一起被江水卷走。

惨案发生后,海关村支部委员会组织村民收尸,据不完全统计,不算伤残及被江水卷走的,仅留下的尸体就有200多具,海关村村民含着泪挖了2个一丈多深的大坑,将男女分开埋葬了。

惨案发生当晚,海关村边防派出所接到上级为防止美军从浮桥过江、立即拆掉浮桥的指示,姜国权、王宝山和吕跃廷带领村民朱子才等人随即拿起斧子,赶到桥头。当砍断一根浮桥钢缆时,被对岸敌人发现,枪声大作。火力密集时他们就隐蔽一下，枪声停下时他们又继续破坏另一根浮桥上的钢缆。就这样，他们冒着枪林弹雨，最终砍断了浮桥的钢缆，避免了海关村再一次遭到劫难。

浮桥虽然断了，但中朝两国人民兄弟般的友谊未断。在美军疯狂扫射浮桥时，海关村村民冒着生命危险抢救朝鲜难民。很多受伤的难民被抬下浮桥，经过治疗和护理，再送到安全的地方。

当时有一名朝鲜人民军士官腿部被打伤，鲜血直流，我方医护人员奋力抢救使其脱离了危险，海关村村民还为其洗换衣服、端水送饭，不久后他的伤口就痊愈了，并同难民一起被转移到通化。临行前他一再道谢，眼含热泪离开了海关村。当敌机扫射和敌军炮击海关村时，2名避难的朝鲜内务署女工作人员同海关村村民一起抢救和护理伤员。在一次空袭中，2名女同志奋不顾身从着火的草房里救出1名儿童，并像母亲一样用自己的身体紧紧护住这个孩子，以躲过敌机的扫射。

中国人民志愿军过江不久，就解放了朝鲜的楚山郡和上党，来自这两个地方的朝鲜难民和内务署工作人员，经过休整后又从海关村返回朝鲜，重建家园。经过修补的艚子和木排，装满了援助的物资，从海关村源源不断地运往对岸的朝鲜。

2. 抗美援朝第一渡：集安鸭绿江铁路大桥

集安鸭绿江铁路大桥是中国东北重要的对外门户之一。日本侵占我国东北之后，为大肆掠夺丰富资源和能源，修建了集安至朝鲜满浦铁路线，作为铁路的一部分，集安鸭绿江铁路大桥于1937年开始修建，1939年7月31日完工。从铁路完工到1945年日本投降的6年间，我国大量煤炭、木材、矿石等能源经集安、满浦、江界、界川运至朝鲜装船，经日本海被掠夺到日本，可以说鸭绿江铁路大桥是日本侵略中国的一个铁证。抗美援朝期间，集安鸭绿铁路江大桥作为中国人民志愿军重要的渡江地点和后勤供应的大动脉，

当时的集安鸭绿江铁路大桥

承担着志愿军渡江和后勤供应的重要任务。

1950年10月8日,即毛泽东签署组成中国人民志愿军命令的当天,被任命为中国人民志愿军司令员兼政治委员的彭德怀,火速从北京飞赴沈阳,主持志愿军出国作战的动员和各种临战准备工作。10月9日,彭德怀在沈阳主持召开志愿军(边防军)军以上干部会议,传达中共中央的出兵决策,听取各部队准备情况,部署相关事宜,研究出发方案。

会议还确定了各部队出国作战的路径以及入朝后的补给部署。会议经研究决定,"首以两个军于西删①开始出发,集结'北朝鲜'(朝鲜)之熙川、德川线,以便东西机动"。同时决定,调整原定将补给物资囤积于朝鲜新义州以南的计划,从10月11日起,经辑安(今集安)口岸向朝鲜北部江界、云松铁路沿线地区运送和囤积。10月11日,志愿军后勤第一分部从辑安(今集安)渡过鸭绿江,进至江界以南的别河里、武坪里地区,设置兵站线。10月24日、25日,第二、第三分部相继入朝。第二分部开赴临江,负责临江至长津一线的后勤供应;第三分部开赴安东(今丹东),担负安东(今丹东)、长甸河口至朝鲜龟城一线的后勤供应工作。

---

① 即10月15日

第二章 | 抗美援朝运动在吉林

志愿军部队跨过鸭绿江

此时,受命改编的志愿军部队,已经在东北各个地区进行了两个多月的训练和准备,但由于时间仓促仍然有很多不足之处。备战工作中最大的难点就是运输能力的欠缺,首先急需解决700辆运输汽车和150辆炮兵牵引车;其次,不具备反坦克武器,防空武器也极其缺乏,出征前全军只有一个高射炮团的36门高射炮,不能为数百门重炮提供防空掩护;最后,医务人员等相关技术人员不足。然而,朝鲜战局危急,军情十万火急。

★ 抗美援朝后援地

从集安渡江的志愿军部队正在向渡江点开进

1950年10月19日，中国人民志愿军开始分别从辑安（今集安）、安东（今丹东）以及长甸河口等地进入朝鲜。而在这之前，即1950年10月16日志愿军第42军先头部队也是从辑安（今集安）渡江进入朝鲜的，比其他部队早了3天。

《抗美援朝中的第42军》中记载，"几万人的队伍，跨过鸭绿江，滚滚急进，过江的次序为：124师为先头梯队；军前指挥所跟进为第二梯队；126师为第三梯队；125师为第四梯队。以上序列是步兵，均从铁路通过。要求每个团通过铁路桥不得超过40分钟。先头梯队过桥后前进30-35千米住下，军前指挥所过桥不得超过40分钟，过桥后继续行进到 124 师的位置上。126 师、125 师顺序行进,过桥后,继续前进。从水下桥通过的序列:军属炮团为第一梯队;炮 8 师为第二梯队,军后勤车辆为第三梯队;124、125、126 师车辆,与部队同时,分别从水下桥通过后再跟随其本队。部队过江时,在铁路桥和水下桥的两头分别设立纠察队,由作战处长、政治部保卫处长负责带领纠察队过江。1950 年 10 月 17 日,总部紧急命令我军各师和炮 8 师向辑安(今集安)一带集结。我先头侦察部队由侦察处处长孙照普同志带领已于 10 月 16 日 18 时过江,前进 100 千米,124 师副师长肖剑飞率 370 团亦过了江,前进 30 多千米。1950 年 10 月 17 日下午,又接到总部命令:'停止前进,原地待命。'我军为预防敌人空中侦察,采取完全隐蔽、伪装,原地待命,1950 年 10 月 19 日,再接总部命令'过江'!我军即按预定渡江方案仅用 7 个小时,安全神速地跨过鸭绿江,没有任何损失,各部队都在拂晓前做饭,重新伪装、隐蔽。一天之内虽有敌人三次空中侦察,但未能发现我军行动"。

《抗美援朝战争史》中也详细记载了志愿军准备入朝的部署。10 月 15 日 3 时,东北军区、志愿军第 13 兵团正式下达志愿军部队开进、集结和准备渡江的命令,训令志愿军各军、师于 10 月 20 日以前全部推进到辑安(今集安)、长甸河口、安东(今丹东)一线隐蔽集结,待命过江。

> 抗美援朝后援地

等待渡江的志愿军部队

命令要求第40军于安东（今丹东）附近集结，除已在安东（今丹东）的2个师外，其第119师于15日在驻地草河口乘车运行至五龙背以南地区，第39军于长甸河口至宽甸一线集结，15日开始由辽阳、海城地区由车运至灌水，然后步行到达宽甸、长甸河口；第42军于浑江口附近地区集结。军部及第125师于15日由驻地步行向浑江口开进；驻三元浦及柳河的两个师，于15日开始车运辑安（今集安），徒步进至浑江口。第38军于辑安（今集安）、羊鱼头地区集结，16日开始在现驻地由车运送炮兵司令部及炮兵第1

师、第 2 师在安东（今丹东）地区集结，炮兵第 1 师在凤城的部队于 15 日步行进至五龙背；炮兵第 2 师在本溪的部队于 15 日开始由车运至汤山城；炮兵第 8 师在通化的部队于 15 日开始向辑安（今集安）以北地区开进。命令还确定了志愿军第一批入朝部队各军、师的渡江地点。第 38 军，炮兵第 8 师由羊鱼头、辑安（今集安）渡江；第 42 军由浑江口渡江；第 39 军拟由长甸河口渡江；第 40 军、炮兵司令部及炮兵第 1 师、炮兵第 2 师、第 13 兵团直属队由安东（今丹东）渡江。

时任 42 军军长吴瑞林早在 3 个月前，即第 42 军刚集结于中朝边境时，就秘密带领作战处处长、侦察处处长，装扮成火车司机，到中朝边境侦察地形。在疾驰的火车上，吴瑞林发现江面上居然有人涉水过江，这让他萌发了在鸭绿江辑安（今集安）渡口铺设水下桥的想法。为了确认想法是否可行，吴瑞林挽起裤脚，带人就到江里去试水。有一天他发现了很多青石条子，堆得像小山似的，他将所有的青石条子都拉到鸭绿江，铺设了水下桥。经过工兵的反复试验，全长 375 米的水下桥顺利完工，吴瑞林亲自驾驶中型吉普车通过并成功验收。水下桥的建成既能保证部队顺利过江，又能防止美军空袭。15 日晚，志愿军各军根据命令，开始秘密向渡江点开进。

水下桥

运力保障方面,东北人民政府与志愿军指挥机构密切合作,紧急调集铁路车辆,并在梅(河口)辑(今集安)线、沈(阳)安(今丹东)线实行军事管制,保障军列通行。第13兵团对部队的运输工作精心部署,周密安排,规定了严格的车运纪律,要求各部队上车、下车和装备装运、卸载的时间,不得超过半小时。同时规定,必须严格保守秘密,注意防空伪装隐蔽。除各军与兵团部进行联络外,各师在车运期间暂时与军、兵团部切断联络。由于组织严密,从10月15日至18日,共发送军列74列、车皮1979个,预定第一天晚上渡江的部队第40军、第42军、第39军第117师、炮兵第1师、炮兵第2师全部在辑安（今集安）、长甸河口、安东（今丹东）3个渡江口岸集结完毕。

10月19日晚，第42军第124师在师长苏克之和政治委员季铁中的带领下，依次从铁路桥过江入朝。军属炮兵团、车辆部队同时从水下桥过江入朝，通过后再依次跟随其本部队。在此期间，各军所派出的侦察分队先期入朝，侦察战场情况。第42军第124师第370团，在第124师副师长肖剑飞的率领下，于16日晚从辑安（今集安）渡口过江，进入朝鲜境内30余千米。按照预定计划，从中朝边境的安东（今丹东）、长甸河口及辑安（今集安）渡口，开始跨过鸭绿江，秘密入朝。

从便桥上跨过鸭绿江的志愿军部队

★ 抗美援朝后援地

  为了保持入朝部队的隐蔽性，每天部队的渡江行动都从18点30分开始，到第二天凌晨4点结束，5点前全部隐蔽完毕。10月22日黄昏，第38军第113师由师长江潮、政治委员于敬山率领过江入朝。10月24日晚，第38军第114师由师长翟仲禹、政治委员李伟率领过江入朝。10月26日晚，第50军第148师由师长白肇学、政治委员陈一震率领过江入朝。11月6日，铁道兵第1师由师长刘克、政治委员郭延林率领过江入朝。11月7日，第20军第58师、第59师、第60师、第89师过江入朝。11月19日，第26军第76师、第77师、第78师、第88师过江入朝。1951年2月15日，铁道兵第3师由师长龙桂林、政治委员徐斌

志愿军炮兵部队利用水中浮桥渡过鸭绿江

率领过江入朝。1953年1月22日，第1军第1师、第2师、第7师过江入朝。

集安鸭绿江铁路大桥是志愿军部队物资输送的生命线，为志愿军作战提供了坚强的后勤保障。在两年零九个月的时间里，中国人民志愿军共有27个军级建制的部队，以及炮兵、装甲兵、工兵部队和物资保障车辆跨过鸭绿江入朝作战，其中有10个军级建制的部队，全部或部分从吉林省边境线出国参战，分别是中国人民志愿军第9兵团的第20军、第26军、第27军，中国人民志愿军第13兵团的第38军、第42军，以及中国人民志愿军第1军、第16军、第21军、第24军、第50军[1]、炮兵第5师[2]、第8师，约计40余万人。此外，还有17.2万随军担架队员，从桥上和桥两侧进入朝鲜。先后向朝鲜运输军用物资、部队的火车达75908列、运送筑路材料的火车达15810列，其他往返的火车达51782列，其中运送伤病员回国18.2万人，接待朝鲜难民、难童及其他人员8000余人。

因在抗美援朝中的重大意义和重要作用，集安鸭绿江铁路大桥被誉为"抗美援朝第一渡"！

---

[1]《中国人民志愿军历史上的27个军》，张明金、刘立勤编，解放军出版社，2014年版，第55页。
[2]《抗美援朝运动在通化》，中共通化市委党史研究室编著，吉林人民出版社，2003年版，第278页。

★ 抗美援朝后援地

现在的集安鸭绿江铁路大桥

由于集安鸭绿江铁路大桥突出的战略地位，敌方千方百计对其进行破坏。1950年11月8日，敌方派出轰炸机对大桥狂轰滥炸，集安鸭绿江大桥被拦腰炸断，朝方一侧的钢梁落入水中。11月14日，敌机再次轰炸大桥，朝方一侧的3座桥墩被炸毁，至此大桥彻底瘫痪。中国铁路职工和驻军部队冒着不断被敌机骚扰、轰炸、扫射的危险，全力以赴抢修大桥。直到今天，大桥钢梁上的残洞和弹痕依然可见。

美机炸坏中国辑安（今集安）——朝鲜满浦的鸭绿江铁路大桥

抗美援朝期间，临江亦是重要的后援地，参加长津湖战役的部分指战员从此处渡江。抗美援朝期间，这座桥和周边的4座浮桥也是"打不垮、炸不断的钢铁运输线"，约有15万名志愿军指战员从此过江。此外，位于吉林省境内的中朝长惠国际大桥和临江鸭绿江大桥在朝鲜战争爆发初期也曾是中朝物资往来的重要交通线；位于吉林省图们市的图们公路铁路大桥，在抗美援朝期间是图们海关口岸往来货物运输的主要口岸。①

---

① 中朝长惠国际大桥位于长白朝鲜族自治县境内，1950年被美军飞机炸毁。临江鸭绿江大桥位于吉林省临江市区境内，1950年8月被美军飞机炸毁。1950年2月，海关总署将图们税关正式更名为中华人民共和国图们海关，负责管理图们公路、铁路口岸的进出口货物，以及珲春、龙井的分关。

3.志愿军老兵回忆从集安跨过鸭绿江[①]

杜宇,1928年10月28日出生于吉林省扶余县。1948年参加东北民主联军,1949年7月1日加入中国共产党。抗美援朝期间任志愿军第38军112师334团司令部见习参谋、112师司令部参谋。1976年3月转业,曾任集安县革委会副主任、集安县政协副主席,1989年4月离休。

据杜宇回忆,1950年7月下旬,38军从河南省信阳、驻马店、汝南一带奉命调回东北,到铁岭一带驻军,当时334团驻在大泛河村。10月8日,38军被中央军委批准为中国人民志愿军第38军,并被确定为第一批秘密入朝参战的部队。为了从思想上解决部分官兵中存在的"恐美"问题,部队开展了仇视美帝国主义的教育活动和轰轰烈烈的"抗美援朝,保家卫国"志愿报名入朝参战运动。指战员们通过学习提高了思想认识和政治觉悟,纷纷要求入朝参战。一时间,战士们的《志愿书》《决心书》像雪片一样飞到党支部、连部。

同时,部队开始抓紧筹备物资,将原有的服装留下,换上了新军装。战士穿的是垄沟服,干部穿的是马裤服(镶有红线,类似朝鲜人民军的服装),戴的是毡绒帽没有帽徽。同时,将毛巾、救急包上的中国字样剪掉,牙缸、洗脸盆

---

① 文中人物回忆摘选自《抗美援朝运动在通化》。

等物品有中国的字样和图案也都被换了下来。

10月19日，部队到达辑安（今集安），县政府接待站领导和区领导尽最大努力安排老百姓倒房腾炕，但由于部队人多，一时安排不过来，因此，部队分别在黄柏、阳岔、辑安（今集安）火车站下车，就近驻扎阳岔、县城、太王村、下解放村等地。实在安排不下的部队，就安排在县城北山上，或在田地里露宿。

10月22日，军司令部下达过江命令，有的团早上才到辑安（今集安），部队刚从阳岔下火车休整，军司令部就派联络参谋传达紧急命令：立刻过江，过江后找在满浦

人民群众在辑安（今集安）鸭绿江边欢送志愿军出国参战

的后勤3分部要汽车，然后乘车火速抢占妙香山。这样，38军各部队于晚6点开始从辑安（今集安）渡过鸭绿江。有的部队从浮桥上过江；有的部队从辑安（今集安）火车站乘火车过江。334团是从鸭绿江铁路大桥上徒步过江的。团直属分队由团长牟立善、政委樊希孝率领过江。各营连战士们，有的抬着机关枪，有的背着大铁锅，踏着枕木入朝。

何兴永，1928年出生于通化县鸭因镇东热村，1947年10月参加东北民主联军，编入辽东军区教导团，1949年9月编入中国人民解放军炮兵第5师44团线务排，1950年6月加入中国共产党，1950年10月至1953年11月，在朝鲜参加抗美援朝战争，1955年12月复员，1956年6月被分配到通化地区邮电局做线务员，1981年退休。

据何兴永回忆，1950年春，炮兵第5师44团在黑龙江省鸡西县（今鸡西市）驻防，主要任务是一边开展军事训练，一边开展开荒种地和大生产运动。7月，线务排接到进驻辽东省通化市的命令，战士们登上开往通化的专列。专列沿途经长春、梅河口，于第3日的晚8点左右到达目的地——通化。

1950年10月23日傍晚，天下着小雨，夹带着少许的雪花，何兴永所在的部队接到出发的命令。集合后，便开始了急行军,从玉皇山下的东江桥过浑江,经江南村直奔辑安(今集安),于第二天凌晨到达热闲村,在这里休整了2天(住在老乡田地里的苞米攒子里)。10月25日,接到向辑安(今集安)进发的命令,经过近一天的急行军到达辑安(今集安),人员、大炮、骡马等全部隐蔽在县城后的一个山头上。下午4点多,4架美军飞机突然从朝鲜越过鸭绿江飞到辑安(今集安)上空,盘旋侦察并俯冲扫射后飞离。全团指战员目睹了美军这一侵略罪行,大家都下定决心,早日把侵略者赶出朝鲜。

按照上级指示,部队于黄昏开始渡江,拂晓前必须停止。44团是25日晚约5点30分开始渡江的,战士们的帽子用

辑安(今集安)便桥

树枝和树叶做了伪装，胳膊上扎着白色毛巾，从临时搭建的便桥上过江，便桥紧贴水面，桥面铺的是当地百姓自发捐献出来的门板，走起来特别平稳。3000余名官兵，外加几十门大炮和近200匹骡马，就这样顺利地渡过了鸭绿江。过江后，当快行至满浦时，全团除哨兵和一些特殊兵种外，都开始野营，这时便能清晰地听到隆隆的炮声，从此，战士们经受了朝鲜战场的洗礼。

4. 吉林省委贯彻抗美援朝运动决策

朝鲜战争爆发后，美国多次派飞机入侵吉林省边境地区，使人民群众生命财产遭受严重损失，吉林各族人民对此十分愤慨。按照党中央指示精神，中共吉林省委领导组织全省党员和人民群众掀起了声势浩大的反对美国侵略朝鲜和我国领土台湾、支援朝鲜人民和保卫世界和平的爱国运动。

早在1950年7月2日，中共吉林省委就明确指出，针对由美帝国主义援助"南朝鲜"（韩国）李承晚集团而发动的侵略战争，朝鲜人民进行反击和为祖国统一而战斗的行为是正义的，战争的责任应由美帝国主义和李承晚集团负责；对朝鲜人民的正义斗争，中国人民是坚决支持的；要把各民族干部和群众的激愤和一切关注朝鲜独立、和平、统一的心情，化为有组织的力量。省委强调，美国是一个外强中干的纸老虎，它到处挑拨战争，与人民为敌，已经遭到各国人民的反对和打击。美国对李承晚集团的援助和对朝鲜人民解放战争的武装干涉，正如他们援助蒋介石干涉中国人民解放战争一样，最终是要失败的。

7月19日，中共吉林省委根据中国人民反对美国侵略中国台湾、朝鲜运动委员会的要求，发出《关于反对美国侵略台湾的情况并按朝鲜运动周的指示》。《指示》对全省开展反对美国侵略中国台湾、朝鲜运动周的相关情况进行了部署，要求各市、县党委亲自领导运动周工作，要求各界人士积极参与，并提出了宣传口号。这个《指示》得到省总工会、省青年团工作委员会、省民主妇女联合会、省学生联合会、省文学艺术界联合会、省中苏友好协会等8个人民团体的热烈拥护。

7月22日上午，全省各界人民代表集会，成立了吉林省反对美国侵略中国台湾、朝鲜运动委员会，由省委副书记李德仲、省人民政府主席周持衡、延边地委书记朱德海等37人组成，李德仲任主任。大会决定，自7月23日至29日在全省举行反对美国侵略中国台湾、朝鲜运动周，号召全省各族人民积极参加宣传活动，认清形势，提高警惕，准备反击美国的任何挑衅。同时，全省各市县相继成立了反对美国侵略中国台湾、朝鲜运动委员会,利用巡回宣传、组织游行、张贴宣传画、演讲等多种形式,在各地积极开展宣传活动。

8月1日,长春、吉林两市各界群众8万余人举行庆祝中国人民解放军建军周年活动,活动中群众积极发声反对美国侵略中国台湾、朝鲜的行径,充分表达了全省军民向美国侵略者作斗争的必胜信心和决心。9月5日,长春市各人民团体及各界人士纷纷发表声明,严厉谴责美国飞机入侵中国领空、杀害中国同胞的暴行,一致拥护中国向美国提出的严正抗议和向联合国安理会提出的正义要求。9月7日,吉林市各界妇女代表集会抗议美军飞机入侵东北的罪行。9月10日,吉林军事部全体指战员一致抗议美军侵略挑衅行为。9月21日,长春市基督教群体为反对美国侵略、维护世界和平、拥护《"中国基督教在新中国建设中努力的途径"宣言》,1523名基督教徒联合发表声明,坚决反对美帝国主义侵略中国台湾、朝鲜,反对美军侵入中国领空,杀伤中国平民的暴行。

吉林省工会等各人民团体联合发表声明,强烈抗议美军的暴行,要求联合国迅速制止美国的侵略行为。11月8日,吉林省各人民团体发表了"坚决抗美援朝保家卫国"的声明。吉林省总工会在声明中表示,"美帝国主义正走着日本法西斯侵略中国、侵略亚洲的老路,想把侵略朝鲜作为

吉林省各地农民积极参加志愿军

侵略中国的跳板。美帝国主义这个阴谋我们早已经看穿了，我们决心志愿行动起来抵抗侵略，保卫祖国的安全"。[1]

为全面反对美国的侵略战争，吉林省开展了有系统、有组织的抗美援朝运动的动员工作。

10月5日，中共中央作出抗美援朝的决策。中共吉林省委立即召开扩大会议传达讨论，根据毛泽东提出的"中国人民志愿军以东北行政区为总后方基地"[2]的要求，决定把

---

[1]《吉林日报》1950年11月8日，第1版。
[2] 中共中央文献研究室编：《毛泽东年谱（1949—1976）》第1卷，中央文献出版社2013年版，第207页。

工作重心从和平的经济建设转变到对抗美援朝运动的支持和开展大规模动员上来。会上，各部门据此重新研究各自的工作计划，并着手进行必要的准备。同一天，中共吉林省委制定的《关于吉林省一九五〇年九月至一九五一年一月的主要工作及进程》指出，深入开展反对美帝国主义和保卫世界和平的宣传教育，加强人民武装，组织防空、防特、防匪，一切工作都以这三项任务并以生产为中心结合进行。10月15日至18日，中共吉林省委召开县委书记会议，为抗美援朝运动作动员。省委书记刘锡五传达了中共中央的决策和东北局书记的报告，会议结合各县干部群众思想情况及社会动态进行了讨论；省政府布置了公粮、战勤、扩兵、救灾、棉衣等任务。各县在会上都慷慨激昂地接受任务。会议强调：第一，由于战勤任务紧迫繁重，一定要依靠群众并走群众路线，反对强迫命令；第二，不能放松对生产的领导，要克服困难加紧生产，把生产与战争需要结合起来，口号是加强生产，积极支前；第三，在干部群众中进行充分的思想动员，提高民族自尊心和自信心，对美帝同仇敌忾，坚定胜利信念；第四，加强对人民武装的领导，做好防空防奸、肃清土匪的工作。会后，吉林省委组织了3个工作队分别到延边、敦化、蛟河、永吉等地，了解情况，及时发现问题，供省委参考，同时就地帮助县（区）领导解决困难。10月16日，吉林省委、省政府和省总工会联合召开省营工矿代表会议，进行由和平生产转入战时生产的思想动员，并要求深入开展爱国主义劳动竞赛。同日，中国人民保卫世界和平反对美国侵略委员会吉林省分会，即吉林省抗美援朝分会正式成立，统一领导全省的抗美援朝运动。

1950年10月19日，中国人民志愿军分别从集安等地渡过鸭绿江，进入朝鲜北部地区，抗美援朝，保家卫国，图为群众为志愿军战士戴花送行

第三章

抗美援朝运动中吉林省的宣传教育

抗美援朝运动中，吉林省认真贯彻中共中央、东北局的指示，组织全省各界广泛深入地开展宣传教育活动，积极宣传抗美援朝、保家卫国的重要意义，针对干部群众的思想实际，开展反战宣传、志愿签名等宣传教育活动，全省各地也根据实际情况推动宣传教育工作的开展。

中国人民志愿军入朝参战后，吉林省的抗美援朝爱国主义宣传教育工作肩负着两方面的任务。一方面，要揭露美帝国主义破坏世界和平的反动罪行和其纸老虎的虚弱本质，以增强人民群众对抗美援朝战争必胜的信心。另一方面，又要宣传中国人民志愿军入朝作战的正义性和志愿军战士在前方作战以及吉林省人民积极支前的英雄事迹，以激发全省各阶层人民全力支援抗美援朝运动的热情。

1. "三视"教育运动的开展

10月26日，《中共中央关于在全国进行时事宣传的指示》指出，美军扩大侵朝并直接侵略中国台湾，严重威胁我国安全，我国不能置之不理。为了使全体人民正确地认识当前形势，树立胜利信心，消灭"恐美"心理，各地应即展开关于目前时事的宣传运动。

同日，中国保卫世界和平大会委员会在北京的委员，与中国人民反对美国侵略台湾朝鲜运动委员会的各民主党

第三章 | 抗美援朝运动中吉林省的宣传教育

派和人民团体的代表，在北京举行联席会议，决定将这两个组织合并，组成中国人民保卫世界和平反对美国侵略委员会，以统一领导全国的抗美援朝运动（1951年3月，该会简称为中国人民抗美援朝总会）。此后，全国各大行政区和各省、市，先后成立了抗美援朝总分会、分会。

中国人民抗美援朝总会成立后，立即根据中共中央指示，组织领导全国人民开展了声势浩大的抗美援朝运动。根据抗美援朝战争和国际国内形势的发展，适时地对全国抗美援朝运动做出指示、部署，把全国抗美援朝运动引向持久、深入。

《中共中央关于在全国进行时事宣传的指示》要求，通过宣传正确认识抗美援朝运动与保卫国家安全的关系，认清美帝国主义是中朝两国人民的共同敌人及其纸老虎的虚弱本质，使得人人在思想上对抗美援朝运动表示积极和有胜利的信心，对美帝国主义表示不共戴天，使"恐美""崇美""亲美"情绪不能容身。中国人民抗美援朝总会根据中共中央这一指示，在全国开展了以仇视、鄙视、蔑视（"三视"）美帝国主义为中心内容的抗美援朝爱国宣传教育活动。这一宣言发表后，"三视"教育即与拥护这一宣言紧密结合在一起进行，中央和地方的报刊、电台，大量刊登和播放"三视"教育的材料。

因与朝鲜一江之隔，吉林人民对美帝国主义把战火燃烧到我国东北边境，妄图侵略我国、称霸亚洲的侵略行径看得更加直观真切，对其侵略行径更加义愤填膺，全省各界群众纷纷参加抗议、声讨美帝侵略暴行的活动。

各种宣传教育活动一开始，中共吉林省委就密切关注和及时掌握基层群众的思想动态。抗美援朝初期，美国发动侵朝战争的行径也造成一部分群众思想上的混乱。群众热烈拥护抗美援朝的同时，一些人也存在着疑虑，主要存在着"恐美""崇美""亲美"的心理。具体表现在，有些人认为，美国侵略朝鲜的战争是第三次世界大战的导火线，害怕原子弹、害怕第三次世界大战的思想，存在着"能不能打赢""会不会引火烧身""惹祸上门"等思想顾虑；甚至有些人认为，"美国目前还不愿得罪中国，如果中国不动，美国可能放弃台湾地区并让中国加入联合国"。这些思想从根本上说，是对抗美援朝的重大意义和对帝国主义的侵略本质缺乏深刻认识。针对上述情况，在中共中央发出关于在全国进行时事宣传的指示之前，即1950年6月末，中共吉林省委就通过《吉林日报》转发多篇新华社政论文章，反对美国侵略朝鲜和中国台湾的行径，揭露美帝国主义发动侵略战争、破坏世界和平的反动本质、支持朝鲜人民反侵略正义斗争的宣传教育工作。

1950年7月14日，中国人民抗美援朝总会发出《关于举行"反对美国侵略台湾、朝鲜运动周"的通知》。19日，中共吉林省委根据中国人民反对美国侵略台湾朝鲜运动委员会的通知精神，发出《关于反对美国侵略台湾朝鲜运动周的指示》，决定全省于7月22日成立吉林省人民反对美国侵略台湾朝鲜运动委员会，确定7月23日至29日为全省反对美国侵略台湾朝鲜运动周，目的就是对全省人民反复深入地进行宣传教育，使人民彻底了解美帝国主义侵略亚洲国家和破坏世界和平的罪恶，援助朝鲜人民解放战争是世界各国人民的重要任务，也是打击帝国主义战争阴谋的最有效办法。

中共吉林省委要求各市县党委亲自领导运动周，所有共产党员和青年团员要积极参加，广泛吸收党内外各方面人士参加到运动中去。吉林省总工会、省保卫世界和平签名运动委员会、省民主青年联合会、省青年团工作委员会、省民主妇女联合会、省学生联合会、省文学艺术联合会、省中苏友好协会等8个人民团体，为响应全国人民反对美国侵略台湾朝鲜运动委员会的号召，召开了吉林省反对美国侵略台湾朝鲜运动周讨论会，各人民团体代表一致同意吉林省开展反对美国侵略台湾朝鲜宣传运动周，决定号召全省各地各界人民积极参加这一运动。

1950年10月17日，长春市成立反美侵略宣传委员会，由赵东蔡、周毅华担任正副主任，许光华担任秘书长，付毅、李天成、王建颖、伊仁、吕雪熙、魏秉文等6人担任委员。委员会负责计划领导整个宣传工作，在宣传步骤上，首先由有组织群众到无组织群众，结合当前工作进行时事宣传，并要求全市各工厂、学校也要尽快组成宣传委员会，负责各单位日常时事宣传工作，同时决定自10月16日至31日着重于有组织群众内部的宣传教育，自11月1日至7日，结合十月革命节，举行反美侵略宣传周。

10月26日，《中共中央关于在全国进行时事宣传的指示》发出后，中共吉林省委在11月3日、5日连续刊发《关于开展反美宣传运动的指示》《关于开展时事宣传运动的指示》两篇通讯，提出："9日至15日举行一次反美运动周，各市县党委对于宣传工作需加强具体指导。"吉林省委的《指示》还提出，"全省各市、县党委应亲自掌握领导运动周工作，并应较广泛地吸收党外各方面人士参加"，并强调"一切共产党员与青年团员要积极参加宣传活动"。在省委的领导下，吉林省各地机关、团体、学校相继组织了宣传队、宣传组，深入城市居民及农村群众，举办讲演会、座谈会，或进行街头讲演，充分运用各种艺术形式开展反美宣传。

11月15日，中共吉林省委宣传部召集各县800多名宣传员开办了为期一周的训练班，同时召开了全省县委宣传部部长联席会议。会议提出，在全省范围内组织一个抗美援朝、保家卫国参军参战宣传运动，上至省委领导干部，下至工厂农村基层干部，发动全省6万人参加宣传工作。为了更广泛地开展宣传教育工作，中共吉林省委宣传部和吉林省抗美援朝分会还印发了20余万份宣传材料、60余万份传单。据不完全统计，当时演出短剧、驴皮影、大鼓、拉洋片等共计1万余场，观众近300万人次。全省有80%的村庄开展了文艺宣传活动，组织了3400多名民间艺人参加宣传工作，张贴漫画2万余张。永吉、舒兰等县各区、村召开了群众大会，控诉美帝国主义侵略中国的罪行，声讨美帝国主义侵略朝鲜进而妄图侵略中国的行径，当场就有400余人报名参军。吉林、长春两市及各县城区，组织各界群众示威游行，参加示威游行的群众达60余万人。

吉林省各地抗美援朝的时事宣传，在纠正群众"恐美""崇美""亲美"情绪和打击反动谣言、提高群众心理素质与增强群众斗争积极性、鼓励群众参军参战等方面，取得了很大的成绩。通过宣传教育，城乡广大群众对国内外形势有了初步认识，澄清了社会上的一些谣传，各阶层中存在的"恐美""崇美""亲美"和麻痹思想基本消除。宣传教育周的开展使全省各族人民提高了民族自尊心和自信心，激发了爱国热情，人民群众决心用实际行动支援朝鲜人民的正义斗争。

为更有力地支持抗美援朝前线，中共吉林省委又于12月1日发出了《关于继续深入与巩固时事宣传鼓励工作的指示》，提出四点要求：

第一，要着重搞好对中国人民志愿军的表扬、慰问和支援工作。报纸应多介绍志愿军的情况，使群众深刻了解他们的作战对全国和全世界的伟大意义。

第二，要注意干部对战争与军事知识的学习，使他们懂得人民革命战争曲折发展和胜利的基本规律，树立支持艰苦的反侵略战争的精神准备与胜利信心。

第三，要密切结合各项任务，针对群众思想实际，充分发挥党员、团员和区、村干部的宣传力量，教会他们掌握宣传重点与宣传鼓励的方法。

第四，要进一步加强防空教育，使广大群众对美帝国主义滥施轰炸的可能性有正确的认识，以免发生不必要的恐慌。各级党委在贯彻上述指示中，认真总结经验教训，注意把当前形势与群众利益相结合，战勤动员与宣传鼓励相结合，时事教育与工农业生产相结合，形成强有力的社会舆论，有力地推动群众性的抗美援朝运动。

1951年1月9日，为使全省抗美援朝的时事宣传教育工作进一步深入和提高，使宣传鼓励与城乡人民经济生活中的重大问题、各阶层人民的思想动向密切结合，中共吉林省委发出《关于抗美援朝时事宣传内容的指示》，强调"由于美帝国主义肆意扩大侵略战争，又实行各种破坏及经济封锁，使我国对外贸易减少，影响到粮食、副业产品的出口。同时国家为了保证抗美援朝战争的胜利和国防建设的资金需要，又不能大批收购农民余粮，使农民售粮出现困难。因此应该引导群众正确地认识到：这是由于美帝国主义对我国封锁破坏造成的，进而提高农民的爱国主义觉悟"。《指示》还要求，"各地在一切宣传活动中，首先要调查研究当地群众生活中的重大困难或疑虑，引导他们提高抗美援朝的觉悟，进一步控诉美帝国主义的侵略和激发群众的爱国热情"。

在深入推进全省反战反美宣传运动的同时，中共吉林省委还不断总结运动中发现的各种问题，并及时进行调整。1951年4月6日，针对爱国主义教育在各地区进展不平衡、还存在空白区和空白点的情况，中共吉林省委发出《关于普及加深抗美援朝爱国教育中应注意的问题的通知》，指出"要进一步组织人民控诉美帝侵略罪行，订立爱国公约，组织'五一'城乡大游行等活动，真正达到普及和加深爱国主义教育的目的"。4月25日，中共吉林省委又发出《关于加

★ 抗美援朝后援地

强抗美援朝、镇反与丰产运动宣传教育的指示》，再次指出"抗美援朝、镇压反革命与丰产运动不是对立的，只有抗美援朝与镇压反革命教育的深入与开展，才能更好地推动群众的丰产运动。各县（区）党委书记应亲自主持抗美援朝的宣传工作"。

为贯彻吉林省委指示精神，1951年4月初，中共吉林省委宣传部召开全省市、县委宣传部部长会议，举办区委

中共长春市委副书记、市抗美援朝分会主席吴铁鸣同志在1951年庆祝"五一"国际劳动节、爱国示威大会上讲话（刊登于1951年5月2日的《长春新报》）

宣传委员训练班,从城市到乡村普遍进行时事演讲和座谈。此次会议规定了宣传内容,制订了宣传教育的计划、步骤和日程,并提出了消灭空白点的要求。会后,全省各市县先后通过人民代表会议、抗美援朝代表会、党代会、宣传员大会等会议层层作了布置。4月中旬后,全省1181名报告员、27069名宣传员及临时组织起来的宣传队伍,近10万人的宣传大军投入宣传工作,此举加强了空白和落后地区的宣传力度。宣传形式丰富多彩,报告会、座谈会、读报组、广播、黑板报和各种文艺形式,以及大、小控诉会等都发挥了作用。中共吉林省委宣传部印发宣传材料24万份,仅《时事讲话材料》就印发了8万份,下发到全省各地。此外,中共吉林省委宣传部还成立4个小组,到磐石、舒兰、延吉、扶余4个县进行抽查。据4个县统计,报告员在运动中共作了1987次报告(其中最多的单位作报告24次),参加的群众有32.7万多人,召开大小集会60969次,张贴、发放宣传画共计32719幅。吉林市的广播大会一次就有18万多人参加收听(超过全市人口的2/3)。截至5月1日,全省参加控诉美、日、蒋罪行的有3631893人,占全省人口的55.8%;参加"五一"游行的有3591365人,占全省人口的55.2%。全省有70%以上的人员受到了教育,基本上做到了家喻户晓[①]。

通过宣传教育,全省人民对美帝国主义形成一致认识和立场,坚决消灭了"恐美"的反动思想和"崇美""亲美"的错误心理,普遍树立了对美帝国主义的仇视、鄙视、蔑视的正确态度。

2. 保卫世界和平签名运动

第二次世界大战结束后,世界政治格局发生了深刻的变化。德、意、日3个法西斯国家被打败;英、法等老牌资本主义国家在战争中遭到了很大的削弱;超级大国美国倚仗强大的经济、科技、军事实力,企图建立由其主宰的世界政治、军事新秩序。1945年10月,美国总统杜鲁门在国会演讲中公然声称美国负有"领导世界"的重大责任,充分暴露了美国的霸权主义野心。以美国为首的西方国家集合各国反苏势力,从政治、经济、军事上发动对苏联等其他社会主义国家的遏制,冷战在全球范围内展开,而原子弹与核武器的研制和使用又使人类蒙上核战争的阴影,战争危险不断增加,国际局势日趋紧张,和平前景令人担忧。

[①]《省委关于普及抗美援朝宣传教育运动的总结》(1951年5月28日),吉林省档案馆编;《中国共产党吉林省委员会重要文件汇编》第2册(1950—1951年),1985年版,第294、296页。

与之相应，以苏联为代表的社会主义阵营呼吁和平、反对战争的呼声日益高涨，世界爱好和平的人民和进步团体纷纷组织起来，高举反对战争、保卫世界和平的大旗，全世界和平民主运动开始以汹涌澎湃之势向前发展。1949年4月，包括中国在内的72个国家和10个国际团体的代表2000多人出席了在巴黎和布拉格同时举行的世界拥护和平大会（以下简称世界和大），会议产生了常设委员会，这是国际和平民主力量在全世界规模内组织起来的为和平而斗争的领导机构。其任务是：坚决反对并制止一切侵略行为，反对并击败战争宣传；协调一切和平力量之间的活动，帮助他们发展联系，交换情报，推动工作。1950年3月，世界拥护和平大会常设委员会在瑞典斯德哥尔摩举行了第三次会议，会议通过了《斯德哥尔摩宣言》，明确指出，"我们要求无条件地禁止使用原子武器作为大规模毁灭人类的武器，并且建立严格的国际管制，以确保这个决议的执行"。[1]世界拥护和平大会常设委员会号召全世界人民不分种族和国籍，不分政治见解和宗教信仰，不分社会地位，在和平宣言上签名。斯德哥尔摩会议的和平宣言得到了全世界爱好和平的人民的热烈响应和拥护，一个规模宏大的和平签

---

[1] 中国人民保卫世界和平委员会：《世界和平运动文献（1945—1954）》，世界知识出版社1955年版，第21页。

名运动旋即在全世界范围内展开。

新中国在成立初期就加入了保卫世界和平运动，并成立了中国保卫世界和平运动的组织。1950年、1951年、1955年，中国人民积极响应世界保卫和平大会常设委员会及世界和平理事会关于保卫世界和平签名的号召，先后开展了三次声势浩大的和平签名运动，其中第二次签名运动就发生在抗美援朝运动期间。

第一次签名运动是在朝鲜战争爆发之初。1950年5月9日，中央人民政府政务院下达《关于开展保卫世界和平签名运动的指示》，定于5月内在全国各地开展签名运动，积极响应世界拥护和平大会常设委员会的宣言。随后，中国保卫世界和平大会委员会（即后来的抗美援朝总会）发出通告，号召全国人民积极行动起来，响应世界和平大会的正义号召，组织开展广泛的和平签名运动，粉碎帝国主义的一切侵略战争和阴谋。

吉林省第一次和平签名运动，分为以城市为主和向乡村扩展两个阶段。

第一阶段（5月初至8月中旬）：和平签名运动以城市为主。按照中国保卫世界和平大会委员会发出开展签名运动的通知，吉林省抗美援朝会分会与人民团体、民主党派及政府机关、部队，在群众中进行了广泛宣传，为开展签名运动做了准备工作。5月初，全省召开保卫世界和平宣言签名动员大会。此后，各民主党派和总工会、妇联等组织纷纷集会、发表宣言，响应和平签名运动，运动规模扩大。5月17日，由总工会，青年团工作委员会、民主妇联、学联、教联等各人民团体、各机关及部队共18个单位成立了全省保卫世界和平签名运动委员会，各市、县（旗）也相继组织了签名运动委员会，号召全省广大人民在拥护世界和平的宣言上签名，并组织与采取各种不同的方式进行宣传。

为贯彻执行中央指示，全省签名工作也进行了重新部署安排：

（一）全省签名运动，应结合反美帝宣传再深入一步，全省签名人数应达到400万左右，吉长与各县市镇应达到人口的80%，农村一般应达到1/2，各县应组织党团员及各机关干部，深入区村进行这一运动，经过各种方式的深入宣传，人数要求只由市、县委掌握，不可向下布置。切忌强迫命令，简单从事。敦化县签名运动，只有9000余人，占全县人口的8%，这是对全党性的政治任务重视不够的表现，县委应及时检查报告省委。

（二）为统一组织宣传演讲，能深入区街、农村、工厂及各阶层人民中去，规定全省各机关团体、工厂学校，应有10%左右的党团员及一部分非党积极分子，具有一定的政治水平及能正确讲解、传达、宣传提纲的同志为宣传讲解员,各地接到此通知后,应立即注意选拔,由各党委宣传部领导,研究宣传提纲讲解方法,按情况布置分配他们出动讲解宣传并将此名单报省宣。

(三)为深入进行这种运动,深深感到目前各级党委有加强对干部时事教育的必要,省、市、县委直属机关支部,应组织开好时事座谈会,深入讨论,清扫干部思想中对美帝及时局的疑虑及糊涂思想,负责同志应做系统的发言讲解,是非常重要的政治任务。

(四)为深入进行这一工作,一切宣传力量均应集中统一在党委宣传部的领导下有组织地分工进行:工会、青年团、学校、报纸、电台、文工团、影剧院等,均应在这一工作中积极发挥宣传作用,特别对中间阶层群众接触较多的机关团体及党团员干部,如工商会、教联会、技术协会、学校、派出所等,应积极负责进行宣传,对敌对思想斗争,清除中间阶层群众疑虑,应该特别指出在目前形势下,一切自由主义的腐朽态度,都是极端有害的。

第二阶段(8月中旬至11月中旬):和平签名运动向乡村扩展。8月11日,中共吉林省委发出的《关于深入开展和平签名运动的指示》,总结了前期活动的情况,并就发现的问题提出了进一步的要求。指示中写道,"我省和平签名反美帝侵略运动已普遍展开，目前已有263万人参加签名，各地都进行了宣传周的活动，收到了很好的效果。但根据中央指示精神，更认真地贯彻这一严肃的政治任务，我们所做的还距离尚远。目前必须更加深入地进行动员，以使这一运动达到预期目的"。当时，全国已有5000万人签名，但此数字仅及全国人口的1/10。全国总会发出要求，要在8、9两月争取达到1.5亿至2亿人签名。因此要将这一运动深入到每一个县、区，以使每个城市的多数居民、老解放区的农民、新解放区中有组织的居民都参加签名运动。根据各大行政区的人口和政治条件，中央要求东北的签名人数应达到2500万。为了达到这一目标，各大中城市人口中签名人数应达到2/3至4/5，小城镇和农村应达到1/3至1/2。各级党委应分别制订在8、9两月内实现这一目标的计划，动员一切宣传机关和一切地方组织的群众，包括机关、部队、学校，加以完成。各报纸应经常报道表扬签名情况，多写社论鼓励督促。各地和大分会应在这一工作中建立起来，更好地团结各阶层、各民主党派的积极分子，使其成为今后反侵略宣传的中心。

在吉林市，首先由省、市机关干部，中小学教员，郊区、村干部组织起一支3000余人的宣传队伍，并编成9个大队，经过学习，面对城乡广大居民群众，以大会演讲、小会座谈等方式，宣讲抗美援朝的伟大意义（比较大的工厂、企业，在市委宣传部统一领导下，由各单位党委具体负责）。同时配合文艺表演和以美帝侵华史、敌我力量对比为主要内容的"形势图表解说""宣传画""漫画""拉洋片""黑板报""读报组""电影汇演"等宣传形式，提高广大干部群众对抗美援朝、保家卫国伟大意义的认识，及时扭转人民群众思想混乱的局面。

5月23日，在吉林市举行了和平签名运动代表大会。会后，各地开展了广泛深入的宣传活动。在工厂、农村（市郊区）、机关、学校、工商业界、市民等各阶层中，分别举行了11次居民小组长会和43次群众大会，在工、青、妇等群众团体中举行了50多次座谈会；市内普遍设立了以宣传签名运动意义为内容的黑板报、画刊、标语、街头广播，在各文化馆、派出所设立了55个签名站；市内各电影院放映前，均有人根据宣传提要宣传解释或放映和平宣言，各学校组织了16个秧歌队在街头配合演出话剧、歌剧。签名运动中，各界人士都提高了认识，纷纷表示保卫和平的决心。国营造纸厂工友开展了拥护和平签名运动的生产挑战竞赛。江北区有农民将全家10人名字全部签上。机关干部不但自己签名学习，有的还主动组织街道宣传，向群众讲解签名意义。在学校，学生们进一步认识了美帝国主义的本质。① 由于广泛深入地开展宣传，到 6 月 10 日，全市已有 224928 人在保卫世界和平宣言上签了名，占吉林全市人口的 83.3%。到 8 月 22 日，全市已有 224966 人在保卫世界和平宣言签了名，占全市人口的 90.4%。②

长春市在"五一"国际劳动节大会上号召全市市民签名后，各单位纷纷开展签名活动。总工会、中苏友好协会、青年团、妇联、学联等团体召开会议，讨论签名运动的具体步骤、办法，并具体分工。除团体联署向全市群众发出签名号召外，宣传机关部门紧密配合，进行深入广泛的宣传，并在各影剧院、文化馆、百货公司、图书馆等门前设立 23 处签名站，便利群众签名。市政府文教局还动员小学及部分中学学生，分别拿着签名册到老乡家去签名，并讲解签名的意义。通过深入宣传，人民群众纷纷表示要用实际行动反对美帝发动的侵略战争，同时表明保卫世界和平的坚定决心。胶合板工厂 112 名职工在 5 月 12 日一天就签完了名。签名时，工友们表示，要加紧生产，提高产品质量，降低成本，以实际行动拥护世界和平。妇联在各粮食仓库中动员了 800 余名街道妇女签名。在郊区、农村中，反对美帝侵略战争签名运动也热烈开展起来，杨家店村赵

---

① 摘抄自《吉林日报》1950 年 7 月 9 日。
② 摘抄自《吉林日报》1950 年 8 月 27 日。

老太太激动地说,"我真心诚意拥护世界和平,快给我签上名字吧"!驻长警卫师战士听到签名消息后,一致要求签名。此外,各街道市民群众的签名运动更加热烈,卖水果的周伟,在吁吁书上签完名后又盖上章,以表示保卫和平的决心。经过宣传,至6月15日,已有170000人签名。6月18日,长春市开展了一整天的宣传活动,掀起了群众签名的高潮,据统计当天共有70000人签了名。截至8月中旬,全市430000人口中,共有341532人在和平呼吁书上签了名,占全市人口的80%。8月22日,全省已有3794600人在和平宣言上签名,占全省人口的55%。9月份,全省参加签名已达5068996人,占全省人口的73%。这充分显示了广大人民群众保卫世界和平与反对美帝国主义侵略战争的坚强意志。①

第二次签名运动是在抗美援朝运动开始后进行的。10月26日,"'中国保卫世界和平大会委员会'及'中国人民反对美国侵略台湾朝鲜委员会'合并改组为'中国人民保卫世界和平反对美国侵略委员会'",②将中国人民保卫世界和平的斗争与反对美国的侵略斗争紧密地联系起来。全省各

---

① 摘抄自《长春新报》1950年9月14日。
②《加强反对侵略保卫和平运动我国和大会委员会与反对美国侵略委员会合并组成中国人民保卫世界和平反对美国侵略委员会》,《人民日报》1950年10月27日。

地的机关、团体、工厂、学校积极响应号召,召开了座谈会、报告会;讨论或讲解了当时的形势及保卫和平的重要性,开展了签名运动。1950年11月5日,中共吉林省委发出的《关于开展时事宣传运动的指示》指出,在宣传运动周结束后,仍须继续进行,以配合保卫世界和平签名运动。

1950年吉林省保卫世界和平签名人数统计表

1950.9.15

县别	签名人数	占总人口%	统计日期	备注
吉林市	224 966	90.4	1950年8月20日	
长春市	341 532	81.3	1950年8月20日	
九台县	289 990	70.7	1950年9月4日	
农安县	197 643	52	1950年9月1日	
安图县	22 593	51.2	1950年9月4日	
蛟河县	122 251	63.1	1950年9月5日	
敦化县	91 496	71.7	1950年9月5日	
永吉县	325 381	59.8	1950年9月4日	
磐石县	164 573	73.8	1950年9月5日	缺4个区
伊通县	173 120	60.7	1950年9月5日	
乾安县	60 051	74.3	1950年9月5日	
扶余县	272 252	62.7	1950年9月5日	
长春县	266 215	54.7	1950年9月5日	缺4个区

县别	签名人数	占总人口%	统计日期	备注
榆树县	309 800	47.2	1950年9月5日	
舒兰县	173 749	60.2	1950年9月4日	
双阳县	140 885	68.1	1950年9月5日	
前郭县	110 928	71.6	1950年9月5日	
桦甸县	95 160	64.9	1950年9月5日	
长岭县	125 620	75.4	1950年9月5日	
怀德县	272 098	64.	1950年9月5日	
德惠县	168 717	51.5	1950年9月8日	
和龙县	90 004	62.	1950年9月8日	
珲春县	67 542	69.8	1950年9月7日	
延吉县	23 4399	72.4	1950年9月7日	
合计	4 438 095	63.9	1950年9月15日	

3. 吉林省反美反战宣传部署举措

抗美援朝初期，吉林省根据其作为国防最前线的特殊性，在担负抗美援朝运动重要后援地艰巨任务的同时，积极开展支前战勤宣传，制定了一系列有关战勤的方针、原则及规定，及时解除人民群众的各种思想顾虑以提高支前战勤积极性。吉林省抗美援朝宣传教育工作按照时间大致分三个阶段。

第一阶段：1950年7月13日至1950年10月20日。为响应中国人民抗美援朝总会的号召，召开了吉林省开展反对美国侵略台湾朝鲜运动周讨论会，各人民团体代表一致同意吉林省开展反对美国侵略台湾朝鲜运动周宣传，决定号召各地各界人民群众积极参加这一运动。全省各地各级党委宣传部门、机关团体及党团员干部按照省委部署，先后召开了关于朝鲜形势问题的会议，许多干部、党团员深入街道、区村，通过座谈、演讲、贴宣传画等方式，广泛地进行反美宣传和爱国教育，组织各阶层群众进行和平签名运动。

第二阶段：1950年10月26日至1950年12月末。1950年10月26日，中国人民抗美援朝总会成立。各行政区、省市先后成立分会或将原有的保卫世界和平委员会、反对美国侵略委员会合并改组为抗美援朝分会。11月16日，中国人民保卫世界和平反对美国侵略委员会吉林省分会正式改组成立。参加会议的，有来自全省各地的工农业生产战线上著名的劳动英雄和劳动模范、民兵英雄和模范军属，有青年、学生、妇女、教育、医务、工商各界的代表，以及自然科学工作者和新闻工作者，包括朝鲜族与回族在内的少数民族代表，共104人。会上，中国人民保卫世界和平反对美国侵略委员会吉林省分会负责人林耶同志致词并指出，吉林省各界人民热爱和平，反对侵略战争，在和平签名运动中，全省690万人里，共有500多万人签了名。美帝扩大侵略朝鲜战争，严重威胁我国安全，激起全省人民愤怒，到处都掀起了声势浩大的志愿抗美援朝保家卫国的运动，无数的工人、农民、青年、学生，纷纷要求走到抗美斗争的最前线。为适应这个新情况，全省人民要求成立专门的委员会统一领导这一运动。会议期间全省各界代表热烈发言，一致衷心拥护成立中国人民抗美援朝总会吉林省分会，坚决团结全省人民，为抗美援朝、保家卫国贡献一切力量。

第三阶段：1951年1月至1951年6月。1951年初，中共吉林省委在总结回顾前两个月全省抗美援朝时事宣传工作成果基础上认为，全省抗美援朝时事宣传还需要深入与提高，必须使宣传鼓励与城乡人民经济生活的重大问题和各阶层的思想动向密切结合，纠正一般化的讲解宣传。

中共吉林省委专门就宣传问题多次召开会议，认真研究时局的发展变化，分析全省各界群众的思想动态，部署宣传任务，紧紧围绕宣传抗美援朝的重大意义，深刻揭露美帝的侵略本质及其暴行等问题，开展宣传工作。在美军轰炸东北边境时，中共吉林省委针对群众的各种思想反映，及时进行了反对美帝侵略扩张和积极疏散的宣传，通过揭露美帝的侵略本质和罪行，使广大群众进一步认清了美帝侵略的野心和目的，破除了"恐美""崇美""亲美"心理，激发了反美情绪，丢掉了幻想。在美帝撒布细菌毒虫时，中共吉林省委及时进行反细菌战的宣传，先后发布了抗议声明、宣言，动员全省人民积极参加反细菌战的斗争，彻底、干净地消灭了毒虫，以实际行动反对美帝新的罪行。

全省各地也根据实际情况迅速行动，开展了形式多样的宣传教育活动，采取了一系列措施和方法。

其一，建立宣传网络，扩大宣传力量，填补宣传空白。以省委宣传部为主，吸收各机关、团体及文化部门的同志参加。同时，还根据不同时期、不同宣传任务，成立了"吉林省和平签名运动委员会""反对美帝国主义扩大侵略宣传运动周委员会"等临时宣传组织。按照政治思想素质好、业务水平高、口语表达能力强和群众威信高等条件，从机关、团体、区、街的干部、党团员和积极分子中，选任了一大批基干宣传员，成立宣传小组和宣传站，由抗美援朝宣传委员会统一登记入册，集中培训，明确岗位和职责，充分发挥宣传员在宣传工作中的作用。根据每一时期的宣传内容，及时把宣传员组织起来集中学习培训，使他们及时了解宣传重点、方法和应注意的问题，培养和提高他们的宣传能力。在培养基干宣传员过程中，相关同志不仅同他们一起研究宣传方法，提高宣传水平，而且还了解熟悉他们的思想动态，及时做好思想工作。

其二，利用一切宣传阵地，开动一切宣传机器，采取各种宣传形式，增强宣传效果。在保证报纸、广播电台和街头、路口、居民区宣传站正常宣传的基础上，又把影剧院、

吉林省各界群众开展反美反战宣传活动

茶社、文化馆、学校、公园、基督教堂、旅社等充分利用起来，同时利用报纸、广播电台系统宣传。自6月27日美国总统杜鲁门宣布对朝鲜出兵和侵占中国台湾以来，我国报纸、广播电台每天都登载和播放大量有关抗美援朝的文章、材料，深刻揭露美帝的侵略本质，大力宣传我国与朝鲜的亲密友好关系，强调抗美援朝的重大深远意义，使广大群众充分了解时局发展形势，明确工作重点，增强斗争信心。

为了将宣传教育与战勤支前等工作更好结合，中共吉林省委还将"抗美援朝、保家卫国""优抚拥军""防空疏散"等工作任务作为宣教活动的重要抓手，将其贯穿于整个抗美援朝运动宣传教育的始终。为了搞好这些宣传，中共吉林省委及时拟定下发宣传计划和宣传提纲，经常召开各级宣传工作会议，检查督促，保证了宣传工作的落实。在各级领导干部的带动下，广大干部、宣传员、党团员及积极分子，也都主动地去做群众的宣传工作，使广大群众认清了形势，提高了认识，明确了任务，增强了广大群众投入到这场斗争中的自觉性，为抗美援朝运动做出积极贡献。

4. 全省各地的宣传活动

在整个抗美援朝宣传教育过程中，中共吉林省委始终把经常性的普遍宣传与阶段性的专题宣传结合起来，根据

★ 抗美援朝后援地

形势任务和群众思想的发展变化，确定宣传重点，布置宣传任务。同时，各地利用黑板报、鼓励牌、控诉栏、橱窗、宣传画、漫画、标语、传单、宣传车等形式广泛宣传。这些宣传形式，既适应各种环境，方便活动，又易于被群众接受。学校师生和文艺工作者，纷纷组成宣传队走上街头、下厂、下乡，以极大的政治热情投入到抗美援朝的宣传活动。

为了达到寓教于乐的目的和效果，省委宣传部还与文化社团联系，利用戏剧、曲艺、歌舞、弹唱、小演唱、歌咏会、秧歌、洋片、幻灯等生动活泼的文艺形式进行宣传教育，以适合群众方式。吉林省各文学艺术团体及文化机构利用多种形式进行生动、形象的宣传鼓励工作。他们利用张贴标语、漫画、戏剧、曲艺、说书、鼓词、幻灯、壁报、黑板报、简报、连环画、文艺演出、图片展览等形式宣传抗美援朝。妇联则通过组织学习小组、夜校，进行宣传。

东北人民大学[①]和其他高等学校师生在坚持正常教学活动的同时，以极大的爱国热情在校内外开展抗美援朝宣传活动，他们搜集以美帝国主义为首的侵略阵营与世界和平阵营力量对比的材料，制作图表、漫画220余幅，在校内外展出。他们还排练了话剧《上当》，歌剧《千仇万恨》《唇

[①] 1946年东北行政学院建立，1950年更名为东北人民大学，1952年调整为中国共产党创建的第一所综合性大学，1958年更名为吉林大学。

亡齿寒》等35个节目，演出30多场，观众达1.7万余人。同时，驻长高校组织213人的宣传队，深入181个居民组宣传抗美援朝、保家卫国的道理，深受人民群众欢迎[①]。

长春市利用各种形式开展大规模的宣传教育活动，相继举行了反对美国侵略宣传周活动；举办了《朝鲜照片展览会》《反美侵略资料展览会》；文艺工作者创作演出了反映抗美援朝内容的话剧、京剧、评剧、歌剧、歌曲、杂耍等节目287个；市抗美援朝分会编辑出版了《反对美国侵略文艺征稿作品汇集》4册；市文联先后编印了《反美文艺演唱材料》40集，鼓词《血债》、歌剧《保卫咱们的好光景》《张大哥出战勤》、话剧《上当》《顺逆》，在全市影响很大。此外，美术作品《抗美援朝剪纸集》等，由东北新华书店在全国发行。

吉林市要求各机关、工厂企业、学校普遍建立宣传鼓励员队伍，向群众宣传反对美国侵略的重要意义，坚定反美斗争的必胜信心。为掀起反美斗争的高潮，省市机关、学校及郊区共组织2000多名宣传鼓励员，分成11个宣讲队进行抗美援朝、保家卫国的宣传活动，并组织58名报告员，加强时事宣传教育。同时，市内举办了"朝鲜照片展览"

[①] 中共长春市委党史研究室、长春市民政局编：《抗美援朝运动在长春》，1994年版，第4—5页。

和"反美侵略资料展览"。文艺工作者创作演出了《美帝威风真相》《保卫和平》《杜鲁门不要脸》《战争贩子头五更》等反映抗美援朝内容的节目200多个,演出2100多场次,同时还开展了抗美援朝歌咏比赛活动。美术工作者还绘制出抗美援朝战争形势图、敌我力量对比图、美帝国主义侵华史图等宣传画713幅。此外,吉林市还举办了全市性的抗美援朝街头美术展览和文艺界抗美援朝救灾公演,观看演出的群众达5万多人。全市放映的防空防奸电影也有50多场[①]。吉林市德胜区第二实验小学教职员工,利用课余时间通过报纸时政学习增强胜利信心。自从美军在仁川登陆以后,学校老师都担心半岛时局的情况,特别是在美军逼近汉城后很多老师和当时社会上的大多数人一样产生了担忧和迷茫,有的人听信了社会上的谣言不愿意到政府机关工作,生怕日后受到连累,于是找校长要求留在学校里只教书不过问政治。面对这样的情况,时任学校校长侯殿仁认为"只有大家清楚地认识目前形势,才能克服这种波动"。于是在侯殿仁的倡议下,学校暂停了教学任务和文化学习,集中精力学习时事,并提出"中国人民是怎样得到胜利的"诸如此类的论题,发动学校老师们去收集有关资料,然后

[①] 中共吉林市委党史研究室、吉林市民政局、吉林市档案馆编:《正义的胜利——吉林市抗美援朝专辑》,1998年版,第4—5页。

开展谈论，让学校教职工知道"不着实际的胡思乱想，是要不得的"这个道理，使其消除了"恐美""崇美""亲美"思想，认清了美帝的侵略本质，学校同时对学生进行正确的思想引导和教育。①

在 1951 年 4 月《延吉县普及抗美援朝运动的总结及深入宣传教育的初步计划》中，对于抗美援朝运动的"收获"有这样的表述，"提高了爱国热情。在农村里，推动了爱国丰产运动的热潮，普遍订立丰产计划，特种作物的面积普遍增加"。"在工厂里开展了爱国主义竞赛"。"在文教界中，全县 5 万多师生，大多数教员和很多学生参加了各种宣传工作"。"在工商界里，提高了爱国主义思想，延吉市工商界主动向政府申报漏税 3 亿元"。据资料统计，抗美援朝期间，延边地委（后改为延边州委）动员 18038 余名宣传工作者，培训 5300 余名宣传骨干、文艺队员，到各乡村、工厂、市镇、街道开展抗美援朝、保家卫国宣传教育。他们在各地以演讲会、座谈会等形式回忆和控诉了当年在日本帝国主义铁蹄下的悲惨遭遇，由此激发了人民群众抗击美帝国主义的热情。通过宣传受到教育的群众达 40 多万人。

白城地区的各族人民通过召开干部会、各界代表会、

---

①《吉林日报》1950 年 11 月 3 日第 4 版。

劳动模范会、朝鲜人民军代表团和志愿军休养员宣传报告会等形式，向干部群众宣传抗美援朝的重要意义。同时组织大批宣传队伍深入工厂、街道、乡村，举办时事讲座，组织控诉会，运用墙报、板报、标语、展览、广播等宣传工具，广泛深入地进行国际主义和爱国主义的宣传教育。白城地区组织8900余人的宣传队伍，深入到农村的10个地区、240个村和城区的5个街、59个委，对22万余人进行宣传教育。经过宣传教育，消除了一部分人的"恐美""崇美""亲美"的心理，进一步明确了抗美援朝的重要性和正义性，提高了群众的思想觉悟，使其爱国热情迅速高涨。仅开通县就组织了千余人的爱国宣传队，深入工厂、街道、农村，举办时事讲座，组织控诉会，运用墙报、板报、标语、展览、广播等宣传工具，广泛深入地进行国际主义和爱国主义的宣传教育。傅玉凤是新中国成立后白城地区开通县第一完全小学的老师，抗美援朝期间她作为开通县宣传队的一员亲历了这一过程。据她回忆，当时县委从各学校抽调了一批有一定表演和伴奏能力的女教师，加上县文化馆的同志，组成了宣传队。10月25日，在县文化馆召开了全体队员会议。会议由文教科长王希文主持，县委宣传部部长徐跃讲了话。会后，傅玉凤所在的宣传队就投入到紧张的工作中。当时傅玉凤所在的宣传队只有8个人，都是从各个学校、机关抽调过来的，大家对这项工作都不熟悉也没有经验。面对人手少、时间紧的困难，宣传队从报纸、杂志上找一些演出宣传材料，服装用当时扭秧歌的服装和彩带子，道具是从中学借来的乐器，这是宣传队的全部家当。经过大家的努力，仅用了20天的时间就排好了《父子同心》《旧恨新仇》《全家光荣》《如此暴行》《居亡齿塞》等多个节目。

抗美援朝胜利后，吉林省委将欢迎志愿军归国作为向志愿军学习，对全省人民进行爱国主义、国际主义、革命英雄主义和革命传统教育的极好机会。为此，向全省人民宣传抗美援朝的伟大胜利和中国人民志愿军的英雄气概；赞扬朝鲜人民对和平事业的伟大贡献；感谢朝鲜人民对中国人民志愿军的帮助；反对美帝侵略和拒绝从朝鲜撤军的罪恶行径。让广大群众充分认识到，在美帝仍然制造紧张局势、继续扩大侵略战争的形势下，中国人民志愿军主动、全部、单方撤出朝鲜的伟大举动，对国内外产生重大影响，对保卫远东和世界平和，制止美帝侵略扩张有重要意义。

第四章

抗美援朝运动中
吉林省的战勤支前

★ 抗美援朝后援地

抗美援朝期间，吉林省是志愿军后方补给的重要基地，既肩负着全国赴朝兵员、军需物资和伤病员的转运任务，又肩负着直接支援前线的战勤任务。吉林人民在省委、省政府的领导下，全力以赴支援前线。

1950年10月，吉林省抗美援朝战勤工作拉开帷幕。10月15日至18日，中共吉林省委召开全省县委书记会议，省委书记刘锡五在会上传达了东北局的指示，并结合吉林省实际情况号召各市县动员群众、组织力量，抓紧落实东北局交给吉林省的各项战勤任务。会后，各市县认真贯彻落实东北局的指示和省委、省政府的命令，抗美援朝、保家卫国运动在吉林大地上迅速兴起，全省各族人民积极行动起来，以大量的人力、物力、财力支援抗美援朝运动，"志愿军打到哪里，我们就跟到哪里"的口号在吉林大地广为流传，也成为当时最真实的写照。不论是参加省内外的战勤，还是赴朝参加支前的战勤，吉林省各族人民发扬毫无畏惧、敢于斗争、不怕辛苦、不怕牺牲的革命精神，有组织有纪律地出色完成任务，为保卫祖国疆土、支持朝鲜人民的正义斗争，为抗美援朝战争的胜利和国防建设做出了重要贡献。

吉林省人民积极支援前线

1. 支援前线边援边建

中共中央在作出组成中国人民志愿军抗美援朝决策后，为保证战场上的胜利同时兼顾国内各项任务的完成，进行了全面筹划，采取了"边打、边稳、边建"的方针。打，就是志愿军在朝鲜的作战；稳，就是稳定国内秩序，包括政治秩序和经济秩序；建，就是国民经济和国内建设的恢复和国防力量的建设。打，是全国各项任务中的中心任务，"战争第一……一切服从战争，一切为了战争的胜利。没有战争的胜利，其他就无从说起"。然而，没有国内各项工作的有力支持和配合，没有后方的巩固，保证战争胜利这一中

★ 抗美援朝后援地

心任务，就不可能完成。所以，国内社会的稳定、国内建设的恢复和国防力量的加强，也是极为重要的工作，不可以忽略和放松。抗美援朝战争开始后，全国各项工作都是以保证抗美援朝战争胜利为中心来统筹进行的。

1950年10月24日，周恩来在中国人民第一届政治协商会议第十八次常务委员会会议上所作的《抗美援朝，保卫和平》报告中指出，在进行抗美援朝战争的同时，必须增强国防力量，"我们在国内要镇压敌特的捣乱，巩固广大人民内部的团结，经济建设不能停止，重工业要有重点地恢复，水利、铁道、纺织这几方面要不动摇地进行，并且要照顾到人民生活的改善"[1]。

12月31日，《中共中央关于执行一九五一年度财政收支总概算的指示》指出，由于进行抗美援朝战争，"国防经费不仅居第一位，而且大大超过我们的预计，经济和文化建设只能采取重点进行和有计划推迟两项方针"，并继续实行供给制和低薪制。因此，"我们确定一九五一年概算的总方针是：既要顾到国防开支的急迫需要，又要保证财政状况和市场继续稳定。如此，方能使前方胜利与后方巩固得以结合起来，稳步前进"。

---

[1] 北京人民出版社《周恩来军事文选》（1997年），第4卷，7页。

1951年2月14至16日，中共中央召开的有各中央局负责人参加的政治局扩大会议上，毛泽东提出了"三年准备、十年计划经济建设"的思想。毛泽东在2月18日为中共中央起草的党内通报中指出，"三年准备、十年计划经济建设'的思想，要使省市级以上干部都明白。准备时间，从现在起，只有22个月，必须从各方面加紧进行工作"。这次会议同时确定做好抗美援朝的宣传教育、土地改革、镇压反革命、整党及建党、统一战线、整风等各项工作。会议根据周恩来的提议，成立了由周恩来、陈云、薄一波、李富春、聂荣臻、宋劭文组成的国民经济第一个五年计划编制工作领导小组，组织领导编制第一个五年计划。2月17日，周恩来在军委会议上指出，"现在看来，朝鲜战争会长期拖下去，不是一两个战役就可以结束的。因此，我们只能一面作战，一面建设国防力量，一面恢复经济，把作战与建设结合起来，边打边建。采取轮番作战的方针，是为了战场上坚持长期作战；进行经济恢复是为了打基础，准备新的建设"。[1]后来，中共中央进一步将其概括为"边打、边稳、边建"的方针。[2]采取"边打、边稳、边建"的方针，既有力地保证了志愿军在朝鲜战场上的作战，也有力地保

---

[1] 北京人民出版社《毛泽东文稿》（1999年），第6卷，143页。
[2] 中央文献出版社《周恩来年谱（1949-1976）》，上卷，131页。

证了国内社会秩序的稳定、国内经济建设的恢复和国防建设的加强。

抗美援朝运动开始后,吉林人民为了更好地支援前线,一方面不遗余力地开展战勤服务,派出技术人员和劳工参与赴朝援建,另一方面加快了省内各项重点国防基础设施的建设。

修建机场。这是吉林省承担国防军事工程的重要项目之一。1950年7月27日,吉林省委、省政府发出《关于紧急动员民工修建飞机场的指示》《关于动员民工修建两处飞机场的通知》,提出"接上级紧急战勤任务指示,马上增修两处飞机场,以供保卫祖国之需要。任务重大,时间紧迫,必须动员大批政治可靠干部与民工方可完成。各地应充分认识此任务之重要意义"。"决定动员民工10000名,大车1000台"。"分批出动,务必按时完成此一艰巨任务"。[①] 各县委、县政府接到指示后,立即着手落实,在短短的几天时间,组织民工、车辆,准时到达指定地点报到。参加修建永吉机场任务的有永吉、九台、长春、德惠、磐石、双阳、伊通等地民工计12795名,大车500台;参加修建另一机场任务的有:舒兰、蛟河、榆树、和龙、汪清、珲春、安图、

---

① 吉林省档案馆编:《中共吉林省委重要文件汇编》(1950—1951年),第2册,第168—169页。

敦化等地民工计10398名，大车500台。参加两个机场修建的民工合计23193名。参加修建的民工以县为大队，区为中队，村为小队。大队长由县出一名科长担任，中队长由区长或区委主任担任。各县参加修建机场任务的民工发扬了不怕苦、不怕累的精神，在指定时间里完成了任务。

辽源东丰县委接到"抢修东丰军用飞机场"指示后，立即组织两批民工3118人（第一批2040人、第二批1078人）、大车20辆、牲口60匹，组成一个民工大队，由副县长刘浈亲自带队，在指挥部的统一领导下，全体干部以身作则，模范带头，一边组织指挥，一边参加施工。干部李长生几天几宿不睡觉和民工一起干；太平区的一名副区长想尽办法，解决了停工待料问题，保证了施工进度；渭津区前凉村党支部书记连续擦机器，手磨出血泡还坚持干；干部张思洲带病边指挥边干活。民工大队仅用1个多月，就完成了37.6万个工日任务。在工程评比中，县大队从第一期工程的第四名一跃成为第二名，在第二期工程中又夺得第一名，为全县人民争了光。1952年，为巩固国防和战争需要，东丰县又先后三次出动民工2100多人、大车150辆，到丹东、柳河、三源浦修建飞机场。[①]

[①] 中共辽源市委党史研究室：《中共辽源党史资料》（1991年），第339页。

★ 抗美援朝后援地

1953年4月2日，吉林省人民政府接到东北行政委员会电令，"为修建辽东省盖家坝机场工程，急需吉林省出200台胶轮车"。①吉林省人民政府立即发出《关于动员胶轮车200台的指示》，决定"由长春市动员150台、吉林市动员50台（三马二人）务于本月12日前去现场报到，服勤45天"。"每50台车为中队，长春须编为大队（3个中队），配备大队长兼政委1名，会计及管理员各1名，中队设中队长兼指导员1名，会计及事务员各1名"。②吉林市、长春市人民政府遵照指令，即刻落实，大车队按时出发。长春市战勤大车队在执行修建任务中表现突出，被修建委员会评为"人强马壮干部负责"的模范大车队。

1953年5月25日，东北行政委员会向吉林省人民政府发出指示，"柳河机场（382工程）由你省动员民工，大车分两批，民工15000名，大车500台，按时前往，以保证按期开工"。③为继续加强抗美援朝与国防建设的需要，吉林省人民政府立即发出《关于动员去382修建工程民工车马的命令》，将民工、大车任务分配如下，"延边朝鲜族民族自治区2000名，永吉、怀德、九台、德惠、农安、扶

---

① 吉林省档案馆编：《中共吉林省委文件》（1953年）1-68，第9页。
② 吉林省档案馆藏：《中共吉林省委文件》（1953年）1-68，第7页。
③ 吉林省档案馆藏：《中共吉林省委文件》（1953年）1-70，第90页。

余县各1500名,郭前旗、舒兰县各1000名,吉林市、乾安、蛟河、敦化县各500名,共计15000万名。胶轮车伊通、双阳、扶余、长岭、怀德、永吉、德惠、农安、九台、蛟河县各50台,共计500台,民工每30名1名伙夫,胶轮车每50台4名伙夫,除民工与车夫以外由市县根据任务数配备之,工期110天"。①

除了修建机场等军事工程外,吉林省还调动大量民工对各项基础设施进行了修建,以保证对抗美援朝运动的支援。

抢修公路。1950年10月21日,吉林省人民政府按东北人民政府指令,发出《关于抢修吉林图们公路及采石任务的命令》(省民计字第337号),决定抢修吉林图们公路,九台、榆树、汪清、舒兰、珲春、永吉、安图、延吉、吉林等市县动员民工10068名,采石由长春、敦化、郭前旗、和龙、蛟河、扶余、永吉、安图、吉林等市县动员民工12600名。各县均按时完成。

1953年2月20日,吉林省人民政府给永吉、磐石县人民政府发出《关于506工程运输要动员民工整修吉沈公路的指示》(吉路基字第1号),提出"为了保证506工程

---

① 吉林省档案馆藏:《中共吉林省委文件》(1953年)1-70,第92页。

运输的需要，对吉林至沈阳间主公路的吉林省段进行维修，本府决定：永吉县每日需动员民工410名，大车270台，磐石县每日需动员民工310名，大车210台，自3月5日至3月15日计工作10天，整修桥涵工程"。①4月8日，吉林省人民政府又发出《关于506工程动员民工的指示》（吉民战字第37号），提出第一期工程于4月14日开工修建，需20天完成，决定"由吉林市动员民工60名，永吉县720名，磐石县850名，接令后即刻报告"。②吉林市、永吉县、磐石县人民政府接令后迅速执行修建任务，均按时完成。

开采矿石。1953年3月3日，吉林省人民政府给吉林市、舒兰县人民政府发出《动员采石民工命令》（吉民战字第28号），提出为供应国防所需石材，以保证完成国防修建任务，决定"由舒兰县动员采石民工300名去马鞍山石场，吉林市郊区动员民工100名去磐石明城采石场，务于3月12日前到达指定石场，限期7月15日前完成"。③3月14日，吉林省人民政府按照东北行政委员会的电示，急令吉长两市人民政府，为保证哈尔滨铁路局国防任务的完成，动员400名采石民工，决定"长春市出300人，吉林市出100人，务

---

① 吉林省档案馆藏：《吉林省人民政府文件》（1953年）2-8，第30页。
② 吉林省档案馆藏：《吉林省人民政府文件》（1953年）2-8，第30页。
③ 吉林省档案馆藏：《吉林省人民政府文件》（1953年）2-8，第16页。

于本月 20 日前去长春市大屯采石场报到，6 月末完成"。①各地均按指令如期完成。

修建仓库。1953 年 1 月 11 日，东北人民政府发出《关于动员凿岩工人及民工的指示》，提出为赶修鸭绿江两岸山洞仓库，由各省市及铁路局动员凿石工、民工、铁工、木工，参加修建工程，决定"吉林 400 人（包括吉林铁路局）在 20 日前到达辽东凤城集中，由东北军区后勤部营房管理部统一调配"。②吉林省人民政府按要求，即刻落实任务。

抗美援朝运动中，吉林省先后组织了大批以农民为主体的担架队随志愿军赴朝，许多人主动要求赴朝，参加护理员、技工、警通员、民工、水利工程员、输血队员等战勤工作和后方军事设施的修复、军需物资的运输以及战勤通讯联络的保护工作。据统计，参加国内国防建设的民工有 1369000 余人，技术人员 2135 人，出动胶轮车、大车共 118513 台，马 355539 匹。广大战勤人员克服了重重困难，冒着敌机轰炸、扫射的危险，在枪林弹雨中执行抢救伤员、抢修公路等任务，圆满地完成了战勤支前任务，许多战勤队员立功受奖。

---

① 吉林省档案馆藏：《吉林省人民政府文件》（1953 年）2-8，第 4 页。
② 吉林省档案馆藏：《吉林省人民政府文件》（1953 年）2-8，第 5 页。

志愿军战士与群众在西阳岔火车站装卸物资

2. 全民掀起参战支前热潮

参战支前热潮涉及范围广、参加人员多是吉林省支前工作的一个主要特点。三年多的时间里，吉林省人民踊跃报名，参加担架、运输、翻译、司机、护士等技术队伍，有的技术人员甚至牺牲在朝鲜战场上。

吉林省积极派出担架队、民工大队、运输队。1950年10月19日，吉林省人民政府派出第一批担架队赴朝支前，主要任务是运输、装卸弹药物资，抬送伤病员。参加

第四章 | 抗美援朝运动中吉林省的战勤支前

吉林省派出的汽车运输队

第一批担架队的有伊通、磐石、桦甸、双阳4个县的近万人。第一批担架队在朝鲜战场执行任务一年多时间里,基本完成了各项任务。例如:桦甸县担架队赴朝后,跟随志愿军第27军81师,执行转运伤病员、运送军事物资、抢修公路等任务。1951年10月前后,第一批担架队陆续回国。1950年11月8日,吉林省人民政府接到东北人民政府民政部的通知,为了满足军事需要,决定由吉林省组织基干担

★ 抗美援朝后援地

担架队员把志愿军伤员抬下战场

架队500副,长期随军行动。吉林省人民政府即刻下发《关于自愿组成担架队的命令》(省民战字第8号),决定"扶余县120副,郭前旗60副,德惠60副,榆树90副,舒兰60副,九台60副,蛟河60副。队员以自愿参加为原则,年龄在18-40岁,身体健康,政治可靠。每30副为一中队,每10副为一小队,每副担架6人组成。扶余、郭前旗编为第一大队,在三岔河集训;榆树、德惠编为第二大队,在德惠集训;蛟河、舒兰、九台编为第三大队,在蛟河集训"。[①]《命令》还对担

---
① 吉林省档案馆藏:《吉林省人民政府文件》(1950年)2-8,第42页。

架大队的干部编制、人员配备及各项具体工作做了明确的规定。各县群众纷纷响应吉林省人民政府的号召，积极报名参加担架队。以扶余、郭前旗为例，两县编为第一大队，共有担架队员4991人，担架800副，在三岔河集训后，于1950年11月21日从三岔河出发，31日进入朝鲜境内执行战勤任务。此后，第二批担架队在1951年末和1952年初陆续回国。

吉林省积极派出翻译、司机、护士等各种技术人员赴朝。从1950年10月份开始，吉林省人民政府先后派出多批技术人员入朝参加各项任务。例如：长春市公交公司第一批20名司机于1950年10月14日从长春出发，入朝后在志愿军汽车1团4连参加运输任务。又如：1952年2月28日，汪清县人民政府按照吉林省人民政府的指示，派出翻译369人、护士136人、汽车司机及助手339人。再如：1953年9月3日，根据东北行政委员会的指示，吉林省人民政府决定由永吉、九台、磐石、舒兰、蛟河、敦化等县各抽调10名木工，赴朝鲜开城执行修建任务。

吉林省积极派出随军工作队、武工队、警卫人员、公安干警。根据前线部队的需要，吉林省人民政府先后从延边等地选派随军工作队员765人、武工队员70人、警卫人员11人、公安干警522人，赴朝执行特殊任务。

抗美援朝期间,吉林省积极派出赴朝支前的民工、担架队员、担架团37636人,运输营1732人,汽车司机1713人,翻译7235人,武工队员1080人,各种技术人员1007人,各级干部2552人,其他人员365人,合计53320人。

3. 保障战勤供应服务

1950年,中共吉林省委召开县委书记会议,省委书记刘锡五提出,"以抗美援朝为中心任务",号召全省广大干部和群众在抗美援朝运动中,积极行动,很好地完成党中央、

吉林省派出的民工紧急装运军用物资

东北局交给吉林省的各项战勤任务。之后，吉林省各族人民在执行战勤任务中，以"一切为了抗美援朝"为指导思想，提出了最具代表性的口号——"加强生产支援前线""一切为了战争""一切为了前线"。全省上下，从城市到乡村，从工厂到街道；各行各业，妇孺老幼皆积极响应，有钱的出钱，有粮的出粮，有衣的出衣，有房的出房，为服务战勤工作尽自己的一份力量。

军服军粮加工。1950年8月，吉林、长春两市接受加工军粮军服的任务，两市人民政府专门成立了军服加工委员会，派专人负责这项工作，迅速落实厂房、设备，组织技术人员，很快就完成了加工任务。

1950年8月，吉林市先后接受加工棉大衣206000件、棉军服22500套、棉被38000床、炒面90万斤、军粮9576吨等任务。吉林市委、市政府先后成立了军服加工委员会、军粮加工委员会、炒面委员会等组织机构，派专人负责，迅速落实人员、设备、厂房，按时完成了任务。同月，长春市接受加工棉军服43000套、棉大衣41000件、棉袜100000双、铁路员工棉大衣10000件、若干粮袋、手榴弹袋等任务。长春市委、市政府决定成立军服加工委员会，由市政府秘书长高诚负责。军服加工委员会采取动员群众带机入厂的办法，动员缝纫机3123台、随机入厂技工3123

人、女工5130人，组建成4个军服加工厂，均按时完成了生产任务。

1950年11月27日，吉林省人民政府发出《关于抽调裁缝技工及缝纫机器的命令》，决定从延边五县动员熟练缝纫技工500人及缝纫机器500台，组织临时加工厂；从农安、伊通、德惠、郭前旗、桦甸、扶余、永吉、双阳等县抽调345名技工和345台缝纫机器到吉林市人民政府报到，并参加加工军服的任务；另调140名技工到吉林省人民政府组织的被服加工厂参加战勤服务。各地认真执行吉林省人民政府的命令。例如：汪清县人民政府派人组织所有缝纫机，到1951年2月，按时保质保量地完成吉林省人民政府交给的42000套棉军服加工任务。

长春市从1950年10月至1953年7月，共完成的军粮加工任务为：高粱米125000吨、豆饼68040吨、炒面1143759斤、煮肉20万斤、干菜35000斤、军需马料703吨。曾任长春军粮加工厂厂长的刘志明回忆，军粮加工厂是日伪时期建的粮食加工厂，地处铁北一路火车站附近。抗美援朝期间，根据上级要求，本着先军需后民用的原则，工厂也承担着为志愿军加工军粮的任务。当时工厂有500多名职工，其中一半是生产车间工人，一半是装卸工人。厂内有火车专用线，可以同时装卸10节车厢。工厂共分3个车间：大米车间、小米车间、高粱米车间。军粮加工车间共有16台机器，实行昼夜三班倒，日加工高粱米160吨。任务紧张时，每月只有1天检修机器时间，连续加工不休息。工厂每年接收公粮（农业税）约40万—50万吨，所以装卸火车的任务很重，工人们连续奋战。工厂思想政治工作抓得比较紧，每月、每季都评选先进生产（工作）者，每周都召开宣传员会议，通过黑板报、画廊、广播表扬好人好事，因此，职工生产热情很高。后来工厂被二区区委（现宽城区）评为政治思想工作先进单位，曾在市委宣传部召开的会议上介绍过经验，刘志明也被省粮食系统评为"粮食模范"厂长。

吉林省派出的民工大车队为前线运送粮食

★ 抗美援朝后援地

接待安置部队。1950年10月下旬，朝鲜人民军第7军团撤到吉林省境内进行整训。吉林省人民政府将这项安置任务交给磐石、桦甸、永吉等县人民政府。以磐石县为例，磐石县人民政府接受安置任务后，立即进行准备工作，派干部组织各区广大群众，发扬国际主义和爱国主义精神，有房出房，有粮出粮，妥善安置朝鲜人民军。11月3日，朝鲜人民军第7军团（3万余人）全部到达，磐石县各界群众很快将他们安置就绪，使朝鲜人民军第7军团顺利整训。截至11月21日，磐石县人民政府为朝鲜人民军第7军团"提供高粱米934115斤，大米200819斤，菜金23.7889亿元（东北币）；全县农村倒出八九千铺炕，腾出一所小学，县人民政府倒出一半的办公室和宿舍"。[①] 群众看到朝鲜人民军战士衣服单薄，穿着单鞋，就自发或发动妇女动手给朝鲜人民军捐献了很多棉衣服、棉帽，做了2000多双棉鞋，并给他们送木柴取暖。当时，类似情形在各区驻军的村屯随处可见，充分体现了吉林人民的国际主义精神。1951年6月1日，吉林省人民政府接到东北军区军事部电文，"由东北军区派来我省驻扎之部队，决定分别驻扎在永吉、吉林、九台一带"。[②] 吉林省人民政府立即发出《关于部队驻防地

[①] 吉林省档案馆藏：《吉林省人民政府文件》（1950年）2-6，第42页。
[②] 吉林省档案馆藏：《吉林省人民政府文件》（1950年）2-7，第6页。

速作准备的命令》（吉民战字第112号），指出"（1）永吉县属口前区住一个大单位，分住口前春公河、务本屯、红蓝旗屯、南阿拉夹、小马鞍山一带。另桦皮厂之崔屯村为中心住一个大单位。（2）吉林市郊区以棋盘街为中心住一个大单位。（3）九台县属二道沟区为中心住一个大单位。每一个大单位约6000人，六月初旬即到达"。"有不足部分需向群众暂借"。[①] 各市县接到命令后，立刻派干部到各地区进行准备工作，按要求完成任务。类似这样的接待安置工作在延边及其他县都曾有过。

临时性的运输、服务性工作。抗美援朝期间，吉林省各地出动车辆为前线部队运输粮食、物资，参加短期的筑路修桥等任务。另外，各县区组织妇女为驻防部队、伤病员洗衣服、被褥等临时性工作很多。例如：三岔河区组织6100名妇女成立洗衣大队，为过往部队和伤病员洗衣服40716件、被褥264套。吉林市、长春市两地的街道居民、工人、学生，组织临时性担架队、洗衣队，接转伤病员，为伤病员拆洗被褥、衣服，类似这样的事例不胜枚举。

据统计，吉林省"短期战勤参加民工136243人，动用马42982匹，牛10720头，铁轮车15037台，胶轮车5405

---

① 吉林省档案馆藏：《吉林省人民政府文件》（1950年）2-7，第6页。

★ 抗美援朝后援地

吉林省人民群众组成的运输队

台,牛车 11728 辆,载重汽车 194 台。非短期战勤参加民工 278652 人,动用马 28053 匹,牛 10153 头,铁车 11638 台,胶轮车 670 台,牛车 153030 台,载重汽车 18 台,木工、棚工等 1079 人"①,为支援抗美援朝运动做了大量的工作。

4. 吉林人民参加战勤大队轶事

抗美援朝运动期间,不论是在前方战场上,还是在后

---

① 吉林省档案馆编:《兰台内外》,2000 年第 5 期,第 47 页。

方运输线上，由民兵、群众和技术人员组成的担架队、民工队、运输队等战勤大队都发挥了极大的作用。

吉林省人民群众跨过鸭绿江往前线运送物资

担架队大多是由民兵组成，为保证志愿军粮食、武器、弹药的供应，大批民兵自备骡马和大车，志愿参加担架队。仅东北地区，从1950年10月至1953年7月，参加运输队和担架队的民兵就有74万人，胶轮大车6万余辆，其中随军赴朝之前的民兵就有21万人。当敌机轰炸扫射时，他们用自己的身体掩护伤员；在寒冬里，他们宁愿自己受饿挨冻也要将自己的棉衣盖给伤病员；在两年多的时间里，有近 10 万名志愿军伤病员是由民兵担架队运送回国的。

民兵担架队

按照吉林省委、省政府的指示，从 1950 年 10 月 20 日开始，伊通、磐石、桦甸、蛟河、敦化、临江、辑安（今集安）、东丰、郭前旗、乾安等县组成担架队、民工大队、运输队陆续赴朝，担任运输、运抬伤病员等战勤任务。吉林省派去的战勤队，有的跟随主力部队参加了 5 次战役，甚至到"三八线"附近。他们冒着枪林弹雨把物资及时送到前方，把受伤的战士运送回后方；还有的在朝鲜停战后，留在朝鲜帮助当地人民建设家园。

辑安（今集安）担架队是吉林省派出的众多担架队中的一支。为配合中国人民志愿军赴朝参战，中共辑安（今集安）县委向全县人民发出积极参加担架队的号召后，全县人民争先恐后地报名参加战勤支前担架队，仅34天的时间，就组建起由1108人组成的154副长期担架队和由2840人组成的210副临时担架队，合起来组成了辑安（今集安）担架支队。担架支队在县政府统一领导下，编为3个大队、13个中队、51个小队，支队长由时任副县长的李林彬担任。

担架支队组成后，县领导在动员大会上分析了当时形势，指出了美帝国主义侵略朝鲜后进而吞并中国、独霸全世界的野心和抗美援朝"唇齿相依"的道理。担架队员们听后纷纷表示，"我们决不当第二次亡国奴，决不让美帝国主义拔掉我们的饭锅，不完成任务决不回国"。这支担架队伍，在副县长李林彬的率领下，于10月27日跟随中国人民志愿军也雄赳赳、气昂昂地跨过了鸭绿江。当他们亲眼见到侵略者大批屠杀朝鲜人民的残暴罪行和大批朝鲜村庄被炸成一片废墟时，无不义愤填膺，更加激起了他们保家卫国的热情。担架支队的夜行军达百余里，担架队员们脚上磨起了血泡，但没有一人叫苦叫累。担架队员们还提出了"志愿军走到哪里，我们就跟到哪里"的战斗口号。

在运送伤病员过程中，担架队员们以亲人般的感情和革命的责任感，对伤病员体贴照顾，无微不至，涌现出许许多多动人的场面。因抬运伤病员正值隆冬季节，除了轻抬轻放减少伤病员的痛苦外，担架队员们还把自己的棉被、棉衣给伤病员铺盖上，他们宁肯自己受冻，也不让伤病员冻着。当担架队行进途中遇到敌机扫射时，担架队员趴在伤病员身上，用自己的身躯掩护伤病员，伤病员被感动得流了泪。担架队员，给伤病员洗脸，把自己带的饼干用开水泡了，一口口地喂伤病员，并用自己的钱给伤病员买水果、烟卷等生活物品。担架队员李俊志为减轻伤病员痛苦，连续抬了几天，几百里路没用人换班，一直把伤病员送到医院。为照顾伤病员，他4天4夜没合眼，在找不到接屎接尿工具时，竟拿自己吃饭的瓢给伤病员接屎接尿。担架队员们用自己的钱给伤病员购买相关物品达300多万元（东北币）。由于全体担架队员对伤病员胜似亲人般的照顾，伤病员们感动地说："我们争取早日出院重返前线，多消灭美国鬼子，来报答你们！"后来，担架队员收到许多志愿军伤病员们的感谢信。他们在信中说："争取早日养好伤，重返朝鲜战场，不消灭美国侵略者决不下战场！"

第四章 | 抗美援朝运动中吉林省的战勤支前

辑安（今集安）群众在很短的时间内组建了担架队

吉林省组建的由汉族、朝鲜族群众构成的首批担架队，帮助朝鲜人民抵抗侵略者，光荣地得到两面奖旗

支前模范曲洪一带领担架队在朝鲜

长春公交系统汽车司机在抗美援朝运动中跟随作战部队往来于硝烟弥漫的战场。

1950年10月初,长春公交公司党支部开会动员,号召党团员积极带头,报名参加战勤支前去朝鲜。公司第一批有20名司机于10月14日从长春出发,在沈阳集训后,从临江县走东线,雄赳赳、气昂昂地跨过了鸭绿江。这些司机被分配到中国人民志愿军汽车1团4连。这个团在朝鲜是有名的打不乱、炸不断的钢铁运输线。朝鲜东北部气候恶劣,气温达零下40度左右。1950年11月的新兴里战役,他们的运输任务是:送炒面上去,回来时抢运伤病员。据亲历者后来回忆，抢运的伤病员，不少人的腿已经黑了。腿黑了到后方医院就要截肢。那时司机都是夜间行车，夜越深，气温就越低，加上当时装备又不好，脚上穿的是棉胶鞋，车辆大都在森林中行驶，百八十里地没有一户人家，想找一个住宿的地方也没有。司机们不但要忍饥挨饿，还要和严寒搏斗才能完成任务。但不论遇什么情况他们都没有任何思想杂念，只是一个劲地要求自己完成任务。尽管环境、气候恶劣，但他们在战争中还是最幸运的，因为安全性比较大。1951年的春节，大年初一司机们就往前线开赴，他们要越过"三八"线到"南朝鲜"（韩国）执行任务。可是初一早晨6点天还没亮，美军的飞机就用炸弹和枪机来"欢迎"，飞机在空中狂轰滥炸，司机们第一次被飞机围困在朝鲜老百姓的房子里，进退两难，在屋里乱转。跑出去吧，又怕暴露目标把老百姓的房子炸了，不跑出去吧，真担心被炸死在屋里。飞机轮番的轰炸足有2个小时，在大年初一为了不因为自己而使老百姓的房子被炸毁，司机们宁可被炸死，也没有一点退缩。后来，运输任务由东线转到中线，虽然天气转暖，更严峻的是敌机轰炸，司机们时刻都有被飞机炸死或者是车翻身亡的可能。美军的飞机把当时朝鲜的城市、农村、高山、平地都炸成一片火海，到处都在燃烧，因此汽车夜间行车也不能打灯，否则就会变成敌机轰炸的目标。

★ 抗美援朝后援地

汽车运输队

当时在朝鲜战场有一个很形象的比喻：天上有灯（敌人飞机扔照明弹）；地上有坑（公路上被飞机炸得到处都是弹坑，一不注意就会掉进去）；前面有钉（敌人千方百计破坏运输线，最后他们使用毒计，用飞机往公路上撒三角钉，来扎轮胎，达到破坏运输线的目的）。长春公交公司的战勤运输队并没有被这些困难吓倒，而是光荣地完成了任务。

据当时参加运输战勤任务的曾昭利老人回忆，他们一起去的20名司机，在朝鲜牺牲了4名，路景全同志就是其中一位。1951年6月的一天，曾昭利与其他同事像往常一样出车，回来时人却少了，当得知路景全在山路行驶中被飞机炸死后，曾昭利顿时痛哭失声，他向领导提出，用汽油把尸体火化了，把骨灰珍藏起来，生不能同返祖国，死也要把骨灰带回去。但是按照要求只能就地掩埋，就这样路景全同志永远静静地躺在了朝鲜的一个不知名的小山坡上。此后，每天出车前曾昭利和其他同事都要去他的墓前默默告别，一直到战地转移。

继第一批20名司机去朝鲜参加抗美援朝后，同年的10月24日，长春市公交公司第二批的12名司机又勇敢地

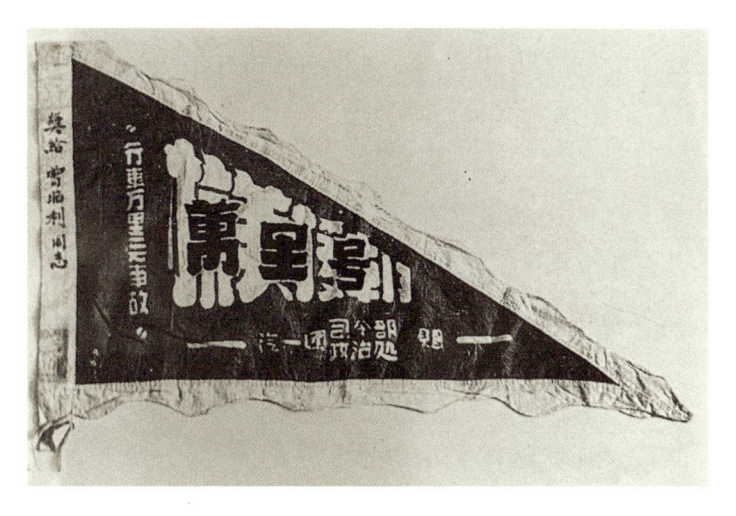

汽车司机曾昭利同志在朝鲜行车万里无事故，志愿军汽车1团授予他的"万里号"奖旗

投身到抗美援朝、保家卫国的运动中。长春公交系统32名司机，很多人立了功。据不完全统计：立大功1人次、二等功1人次、三等功7人次。曾昭利受到团司令部、政治处奖给"行车万里无事故"奖旗1面。有1名司机失去了一只眼睛，1名司机失去了一条腿，有8名司机献出了年轻的生命，忠骨埋葬在异国邻邦。

临江县民工战勤大队是由各区的干部、民兵中选出来的身体素质好、政治思想觉悟高的人员组成的，共1200人。县政府政务秘书陈奇同志任大队长，姜合春同志任政委，为了加强党的领导，大队成立了党委和团委组织，姜合春同志任党委书记，王国安同志任团委书记，还设立3个股，王锦同志任保卫股长、李树明同志任供应股长、康本先同志任政工股长。大队下设5个中队（人数多的区单独成立中队，人少的区联合成立中队），每个中队200人左右，中队设文书、管理员、翻译、交通、通讯员（千名），每个中队还设有3个小队。

1951年2月16日，临江县民工战勤大队在八道江集中后，进行了4天编队和学习，县委还开了欢送大会。战勤大队代表在欢送大会上表示：一定要克服困难，发扬不怕苦、不怕流血牺牲的精神，胜利完成党和人民交给的光荣而艰巨的任务。各界派代表也参加了欢送会。通化地委书记张雪轩同志在中队长以上干部会议上向民工战勤大队提出了两项要求：一是到了朝鲜后要处理好中朝关系；二是要适应战场上的环境，要有雷厉风行的战斗作风，支援朝鲜人民抗击美帝国主义的侵略战争。此后，民工战勤大队到了集安，接受中国人民志愿军后勤一分部分配的任务。

陈启铭老人当时是三岔子区委宣传委员，被任命为战勤4中队的政治教导员，他所在的中队是由三岔子和四道沟区联合组成的，王锡令同志担任中队长。他所在的中队于1951年2月19日从集安跨过鸭绿江，踏上朝鲜的土地。根据中国人民志愿军后勤一分部的命令，民工战勤大队要

吉林省人民群众配合志愿军部队抢修大桥

在一个月内徒步行军数千里，到达"三八线"附近的三橙火车站。当时的朝鲜战场，敌机成群，日夜轰炸，封锁公路，为了减少伤亡，只好在夜间行军，当时的环境很艰苦，吃的是高粱米、玉米炒面，道路很艰险，但民工战勤大队的士气很高，他们爬过了一个又一个高山峻岭，躲过了敌机一次又一次的轰炸，就在这艰险的情况下，民工战勤大队边行军边抢修公路、桥梁、防空工事和装卸弹药等。

民工战勤大队积极配合志愿军部队抢修铁路和江上浮桥，保障铁路成为"打不垮、炸不烂"的钢铁运输线

行军第三天，到了朝鲜的石中火车站，这个火车站附近的一座大桥被敌机炸毁，民工战勤大队奉命停止行军抢

修大桥。其中一个中队驻地离大桥约 15 千米,虽然路途较远,病号又很多,但大家都能克服困难,积极参加抢修大桥的任务。每天出发前党组织都要开动员会,交代当天任务,指出注意事项,完成当天任务回到驻地后,总结战果,表扬好人好事。就这样经过 7 个昼夜的紧张抢修,大桥恢复通车,民工战勤大队又开始继续前进到朝鲜战场的球场郡沙平里,由于敌机的疯狂轰炸,其中一个中队牺牲 1 人、重伤 1 人。陈启铭亲眼看到隐蔽在山洞里的 7 辆机车被炸,9 人受了重伤。紧接着民工战勤大队就进行了急行军,边行军边完成抢修各种工事的任务,经过 24 天艰难困苦的行军,终于到达了目的地——三橙火车站。

冒着炮火抢修铁路

陈启铭老人回忆，全大队赶到三橙火车站后，看到的是一片凄惨的景象，民工战勤大队的战略物资，被敌机炸成一片火海，部分桥梁铁路和村庄也被敌机炸得破烂不堪，给朝鲜人民带来严重的灾难和无比的痛苦。这一切使全体同志坚定了一个信念，一定要讨还这笔血债。1中队当天晚上，就赶往45千米开外的地方去抢修被敌机炸毁的公路。4中队只休整一天，又昼夜不停地开始新的行军，白天敌机来了就隐蔽起来，敌机刚过去就马上前进，夜晚有时借敌机投下的照明弹赶路，又走了100千米路程到了新洗郡沙子面广山洞。这个地方是交通要道，敌机连续轰炸，村庄被炸毁了，朝鲜当地的老百姓都转移了。4中队的任务是挖汽车掩体防空工事，每18个人要挖出一个汽车掩体，有时不等挖好，汽车就要进去防空，任务非常急迫。当时工具很少，每4个人只有1把镐，陈启铭就带着翻译在山洞里找到当地的委员长，说明来意后，他们3天后就送来了15把斧子和锯，所以4中队很快伐倒了影响挖掩体的大树，加快了施工进度，按时完成了任务。4中队住的是防空壕和两山夹一沟的山洞，洞里潮湿，又有蜈蚣咬人，后勤供应也很紧张，11天没吃上盐和菜，而且干粮也不多了，队员们就开始节约用粮。一次队员们拣到了被敌机炸烂的4条骡腿，就算改善生活了，直到当年8月，战局不利于美方后，粮菜供应才有些好转。

当时，上级决定延长战勤时间，部分同志思想有波动，三岔子区民工王大拉带着8个人回到国内。王大拉等人回国后，临江县委书记申日营和区委书记张国金同志亲自做他们的思想政治工作，讲解政策，使他们提高了认识，王大拉又领了5个人重新回到朝鲜战场。为此，4中队还为他们重返战场召开了欢迎会，使他们深受感动，全体同志也受到很大的教育。接着临江县派纪永先为团长、陶喜玉为副团长的慰问团来前线慰问，队员们看到了祖国的亲人，

铁道兵部队抢修鸭绿江铁路大桥

听到了祖国人民生产、生活情况，受到了极大的鼓舞。为保证战勤任务的完成，4中队党支部采取党员包群众、干部包队员的形式，经常开展谈心活动，鼓舞队员们抗美援朝的雄心壮志。此后，4中队圆满完成了上级交给的战地转移和装卸粮食等各项战勤任务。

在朝鲜战场上，临江战勤大队队员英勇奋战，涌现出许多可歌可泣的事迹，也加深了中朝两国人民的友谊。大队给各中队奖励了36面红旗，其中4中队获得8面，朝鲜人民还赠送了8面。有16人立了战功，其中有4人立了2次战功。队员韩永贤（四道沟长川人）在执行任务中发现一枚定时炸弹落在老百姓家里，为了保护朝鲜人民的生命财产安全，他不顾个人安危，抱起炸弹跑了二里多路扔到山沟里，在他离开3分钟后炸弹就爆炸了，为此他荣获了战勤功。2中队队长于庆义（城墙村村委会主任）冒着敌机轰炸，连续背过5名体弱的队员强渡大河，荣立两次战功。

尽管朝鲜战场上的生活很艰苦，又有牺牲的危险，但是民工战勤大队在接到回国的命令后，全队180多名同志，包括4中队20多名同志在内，写申请，要求留下，继续抗美援朝，直到敌人放下武器再回国。

陈启铭老人所在的临江民工战勤大队在朝鲜战场执行战勤任务10个多月，战胜了各种困难，艰苦奋战，行军转移 2900 多千米，挖汽车掩体工事 1900 多立方米，抢修公路 300 多千米，装卸粮食、弹药 4800 多车，胜利完成了任务。1951 年 12 月中旬，上级命令临江民工战勤大队返回祖国，从介川上火车，一路上敌机不停地轰炸，有时火车被炸坏，队员们就步行，走一段再乘车，经过多次波折，才经安东（今丹东）市回到了祖国。当民工战勤大队胜利回到临江时，受到了各界群众的夹道欢迎，县委在 5 天内，连续召开了 3 个大会：

第一个大会：欢迎临江民工战勤大队完成任务回国。

第二个大会：为在战场上立功人员庆功。除对立功的队员进行表彰外，还对 12 名区干部进行了评功，高亮、徐厚魁、陈启铭被评为一等功，程杰、王锡令、崔玉被评为三等功，其余 6 人被评为二等功。

第三个大会：为抗美援朝战勤期间牺牲的 15 名烈士召开追悼大会。

★ 抗美援朝后援地

1950年——1953年吉林省战勤统计表

1954.2

赴朝参战人员		参加国防建设人员及车马	
种类	数量（人）	种类	数量
担架人员	33 653	民工	1 369 003（人）
担架团	3 983	技术人员	2 135（人）
运输营	1 732	大车	118 513（台）
汽车司机	1 713	马	355 539（匹）
翻译	7 232		
武工队员	1 080		
各种技术人员	1 007		
各级干部	2 552		
其他人员	365		
合　计	53 320		

注：以上统计表选自吉林省档案馆馆藏档案资料。

第五章

抗美援朝运动中吉林省的生产捐献

> 抗美援朝后援地

抗美援朝战争,是在交战双方力量极其悬殊条件下进行的一场现代化战争。当时,中美两国国力相差巨大。1950年,中国钢产量只有61万吨,工农业生产总值只有574亿元,而美国钢产量达8770万吨,工农业生产总值达15078亿美元。两国的经济实力相差悬殊,军事装备更有天壤之别。为了前方将士少流血,全国人民不怕多流汗,在"抗美援朝、保家卫国"口号的号召下,广大人民思想高度统一,在全国工农业战线上积极开展增加生产、厉行节约、爱国丰产等运动,捐献飞机大炮运动也热火朝天地开展起来。

1. "三反""五反"运动

"三反""五反"运动是1951年底至1952年10月,中华人民共和国在党政机关工作人员中开展的"反贪污、反浪费、反官僚主义"和在私营工商业者中开展的"反行贿、反偷税漏税、反盗骗国家财产、反偷工减料、反盗窃国家经济情报"运动的统称。

1951年10月,中共中央召开政治局扩大会议,讨论和决定实行"精兵简政、增产节约"的方针,在全国开展增产节约运动。1951年10月23日,毛泽东在全国政协一届三次会议上提出,加强抗美援朝的工作,增加生产,厉行节约,以支持中国人民志愿军,这是当时中国人民的中心任务。会议还就此作出了相应的决定。1951年12月1日，中共中央作出《关于实行精兵简政、增产节约、反对贪污、反对浪费和反对官僚主义的决定》，把反贪污、反浪费和反官僚主义作为贯彻精兵简政、增产节约这一中心任务的重大措施，极大地推动和保障了增产节约运动的开展。自此，增产节约运动在全国各条战线蓬勃开展起来，涌现出一大批革新能手、劳动模范和先进人物，推动了中国工农业生产的恢复和发展。增产节约运动的开展，为国家节约了大量资金，提高了生产效率，有力地支援了抗美援朝战争，并在一定程度上为国民经济的恢复、发展打下了基础。

在"三反"运动中，又暴露出大量的贪污盗窃行为和社会上不法资本家的行贿、偷税漏税、盗骗国家财产、偷工减料、盗窃国家经济情报的"五毒"行为，它们彼此相联，要彻底铲除"三害"，就必须打掉"五毒"。为此，1952年1月26日，中共中央发出《关于在城市中限期开展大规模的坚决彻底的"五反"斗争的指示》，要求向违法资本家开展一场大规模的"五反"运动。

吉林省的"三反""五反"运动一直排在全国前列。中央有关"三反""五反"运动的许多重要指示和文件，都是以东北情况为依据而作出的决策，吉林省的情况亦成为中央决策的依据之一。

早在"三反"运动初期，吉林省根据运动中发现的问题就已经有所察觉，1951年11月就将"三反"运动一个多月以来发现的问题作了初步总结，并向东北局作了汇报，提出"三反"中有许多问题属于勾结私商盗窃国家资材、盗窃公款和公物、盗卖公物的违法犯罪行为。从揭发和查明的大量事实表明，党政机关工作人员中的经济犯罪活动，大部分是同社会上的不法资本家勾结起来进行的。为此，吉林省决定在吉林、长春两市的工商业中率先进行反行贿、反欺诈、反偷税漏税、反盗窃的斗争。在中央关于开展"五反"斗争的指示下达后，吉林省大中城市和部分城镇，也同时向违法的资产阶级开展了"五反"运动。

吉林省的"三反"运动主要经历了4个阶段，即：学习发动阶段、揭发批判阶段、处理鉴定阶段、县级"三反"阶段。

学习发动阶段，时间从1951年9月至1952年1月。这个阶段主要是学习文件，动员群众，初步检查。在这个阶段，全省党员干部群众对这场运动有了正确的认识。正如《省委关于开展反贪污蜕化、反官僚主义运动的情况和问题给东北局的报告》所指出的，这次运动的目的不只是处理几个贪污案件，"更重要的是通过这次运动，把全党和全体革命工作人员，在政治上思想上提高一步；使每个同志都深刻地认识到贪污腐化是可耻的行为，它和革命工作人员应有的艰苦朴素、廉洁奉公、全心全意为人民服务的思想作风毫无相同之点"。

揭发批判阶段,时间从1952年1月至4月。这个阶段的主要任务是大张旗鼓地开展群众性的检举、坦白运动,集中力量揭发、批判和斗争大贪污分子,掀起"三反"运动的高潮。吉林省对这个阶段总体要求是:在各单位,由各级领导首先以充分的自我批评精神作启发性报告,充分发扬民主,讲清政策;对坦白及检举、坦白者给予保护;检举、坦白方式采取大会、小会、个别谈、书面写;检举人不愿公开的,可给予保密;各机关单位都要普遍开展运动;各级领导应该组织力量,有重点有计划地深入检查,随时将检举、坦白出的材料整理后,对被检举者进行教育,由此扩大与深入"三反"运动。揭发批判阶段的最大收获是使运动走向深入,取得了阶段性成果。主要表现在:一是吉林省共有86113名工作人员参加了运动,占全体工作人员的96%;二是共有19108人在学习政策和反复动员后坦白、交代了问题,占全体工作人员的22.3%;三是省直机关清理出有贪污行为的7149人,占机关工作人员的21.4%;四是宣布处理了一批贪污分子[①]。同时,还发现了新的问题,

---

[①]《"三反""五反"运动》(吉林卷)中共吉林省委党史研究室、吉林省档案馆编,第17页。

即党政机关工作人员中的贪污腐化行为，有一些是与不法资本家的贿赂相关的。对此，吉林省于1952年1月中旬，对吉林、长春两市的资本主义工商业开展了反行贿、反欺诈、反偷税漏税、反盗窃的斗争，这成为中央决定在全国范围开展"五反"运动的重要原因之一。紧接着，"五反"斗争在"三反"斗争第二阶段同时展开。两个运动交织在一起，形成轰轰烈烈的态势，使隐藏在干部队伍深处的腐化堕落分子和资本主义工商业中的违法犯罪分子大部分落网，由此震慑了敌人，教育了人民。

处理鉴定阶段，时间从1952年4月至7月。这是吉林省"三反"运动的第三阶段，即定案处理和思想鉴定阶段（也称建设阶段）。这个阶段的主要任务是：要使党政机关全体工作人员进一步树立以工人阶级为领导的思想，检查各单位业务工作的政策思想，精简组织机构，建立工作、学习、生活的新制度，从思想上、作风上、组织上、制度上，保证清除贪污、浪费和官僚主义这些毒瘤，树立廉洁的、朴素的、为人民服务的革命工作作风。值得一提的是，运动发展到这个阶段，吉林省提出了运动与生产两不误的思想，指出搞运动不能影响生产，这在当时热火朝天的运动高潮中保持清醒的头脑，可以说是不容易的。

县级"三反"阶段，时间从1952年7月至9月。这个阶段以县级单位为主，主要体现在反贪污、反剥削、反命令主义，向党交代问题，克服资本主义倾向，认清农村经济的发展方向。吉林、长春两市各县曾于1月至3月间开展了"三反"运动，蛟河县、九台县由于东北局工作组与吉林省委工作组的介入，运动进展较快，其他各县也有相当的进展。县级机关中共揭发了贪污分子2898人，其中贪污4万元以上者653人（缺5个县的统计），还有相当一部分问题没有解决，由于备耕运动暂停，之后利用农村农闲时间继续开展"三反"运动。

根据中央关于"五反"斗争的指示精神和吉林省"三反""五反"运动的发展情况，1952年1月29日，吉林省召开省直机关党员干部大会，在吉林、长春两市试点的基础上，部署全省在大中城市和部分城镇，全面向违法资本家开展反行贿、反偷税漏税、反盗骗国家财产、反偷工减料、反盗窃国家经济情报的"五反"运动。同时，将"三反"运动转入集中力量围剿大贪污犯（指贪污一亿元以上东北币的贪污犯）阶段。当时，全省检举、坦白的贪污案件已有一万多件。全省大会上，宣布了对一批贪污案件的处理结果，根据他们的贪污事实、犯罪程度和在运动中的表现，进行了不同的处理：免予处分的12人，免予法办的8人，限期坦白的9人，对拒不坦白的13个大贪污犯逮捕法办。会议

★ 抗美援朝后援地

还指出，全省各机关、企业、团体、学校、部队的工作人员，已有92%的人参加了运动，运动已由机关内部发展到社会各阶层中。

在"三反"运动进行时，吉林省按照中央部署，同时对不法的私营工商业者开展了"五反"运动。

抗美援朝战争开始后，军需激增，国内一些私营工商业者认为赚钱的机会到了，原来存在于私人资本经济中的痼疾——行贿、偷税漏税、盗骗国家财产、偷工减料、盗窃国家经济情报（当时称为"五毒"）等现象愈加泛滥了。在运往抗美援朝前线的军需物资中，有不法厂商制造和贩卖变质罐头食品、伪劣药品、带菌急救包等，给志愿军造成了致病、致残甚至致死的严重后果。当时揭发出的大案有：上海大康药房经理王康年骗取志愿军购药巨款11亿元（东北币）；武汉福华药棉厂经理李寅廷用从垃圾箱中捡来的，甚至是死人衣服里的烂棉花充当志愿军的急救包；上海肉贩子张新根、徐苗新用坏肉充当好肉牟取暴利，坑害志愿军，变成了大资本家；天津40多家私营铁具工厂在承担志愿军订货时，由于严重偷工减料，以次充好，致使做出来的铁锹、铁镐发到前线后根本无法使用。随着"三反"运动的不断深入，揭发出大量不法分子拉拢腐蚀党员干部的事实。干部的腐化堕落与不法私营工商业者的行贿是紧密相关的，偷税漏税在私营工商业者中成为普遍现象。这些资本主义工商业者不服从人民政府领导,不遵守人民政府法令的情况,在抗美援朝运动中采取各种卑劣手段,破坏抗美援朝,破坏社会安定,破坏国家经济建设和国防事业,他们向国家机关人员大肆进行行贿、偷税漏税、盗骗国家财产、偷工减料和盗窃国家经济情报的活动,甚至达到十分猖獗的程度。[1]吉林省也发现处理了一大批官商勾结,破坏生产、违法乱纪的罪行。比如:吉林市木材奸商李某带头抢劫国家木材,骗取国家钱财;吉林市永利薪炭厂老板桑某贿赂市政府总务科长进行投机倒把,致使国家财产遭受巨大损失。

在"五反"运动中,全省各地大张旗鼓地开展宣传活动,揭露不法资本家的"五毒"行为。同时,进行深入调查,搜集材料,对私营工商业户分类排查,确定重点。抽调干部和工人、店员中的积极分子组成"五反"工作队,进驻私营厂店,依靠工人,团结职员,争取和团结守法资本家及其家庭,组成以工人阶级为主体的包括守法资本家在内的"五反"统一战线,与不法的资本家进行说理斗争,并对一些地方的逼供信问题进行了有效纠正。运动高潮中发生的扩大化问题,在定案处理中基本得到解决。"五反"运动后,在

---

[1]《新华月报》,1952年3月期,第40—42页。

私营商业中，开始建立工人、店员监督生产和参与管理的制度，为私营工商业实行社会主义改造创造了有利条件。

吉林省的"五反"运动沉重打击了那些"五毒"最严重的不法资本家。据1952年3月统计，吉林市有私营工商业5372户，其中守法户占10.5%，基本守法户占65.8%，半违法半守法户占20%，严重违法户占3.08%，完全违法户占0.85%。根据政策，吉林省把打击面限制在极少数的完全违法户上。对资本家的违法所得，一般都给予了适当的处理，使他们在退赔后仍能继续生产和经营，从而争取和改造了多数资本家，孤立和打击了少数反动资本家。

吉林省"三反""五反"运动从1952年1月开始到7月结束，清除了一大批贪污分子，教育和挽救了一批干部，提高了广大干部、工人的政治觉悟，调动了人民群众的生产积极性。广大人民群众经过与不法资本家的斗争，有力地打击了资本家的"五毒"行为（即五反的内容），改善了劳资关系。广大党员干部克服官僚主义，改进工作作风，增强了艰苦朴素、廉洁奉公、全心全意为人民服务的自觉性。广大工人以主人翁姿态团结、监督资本家，积极生产，钻研技术，加强管理，建立生产责任制，开展增产节约与劳动竞赛，使全省工农商业有了新的发展，为抗美援朝运动的开展提供了有力支持。

2. 订立爱国公约

20世纪50年代初，中国各个城市或者是乡村的大街小巷总会贴着各式各样的爱国公约布告。订立爱国公约是抗美援朝运动的历史产物，是人民群众在抗美援朝运动中的创造。它把人民群众抗美援朝、保家卫国的爱国热情与实际行动结合起来，用公约的形式加以强化和巩固。

1951年2月2日，中共中央发出《关于进一步开展抗美援朝爱国运动的指示》，在全国范围内广泛进行蔑视、鄙视、仇视美帝国主义，提高民族自信心、自尊心的教育。指示提出，爱国运动应以发起订立爱国公约、慰劳中国人民志愿军和朝鲜人民军、争取全面的公正的公约等三件事为中心。同年3月8日，中华全国总工会发出《关于进一步开展抗美援朝爱国教育、准备今年"五一"全国大示威的指示》。指示要求，通过开展广泛、深入的抗美援朝爱国主义时事教育工作，争取达到订立爱国公约、及早准备"五一"大示威、巩固与扩大爱国主义的劳动竞赛等目的。

1951年6月1日，为了进一步提高人民的政治觉悟和爱国热情，解决一部分财政上的困难，中国人民抗美援朝总会发出《关于推行爱国公约，捐献飞机大炮和优待烈属军属的号召》（时称"六一号召"）。"六一号召"强调指出，各地各界群众已经订立的成千成万的爱国公约，是《中国人民政治协商会议共同纲领》的具体化,是各订约单位的一种具体的爱国行动纲领。"六一号召"要求全国人民抓紧并充分利用这种形式,进一步推进生产、工作和学习及其他各项革命斗争和建设事业;建议全国各界人士,各工厂、企业、机关、学校、街道和农村,要按照各自的情况,围绕抗美援朝运动,订出具体的爱国公约;建议在性质相近的订约单位间开展实现爱国公约的竞赛运动,并定于1952年1月普遍检查竞赛的结果,评定优劣,奖励模范,以保证大家所订立的公约能够圆满地实现。同时,发出了开展增产、捐献武器和优待烈属军属及残疾军人运动的号召,要求将

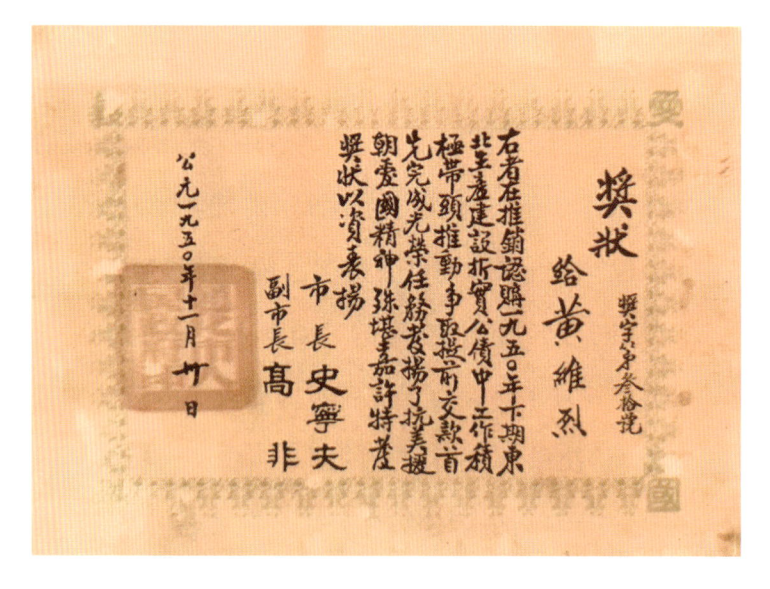

在抗美援朝运动中,通化市政府颁发积极推销公债的奖状

爱国增产、捐献武器和优抚工作订立到各单位的爱国公约中，并且成为重要内容。"六一号召"发出后，全国人民积极响应，立即行动起来。工厂、机关、学校、街道，以及青年团、工会、青联、妇联、学联、人民救济会、红十字会、宗教协会等社会团体，都结合自身实际情况，提出了落实号召的具体要求与措施。

从1951年3月起，吉林省在群众中开展订立爱国公约活动。这一过程中，订立、检查和修订爱国公约是其中重要的教育形式。这种形式能够把抗美援朝的重大政治任务同每个具体单位和个人的计划、思想以及日常实际行动有机地联系起来，能够具体反映群众接受爱国主义教育的规模和范围。4月中旬以后，随着过程的深入，这一活动有了很大的进展。6月9日，吉林省抗美援朝分会召开常委扩大会议，着重讨论在全省普遍推行和修订爱国公约的活动，推动增产捐献、优抚、工农业生产及防奸防特等工作。随后，吉林省抗美援朝分会又召开了近500人参加的抗美援朝代表会议。各地先后召开了抗美援朝代表会议，落实吉林省抗美援朝分会的部署。

7月初，吉林市有1848个单位订立了爱国公约，长春市有194个企业、3936个居民组订立了爱国公约，磐石县有4270个互助组订立了爱国公约。到1951年底，全省

70%以上居民订立了爱国公约①。很多订约单位把增产捐献作为爱国公约的主要内容,有力地推动了工农业生产。在工矿企业,爱国主义劳动竞赛和提高产品质量运动得到推动,出勤率提高了,生产任务也能够提前完成。在广大农村,农民增加了铲趟遍数,扩大了追肥面积。许多单位订立的爱国公约还加强了优抚工作和防奸保卫工作。山林、铁路、公路附近及电线通过地区,也都根据具体情况,把护林、护路、护线工作列为公约的重要内容。爱国公约订立后,广大人民群众尤其是工农群众对政治文化的学习加强了,读报组增多了,工人业余学校、农校及读报组的出勤率比以前有了显著提高。

爱国公约运动在吉林省收到了显著的成效。

首先表现在开展增产捐献运动上。很多订约单位把增产捐献作为爱国公约主要内容,因而有力地推动了工农业生产,推动了工矿业爱国主义生产竞赛,提高了产品质量。长春市电工二厂修订爱国公约后,损失率由20%下降到14%,联台组房淑华改造了封口机的火嘴子,产量提高了13%。长春制烟厂第二车间,过去工人对机器不注意保管,自己使用的机器坏了就到旁边的机器上拆零件,再就是把

---

① 中共吉林省委党史研究室编:《吉林省抗美援朝运动》,2002年版,第22页。

卷坏的烟纸偷偷送到厕所里，少报废品，订立爱国公约后克服了这两个缺点。第三造纸厂化验室，过去6个人只能化验1台机器的抄纸原料。订立爱国公约后，4个人就能化验3台机器的抄纸原料。在工矿业，凡是订立爱国公约的单位，在6月、7月都提前完成了生产任务。工人群众不仅把他们超额奖金的一部分或全部拿出来捐献，每月还献工一天到两天。在农业生产上，增加了铲耥遍数，扩大了追肥面积。例如：榆树县第11区订立爱国公约后，普遍多铲1遍，做到4铲4耥。吉林市郊吴永贵互助组原计划追肥2垧2亩，订立公约后多追了3.3垧，并做到了多铲耥1遍，比原来每垧多增产55斤粮食。除此以外，广大农民（包括妇女）为了捐献飞机大炮，有的多养鸡、多养猪，有的编席、纺线、打柴、拉脚、打鱼、采山货等，做各种副业以增加收入。很多学校师生为了捐献，利用星期日或课余时间参加劳动。在城市居民中，有的纺麻纺线，有的养鸡养鸭；许多作坊、小贩、马车夫和三轮车夫以及打零工的，为了捐献早出晚归，以减少休息时间争取多出产品；工商业者也都从改善经营管理，加速资金周转方面增加收入进行捐献。

其次表现在优抚工作上。优抚工作由过去的单纯季节慰问、代耕、政府照顾，变为群众性的自觉行动。城镇等地还创造了许多优抚办法，例如：住院先挂号、免费或减费治病，开办工厂代销处吸收军属就业，或每天拨出一定数量的活计给不能外出做工的军属；有的居民组设"优属积金箱"，或在公约内订立"凡本组烈属、军属，剪发、修理自行车、看病、刻戳，一律减费或免费"等内容。农村中对烈属、军属土地的包耕包产，比往年有显著增加，好多人主动帮助烈属、军属干活。

再次表现在镇反、防奸、税收等爱国行动上。工厂订立公约后，加强了防奸保卫工作，工人积极要求当护厂队员。城市居民组减少了黑人黑户，遵守了来客挂条制度。在山林、铁路、公路附近及电线通过地区，都按不同条件，把护林护路和护线工作订立为公约内容之一。有的地方订立公约后没发生一次山火；有的地方过去没有人修理的桥梁也修理好了。

最后表现为，公约加强了各界人士，尤其是工农群众对政治文化的学习，他们都说"不懂国家大事哪行"！因而读报组增多了，工人业余学校、农校及读报组的出席率也比以前有了显著提高。

1953年8月30日，吉林省在《关于发动群众订立与执行爱国公约情况的报告》中对一段时间以来爱国公约工作成绩进行了经验总结：

一是群众性的运动，必须建立在群众觉悟的基础上。因此，深入进行爱国主义教育、提高人民群众的爱国热情，是开展运动的先决条件。二是在内容上必须做到简明、具体、切实可行和有的放矢，既不可笼统，也不可包罗万象，还要根据本单位的特点，把总体政治任务与具体业务联系起来，经过民主讨论之后，订立出切实可行的几条公约。三是光有公约还不行，必须有执行计划和检查制度，否则必然使公约落空。除了定期检查以外，还规定在各个中心工作前或当中检查与修订相结合。四是推进爱国公约工作必须和检查与批判相结合，否则，就不可能真正在全省范围内，认真贯彻爱国公约。

3. 爱国丰产竞赛

发展经济，努力生产，是吉林省抗美援朝运动蓬勃发展的物质基础。1951年2月，中央人民政府农业部召开全国农业工作会议，发出了"开展全国性的爱国丰产运动"的号召。为了更好地支援抗美援朝运动，响应党中央的号召，吉林省委、省政府在3月20日召开全省第一届第二次各界人民代表会议，进行了讨论和部署，并成立了爱国丰产运动评选委员会，加强对这一运动的指导。为了坚持工业生产与战争需要相结合的方针，会议要求各地党委"不能放松对生产的领导,克服困难加紧生产",并提出"加强生产积极支前"的口号,全面开展工业爱国主义生产竞赛和农业爱国主义丰产竞赛。

期间,比较有代表性的是吉林市蛟河县保安村支部书记,特等劳动模范韩恩带领的互助组。1949年底,在新站区党员代表大会上,韩恩被选为区委委员,同时他又是全省的模范干部之一,第一届东北人民代表会议的代表。他在当地群众中被亲切地称呼为"当家的"和"头行人"。抗美援朝运动期间,韩恩带领互助组响应国家号召,积极投身于各项生产劳动中。他的事迹被《吉林日报》《东北日报》等报刊多次报道。韩恩还被选拔赴苏联学习,并在回国后把学到的经验推广到实际生产中。

1951年10月,蛟河县互助组制订生产和捐献计划

第五章 | 抗美援朝运动中吉林省的生产捐献

1951年3月6日，山西省劳动模范李顺达带领互助组向全国各地互助组提出保证农作物丰产的挑战。3月21日，《吉林日报》发表了韩恩互助组向山西李顺达互助组提交的《应战书》。随后，吉林省一等劳动模范、和龙县金炳燮互助组，吉林省劳动模范孙绍岩互助组向李顺达互助组积极学习并开展竞赛。同时，郭前旗的黄功臣、桦甸县的于廷海、磐石县的马万祥、怀德县的王文荣等互助组，互相提出竞赛条件，开展爱国丰产竞赛运动。至4月中旬，吉林省内爱国丰产竞赛运动全面展开。

吉林省爱国丰产竞赛运动的发展过程分为两个阶段：从1951年2月中央发出开展爱国丰产运动号召开始到1951年底为第一阶段，其特点是以先进的互助组、合作社为主体，通过彼此挑战应战、制订和检查丰产计划，开展季节性竞赛，进而形成爱国丰产竞赛运动高潮；1952年全年为第二阶段，其特点是以提高单项作物的单位面积产量为目标，通过各级党政领导机关的工作，使爱国丰产竞赛运动群众化，学习和推广先进互助组和合作社的丰产经验。

爱国丰产竞赛运动全面开展后，吉林省为了进一步加强对运动的领导，通过省农业厅与省劳动模范建立了定期通信制度，其主要内容为：一是印发东北人民政府关于开展爱国丰产竞赛运动的指示和奖励办法，说明互助组挑战和应战的情况，介绍互助组制订丰产计划的经验；二是广泛搜集省内外适合当地需要的生产经验并汇编成册，到群众中推广；三是通过报纸公开解答和个别解释，答复吉林省劳模提出的各种问题。定期通信制度建立后，吉林省农业厅于1951年4月先后发出400多封信，收到回信154封，及时解决了竞赛中出现的问题。全省各级党委、政府部门也加强了对运动的具体领导，组织干部深入基层检查和指导竞赛计划落实情况，及时发现和总结典型经验，加以宣传和推广，保证了运动的深入开展。

5月28日，《吉林日报》发表怎样在夏锄中推进丰产竞

积极完成炒米任务

赛运动的文章，要求各地组织优化互助组制定的简明扼要的竞赛条件，切实把夏锄竞赛搞好。30日，《吉林日报》又介绍了蛟河县第11区东西家子村小伙棚沟农民刘青山，在丰产竞赛中精心耕种自家土地并带动全村的事迹，推动了季节竞赛的发展。

爱国丰产竞赛运动进入秋季竞赛阶段时正赶上吉林省阴雨连绵。8月14日、23日两次暴雨之后，松花江、辽河河水急涨，各地灾情严重，仅长春、榆树等地受灾群众就达26万多人。全省人民在省委和省政府领导下展开了紧张的救灾工作。与此同时，在庆祝中华人民共和国成立两周年之际，参加国庆庆典的44名全国农业劳动模范代表给毛泽东写信，表示"努力增产，支援中国人民志愿军，并做好拥军、代耕工作；做好秋收、秋耕、秋种工作；开展冬季生产，变冬闲为冬忙；带动互助组及其他农民制订下一年的具体生产计划，供给国家更多的粮食和农牧产品；巩固和提高互助组织，宣传、介绍各地互助组的优点和先进经验；接受并推广农业科学技术和各地的先进丰产经验；积极参加和发动农民兴修水利、防治病虫害，战胜各种自然灾害；做到深耕、多耕、勤锄、选用良种、增施肥料、改良土壤，增加单位面积产量；密切联系群众，不骄傲自满，永远保持劳动模范的光荣称号等八项保证[①]"。这封信在各报刊发表和广泛宣传，把吉林省秋季爱国丰产竞赛推向了高潮。

进入冬季生产以后，吉林省委、省政府又领导各县（旗）从本地具体条件出发制订出副业生产计划。各地从11月份开始进行冬季副业生产，弥补了受灾地区的损失，基本完成了全年的丰产任务。

1951年12月下旬，吉林省农业厅召开全省第三次农业工作会议，确定了1952年全年的生产方针、任务和具体办法，要求全省粮食产量要达到400万吨，畜产品、土副业生产折成粮食相当于205万吨。这次会议使爱国丰产竞赛运动进入了更具有广泛性、群众性和向着单项作物单位面积增产指标集中的新阶段。辑安县（今集安市）岭北四区台上乡王玉贤互助组根据国家经济建设需要，将大豆移向山坡，采用精选豆种、改良土壤、小垄密植、硝灰杀虫等方法，使当年大豆获得大丰收，平均亩产344斤，比全县大豆平均亩产多142.6斤，每亩比去年增产了204.4斤，创造了全国最高纪录，打破了山地种大豆不能高产的观念，王玉贤也因此被评为全国劳模。

1952年3月13日，中央人民政府农业部发出《关于开

[①]《参加北京国庆观礼农业模范代表订立了爱国增产公约上书毛主席保证执行》，《吉林日报》1951年10月18日第1版。

展1952年爱国增产竞赛的意见》,要求把爱国增产竞赛更广泛、更深入地开展起来。竞赛内容集中在普遍提高单位面积产量上,可以有全面的挑战竞赛,也可以有单项作物单位面积增产指标的挑战竞赛。23日,东北人民政府农业部也发出《关于开展1952年爱国增产竞赛的意见》,更明确地提出竞赛的基本要求是提高单位面积产量。要求各地根据具体情况,采取全面增产竞赛、单项增产竞赛、专业增产竞赛(渔、牧、副业)以及各种改进技术(积肥、选种、改良土壤、改良耕作)竞赛等具体办法。

为了贯彻中央和东北局的指示精神,广泛开展群众性爱国丰产竞赛,4月15日,吉林省政府颁布了《爱国主义农业丰产运动奖励办法》和《组织群众参加丰产竞赛运动办法》。在《奖励办法》中提出,要以1952年各市、县(旗)的每种作物平均计划产量为计算基本标准,分给单位和个人,按每种作物总播种面积的平均单位产量超过当地计划产量的比例,给予不同等级的物质奖励或荣誉奖励。在《竞赛办法》中特别强调,竞赛目标以集中力量提高单位面积产量,克服农业生产中"肥不多""耕得浅""品种杂""苗不全""灾害多""损失大"等六大缺点为主要内容。

为了保证爱国丰产竞赛运动的稳步发展,吉林省委书记刘锡五、省人民政府副主席徐元泉带领有关部门的负责同志分别到各县调查情况,检查春耕工作,并于4月10日从省委、省政府机关抽出90名干部组成检查团,深入各县(区)进行检查。4月27日,延吉市崔竹松、舒兰县孙绍岩等16个农业生产合作社和磐石县孙海等6个互助组制订出爱国丰产计划,联名向吉林省参加东北区挑战竞赛的贾广镇、何凤山2个农业生产合作社应战,并向全省农业生产合作社、互助组和农民挑战,把全省爱国丰产竞赛运动推向了新的高潮。

1952年6月23日,吉林省爱国丰产竞赛运动委员会发出《关于全省爱国丰产竞赛的通报》,强调各地要深入总结高产经验,大力宣传推广,彻底扭转"生产到顶""靠天吃饭"的思想,坚定群众丰产竞赛的信心。不久,省委又发出《关于进一步开展爱国丰产竞赛运动的指示》,向各地提出:为确保单位面积产量提高,除7月份仍须大力组织夏锄及扩大追肥面积外,还要做好防虫、抗旱、防汛的各种准备工作,领导群众与灾害作顽强的斗争。各地认真贯彻上述指示精神,建立各级爱国丰产竞赛运动委员会,加强对竞赛运动的具体领导。10月11日,省政府又抽调160名省直机关干部下乡领导秋收。

经过爱国丰产竞赛运动,吉林省粮食获得新中国成立后的空前丰收。1952年全省粮食作物总产量超过生产计划的 10.56%，单位面积产量超过 10.34%，出现了近千个实现单位面积高产的合作社、互助组，以及大面积丰产田。年末，各地按照省政府《关于作好丰产总评奖励工作的指示》精神，进行了模范合作社、互助组和个人的评选工作。在参加全国丰产奖励的评选中，全省有 1 个农业模范生产合作社、4 个丰产模范互助组和 5 位丰产模范个人受到中央人民政府农业部的首批奖励。

辑安县（今集安市）一区胜利村第 8 组农民南廷铉，积极参加爱国丰产运动，在种植水稻过程中，开动脑筋、讲究科学，从选种、畦苗、整地、浸种、催芽、沤粪、插秧、灌水，一直到秋收留种都能做到精耕细作，从不马虎。1950 年，他种的水稻平均每垧收获了 16710 斤，超过全省平均单位产量一倍以上，创造了全省水稻产量的新纪录。1951 年 7 月 12 日，辽东省政府授予他一等劳动模范称号，并奖励他一头大黄牛、一面锦旗。辽东省政府主席高扬和副主席李涛还写信鼓励他，"继续发扬爱国主义精神，进一步改进技术，提高产量，并带动广大农民同一切困难作斗争，争取完成 1951 年的爱国农业丰产计划"。因为水稻产量达到了全国奖励标准，1951 年南廷铉还荣获了中央人民政府农业部颁发的"爱国丰产奖状"。南廷铉的水稻丰产事迹传开后，许多农民纷纷发来信函向县里询问南廷铉的水稻栽培方法，当地农民形成了到处找窍门、挖潜力、学经验、想办法的好风气，南廷铉在丰收富裕后不忘乡亲们，对大家提出的要求都尽量满足。八区蒿子沟村高昌鹤互助组，与南廷铉所在地区相距几十里，仍虚心前来学习经验。1951年4月16日，《辽东大众》详细刊登了南廷铉种植水稻的经验，让更多农民掌握了水稻丰产的先进技术。南廷铉的水稻丰产技术的公开和应用，对全省农业的发展和水稻产量的提高起到了积极的作用。1952年春，辑安县（今集安市）一区组织了全区生产者、互助组学习南廷铉水稻丰产经验，并实地参观了其耕种方法，请南廷铉到各村进行技术座谈与指导。全县的组、社在采取南廷铉的水稻栽培法后都得到了丰产。郑贤珠农业生产合作社1952年的水稻产量比去年提高了40%；高昌鹤互助组亩产提高了500多斤。大家都十分感谢南廷铉，激动地说，"南廷铉的水稻耕作法推广到哪里，丰产就带到哪里"！南廷铉的科学种植水稻经验为爱国丰产运动带了个好头，全省水稻生产都有较大幅度的增长，为迅速恢复国民经济、提高人民生活水平、支援抗美援朝运动，做出了积极的贡献。

第五章 | 抗美援朝运动中吉林省的生产捐献

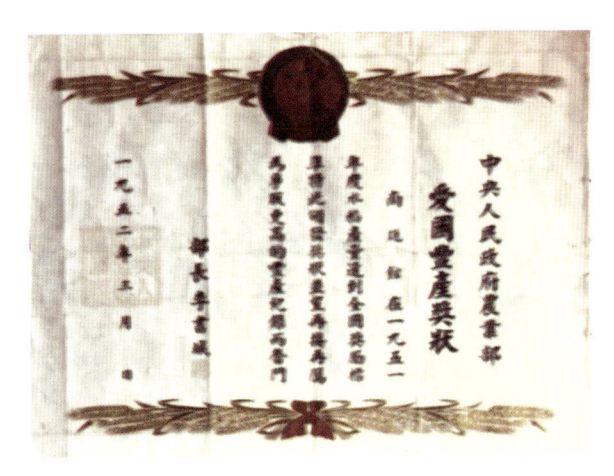

辑安县（今集安市）一区胜利村农民南廷铉积极参加抗美援朝爱国丰产运动，生产成绩突出，这是中央人民政府农业部颁发给他的奖状

爱国丰产运动中有代表性的还有辑安县（今集安市）岭北四区（今台上乡）刘家村党支部书记王玉贤。王玉贤出生在辽宁省宽甸县小普河村一个贫苦农民家庭。1945年春因地主不给长工们放假过春节，他领头痛打地主后逃到辑安县（今集安市）新开河畔的刘家村定居。是年秋，辑安县（今集安市）解放。在中国共产党的领导下，王玉贤怀着对地主的深仇大恨，积极参加了减租减息和反奸除霸斗争。1947年，王玉贤光荣加入中国共产党。在抗美援朝运动中，通化地区掀起了爱国丰产竞赛热潮。王玉贤互助组积极响应，并扩大了互助组的规模。1951年，王玉贤互助组发展到16户，有农民19名，大牲畜19头，铁车3台。

★ 抗美援朝后援地

在王玉贤的号召下，大家提出了"为支援抗美援朝和国家建设多打粮"的口号。经过民主讨论，互助组制定了合理的互助规章和分配制度，有效地解决了有畜力户和无畜力户之间的矛盾，充分调动了各组员生产积极性。这一年，互助组平均亩产粮食达到325斤，比全村平均亩产量高125斤。除留下口粮、种子外，多余部分全部卖给国家、支援抗美援朝战争，仅大豆就卖给国家2000余斤。王玉贤被评为辑安县（今集安市）一等劳动模范。王玉贤坚持开展增产大豆实验。他把土改后分给他的11亩地拿出6.5亩，又动员组员拿出4.5亩地，种植当时人们认为最吃亏的品种大豆。通过选种、土壤改良、施农家肥、保株保苗、采取小垄密植、防治病虫害等措施，大豆获得了大丰收。经专家验证后，王玉贤互助组荣获中央人民政府农业部授予的"大豆丰产模范称号，王玉贤获劳动模范奖章一枚，奖金200万元。从此，他被人们称为"大豆王"。1952年王玉贤互助组在山坡种植大豆18亩，平均亩产279.1斤，1953年成立初级社后，大豆种植面积扩大到21亩，平均亩产335斤。从1951至1953年，连续保持辽东省①大豆丰产最高记录，年年受到人民政府的表彰。

1952年，王玉贤被选为刘家村党支部书记。他带领全

---

① 辽东省当时的行政区域

村广泛开展爱国增产运动。全村农业互助组也有了很大发展。1953年初，辑安县（今集安市）委决定在台上乡以王玉贤负责的互助组为基础，试办初级农业合作社，很快"日升农业生产合作社"诞生。为了解决生产资料不足的问题，王玉贤带领社员上山砍柴500捆，卖了50万元钱，买了一台大车和一匹马。为解决社员口粮不足问题，王玉贤又从自己家拿出500斤粮食分给入社社员。在王玉贤的带领下，社员勤俭办社扎实苦干，粮食获得了大丰收，亩产达到了600斤，比互助组平均亩产高100斤，比单干平均亩产高200斤，尽最大能力支援了抗美援朝运动。1957年2月，王玉贤再次被选为全国劳动模范，受到毛泽东主席、周恩来总理等党和国家领导人的亲切接见，并合影留念。

爱国丰产竞赛运动不仅调动了广大农民的生产积极性，还激发了他们的爱国热情。由于坚持以农业生产为中心恢复发展国民经济的正确方针，全省的农业经济得到了迅速恢复和发展。据统计，丰产运动期间全省耕地面积迅速扩大，施肥面积为全部耕地的56%。铲耥比过去普遍多了一遍到两遍。在总产量上，1951年产量为315万吨，单位面积产量每垧2668斤，均超过历史最高水平。1952年农业生产获得了新中国成立后的大丰收，全省粮食作物总产量约达430余万吨，超过原丰产计划的6.4%。单位面积产量每垧约达 3000 斤，超过原计划 200 斤，比历史最高水平还提高 23.15%[①]。1952 年与 1949 年相比，全省农业总产值增长 53%，其中粮食总产量增长 33.6%。

全省农村经济生活中处于中农地位的农户已经成为农民的大多数。广大农民的生活发生了重大变化，土改前占农村户口 70% 左右的贫农、雇农已大部分上升为中农，原来的中农一部分已经成为富裕中农。吉林省的广大农民翻身做了主人，积极参加劳动互助组织，相互支持和帮助，克服生产中的困难，抵御天灾、疾病的打击，不断发展生产，不断提高生活。农民生活水平的提高和农业生产的恢复发展，巩固了新生政权的基础，使得全省能够在人力物力上源源不断地支援抗美援朝和全国的工业建设，同时也奠定了吉林省作为国家粮食生产基地的农业大省地位。

4. 捐献武器运动

为改善志愿军的武器装备，增强作战能力，1951 年 6 月 1 日，中共中央和中国人民抗美援朝总会发出了开展捐献飞机、大炮运动的指示和号召。6 月 7 日，中国人民抗美

[①]《省委关于二三季度工作的综合报告与第四季度工作要点》（1952 年 10 月 17 日）；吉林省档案馆编：《中国共产党吉林省委员会重要文件汇编》第 3 册（1952 年），1985 年版，第 31—32 页。

援朝总会就捐献的具体办法发出了通知，进一步强调了捐献运动必须有充分深入的宣传和周密的组织工作，必须与增加生产、增加收入相结合，必须贯彻自愿的原则。

号召得到全国人民的积极响应。在捐献武器运动中，很多地方、单位和个人，都把捐献武器列入爱国公约之内，以此作为支援抗美援朝运动的一项重要实际行动。广大干部、工人、农民、学生、教职员工、民主人士、文学艺术工作者、各少数民族以及海外华侨和驻外使领馆工作人员踊跃参加，全社会充满了支援前线的气氛。到1951年7月，仅捐献武器这一项全国各地认捐和发起捐献的飞机就为1970架，另外还有大炮106门，高射炮45门，坦克9辆。

吉林省人民群众为抗美援朝运动踊跃捐献

吉林省人民群众积极参加爱国捐献活动

20世纪50年代初，吉林省经济基础薄弱，物资匮乏，人民生活困难，仅能维持温饱。但吉林人民为了抗美援朝，为了前方将士，为了祖国安宁，舍得一切积极开展捐献运动。1951年6月18日，吉林省召开了第一届第三次省人民代表协商委员会。根据全省人民的爱国热情，提出了全省捐献30架战斗机的奋斗目标，各界人士纷纷制订捐献计划，修订爱国公约，想出很多增加生产、增加收入的办法进行捐献。

1951年7月28日，报纸刊登了我国空军奋起保卫祖国领空、击落 7 架美军飞机的新闻以后，吉林省总工会、省妇联、省中苏友好协会、省文联、吉林市抗美援朝工商界支会等人民团体纷纷发表意见，"一致拥护外交部的抗议，同时认为美国有没有和平诚意是值得怀疑的，这件事说明了我们伟大的祖国是神圣不可侵犯的，所以要提高警惕，继续深入开展抗美援朝工作，努力生产、工作，积极捐献飞机大炮，增强国防力量"。

省总工会表示，"我们全省工人阶级，坚决拥护中央人民政府外交部章汉夫副部长的严正声明，并对美帝国主义正值朝鲜停火谈判期间的这种挑衅行为，表示严重抗议。我们号召全省职工，提高警惕，加强抗美援朝工作，认真执行爱国公约；提高生产，做好质量检查。充分准备力量，增强国防，粉碎美帝国主义扩大侵略战争的阴谋"。

省妇联代表全省妇女表示，"这件事情也说明了建设强大的国防力量的重要性，我们要号召各界妇女加倍努力完成捐献计划"。

省中苏友好协会代表全省 42 万会员向祖国的保卫者——光荣的人民空军致敬，表示"我们拥护中央人民政府外交部副部长章汉夫提出的抗议，因为那是代表全国人民的意愿的；我们还要不松懈地继续开展抗美援朝运动，推行爱国公约，捐献飞机大炮，加强关于中苏友好的宣传、教育工作，为赢得和平而努力"。

省文联表示,"这次美国飞机侵入我领空,被我空军击落7架,一方面看出美国对朝鲜停战谈判的态度值得怀疑,另一方面也可以看出我国领空神圣不可侵犯。全省文艺界要大量地创作、演出各种文艺节目,揭露美帝国主义的暴行,并把创作和义演的收入用来捐献飞机大炮。"

吉林市抗美援朝工商界支会表示,"不能允许美国这种侵略行为,要提高生产,扩大生产内销,增加收入,提前完成捐献计划,巩固国防,保卫祖国"。

吉林省工商业界响应中国人民抗美援朝总会的号召,广泛展开捐献运动,他们通过读报组和各种会议开展讨论。大家回想过去"感到这个新国家实在可爱,必须参加捐献运动,巩固好、保卫好她"。蛟河12区肉铺掌柜杨辑兰说,"国民党统治时把我3口猪都弄去了……"没等他说完,杨宽抢着说,"那时全屯也看不着1口猪啊!"赵万江说,"在伪满洲时有一回因为买了2斤大米,日本鬼子和汉奸把我狠狠打了一顿,还把我装到麻袋里差一点没把我摔死,现在我可以自由经商,别说拿点钱捐献飞机大炮,就是马上到朝鲜前线去,我也一点不犹豫"。

蛟河12区除了8户医药业外,有54户工商业者计划每月捐献72万元。他们听说美国侵略者被志愿军打得节节

第五章 | 抗美援朝运动中吉林省的生产捐献 ★

败退，经过一番学习讨论都认为要响应号召，要拿出实际行动来，于是修改了捐献计划，决定6个月内再多捐献485万元。蛟河1区旅店经营者初步计划捐献4015万元。4区黄松甸子村计划6个月捐献22135000元。长春市5500多家工商业者，在收听志愿军代表的报告后，深受感动，更积极想办法改善经营，增加收入，捐献飞机、大炮。

工建五金行经理徐明正已捐献了160万元，在收听志愿军代表的报告后，提出每天延长营业时间2小时，自己出去卖货，将增加的收入全部捐献。磐石县6区150多家工商经营者，在6天里，就捐献了7500万元。公主岭成衣铺的经理傅有捐献银洋5块。荣和建筑公司经理孙福仁捐献人民币110万元、银洋3块。荣军大车店时福礼把金戒指捐献了。延吉县第9区工商业中，经过学习讨论后，到7月下旬已有14个行业从增加收入中捐献现款2500多万元。

全省开展捐献飞机大炮运动一个月后，各地就已认捐或发起捐献飞机23架、高射炮1门。全省职工5架、吉林市工商界3架、"吉林妇女号"轰炸机1架、蛟河县3架、"榆树号"3架、"延吉号"2架、"磐石号"1架、"桦甸号"1架、"舒兰号"1架、"敦化号"1架、"九台号"1架（另有大炮1门）、"永吉号"1架（另有高射炮1门）。为了完成捐献计划，全省各界人民群众纷纷订立增加生产、增加收入计划。

★ 抗美援朝后援地

1950年，扶余全县人民为抗美援朝运动捐赠飞机1架，命名为"扶余号"

在吉林市，私营金华火柴厂工友6月10日献工1天，捐出957000多元。舒兰县和磐石县制订了长期计划，计划中规定捐献运动要与推行爱国公约、增加生产和优待烈属、军属紧密结合。蛟河县7区大部分农民都制订了增产捐献计划，县二等模范姜喜贵互助组的计划是：把3垧5亩黄烟追肥，多打530斤烟，挂锄（农闲）后出动4个人搞副业，增加收入，捐献190万元，并向韩恩互助组应战，做好抚优工作。8区荣军模范王连武计划把7亩水田、1垧半旱田多薅一遍，捐献170万元。吉林橡胶厂、松江印刷厂、吉林制材厂、陶瓷厂、交通公司、省营火柴厂、军粮工厂、市营机械厂、大众印刷厂、第二印刷厂等职工，6月份捐献13.563个工作日，捐献工资购买飞机大炮。和龙县营金矿全体职工订出计划，到1951年底可捐献1339600余元。新盛采矿坑，在6月25日超过第二季度生产任务23.2%，金矿半年的生产任务已完成并超过54.6%。市制磷厂6月15日提前完成第二季度生产任务，同时捐献保安工作奖金150万元购买武器。吉铁图们检车段职工，在献工中改装了20米长的制动装置，重新装上制动管，节省120多万元。舒兰县群众业余剧团，举行3天义演，收入120万元作为捐献"鲁迅号"飞机之用。吉林市卫生工作者，在6月21日卫生协会会员大会上，到会医务工作者都保证完成捐献"东北卫生号"飞机的任务，纷纷计划捐献。中医医师王希天提出6个月的捐献计划，中医医师王仙洲，提出在6个月内捐献900万元。

敦化县各界在一个月内捐献3200万元，成记号屯妇女捐献了夏锄中收入的150万元，各机关、团体、学校等十几个单位捐献了3900多万元；一区完全小学学生星期日铲地挣130万元全部捐献出来。

延吉县第5区英成村350名妇女，决定养猪、养鸡、采药增加收入，计划1951年年末捐献700万元。各地互助组纷纷向韩恩互助组应战，每份应战书上都写着要多铲多趟，增加收入捐献飞机大炮，优待烈属、军属，坚决执行爱国公约。

为捐献"中国青年号"和"儿童号"飞机，全省青年和中小学生在课外期间参加劳动增加收入。榆树师范学校师生组成锄草大队，锄地16垧5亩，挣26万多元，全部捐献。汪清第3区影壁村完全小学出动学生锄草、插秧，捐献了收入的60万元。磐石中学学生计划将半年的义务劳动，捐献1000万元。其他各界人民群众也积极地参与这一爱国运动。吉林市东局子街300多名妇女，8天缝制麻袋1万余条，捐献300多万元。

全国人民的捐献运动进行得十分顺利，绝大多数地区都提前、超额完成了原定的捐献计划，并且涌现出大批成绩显著的单位和个人，出现许多感人至深的事迹。

吉林省东辽县原定计划捐献1架战斗机，估价15亿元。由于广大人民踊跃捐献，实际捐了21亿元，除购买1架飞机外，还可以购买1门大炮。东辽县第2区农民管家材预计捐献500万元，并向全县各村提出挑战，最后捐献了700万元。第3区泉眼村省劳模刘登文捐献50万元。第7区少先队员利用星期天拔草劳动挣钱，捐献了458万元。第4区永清村妇女主任徐长坤把结婚时留作纪念的4条毛巾拿出来说，"送给亲爱的志愿军哥哥、弟弟们，在英勇杀敌中擦把汗"。第 6 区三道村朱大娘拿着 10 万元交给村干部时说，"千万给我捎到前线，让孩子们买几个鸡蛋，吃了更有劲，多杀几个美国鬼子"。第 7 区完全小学四年级女学生王敏说，"我要做一个漂亮的牙具袋，绣上'祝叔叔杀敌立功'献给志愿军叔叔"。

1950 年东辽县多交 240 万斤，比 1951 年多交 130 万斤。另外，又捐献了资金和各种慰问品计价 28.4 亿元。1951 年，全县担负的战勤费（大车和担架费）约 21.4 亿元，其中，仅付归国的 58 辆大车征雇费和损失费就达 10.3 亿元，全县慰问志愿军的捐款及物品达 11.28 亿元。

从 1951 年 6 月 1 日至 1952 年 5 月 31 日，全省各族各界人士、爱国同胞，共捐献人民币近千亿元，相当于 3710 架战斗机的价格。仅 1951 年 11 月，全省捐献款额已达 630 亿元，认捐 31 架战斗机的捐献计划也已提前完成。在各界人民群众爱国热情下，全省的捐献计划，又增加到认捐战斗机 45 架、大炮 4 门、高射炮 5 门。在抗美援朝运动中，吉林省各界人民群众的捐款行动一直都在进行着。捐献武器运动所取得的优异成绩，使得购买的武器源源不断地运往朝鲜前线，使得中国人民志愿军的武器装备有了明显改善、战斗力得到明显提高，为赢得抗美援朝战争的胜利提供了重要物质保证。

第六章

抗美援朝运动中吉林省的优抚拥军

优抚拥军是中国人民在长期革命战争中形成的优良传统，这一优良传统在抗美援朝运动中得到了进一步的发扬。1950年12月22日，中央人民政府内务部、人民革命军事委员会总政治部发布了《关于开展拥政爱民优抚拥军运动的指示》，同时公布了五项优抚条例。为使优抚工作落到实处，全国各地各级政府及厂矿、学校、商行和农业社、互助组等，都订立了"先军属，后自己"的公约，广大人民群众认为"不照顾好烈属、军属就对不起前方的志愿军"，尽一切努力帮助烈属、军属解决生产生活上的困难。为了表达对志愿军的支持和拥戴之情，解除志愿军指战员的后顾之忧，全国人民积极响应中国人民抗美援朝总会的号召，把优抚拥军工作当成重大的政治任务，并列为爱国公约的重要内容之一。

1. 落实优抚拥军政策

抗美援朝运动中，优抚拥军成为吉林省各级党委、政府及各界人民群众坚持做好的一项政治任务。

1950年12月11日，中央人民政府内务部颁布了《革命烈士家属革命军人家属优待暂行条例》《革命残废军人优待抚恤暂行条例》《革命军人牺牲、病故褒恤暂行条例》《民兵民工伤亡抚恤暂行条例》。吉林省各级党委、政府认真贯彻落实这些条例，对优抚拥军工作做了具体部署，推进优抚工作制度化、群众化、经常化，保证优抚对象的生活，提高现役军人和优抚对象的社会地位。全省各行各业也都结合本行业的特点，制定了具体的办法，把优抚工作落到实处。

在城镇，吉林省制定"以组织生产介绍职业为主，物资补助为辅"的方针，纠正了单纯临时救济的办法，打下了烈属、军属长期生产自给的经济基础。在农村，各个村镇积极组织群众为无劳动力或劳动力不足的烈属、军属代耕、助耕土地，帮助他们发展副业生产，不仅在分配土地中优先照顾烈属、军属，还针对烈属、军属家中缺少劳力的实际情况，实行并推广了互助组代耕的先进办法，并对烈属、军属治病、子女上学、就业等情况实行优待。

长春市委、市政府对优抚拥军工作十分重视，多次发出指示并召开会议，研究和部署优抚拥军工作。全市各区相继组成了优抚拥军委员会，街道和农村也都建立了优抚拥军委员会。

四平地区伊通县委、县政府在1950年春节即将来临之际，发出了《关于开展优抚拥军运动的指示》，要求各区、村党组织在春节前普遍开展一次优抚拥军活动。活动中，共送出新年慰问金25850万元，猪肉36490千克，白面300千克，大米2850千克，粉条2500千克，白菜11570

千克，毛巾1200条，肥皂960块，纸烟170条，光荣灯225个，贺年片7000张，慰问袋60个，慰问信218封。1951年1月10日，县委发出《关于新军属工作指示》，"了解军属生产生活情况，帮助他们解决困难，对缺少劳动力的新军属要包耕和代耕"。2月1日，县委又发出《春节工作指示》，"要求做好优抚拥军工作，各区应大力组织区、村干部，党、团员和妇女，为烈属、军属拜年，送光荣灯、光荣匾等，提高军属政治地位和稳定军烈属情绪"。按照国家抚恤、群众优待相结合的政策，县委、县政府对烈属、军属、残疾军人及赴朝民工家属实行包耕、助耕的具体办法作出规定。

1953年2月，通化市政府战勤科在关于拥军工作总结中写道，"在这次拥军工作上，由于各级领导重视，首长亲自召开了各区长、机关、团体、企业负责人会议，在会议上做了动员"，并着重指出"做好拥军工作也就是支持抗美援朝运动。为了做好事前供应上的准备工作，保证部队有药吃、有房住、有炕睡，此次会议还决定成立了市县拥军委员会。会议还划分了招待、供应、宣教3个小组，统一领导，分头负责。市县拥军委员会临时组织了检查小组，深入区、街、村、机关、企业督促检查，发现并帮助解决问题"。至此，通化市拥军工作出现了新的气象，群众情绪特别饱满，不分男女老幼，都以自己的实际行动，拥护部队，热爱部队，关心部队，让房子、腾火炕，帮助军属烙煎饼、搭马棚、安炉子、烧水做饭、拆洗衣服、缝补袜子，并送鸡蛋、杀小鸡慰问部队。

白城地区各县为了解决军属生产中的困难也实行了代耕制度。1951年4月9日，白城县委专门做出规定：要求各地"要按军属代耕办法，包耕粮食，产量不低于一般水平"，要"以村为单位，将未出战勤的劳动力组织起来，为在朝民工家属代耕，做为应尽义务"，"在朝民工所欠债务，一律缓期偿还"，还号召共青团、妇女会、民兵等组织和学

大批粮食运过鸭绿江

生开展优抚活动。党委和政府无微不至的关怀,使广大烈属、军属、荣复军人深受感动,许多志愿军战士的父母、妻子、兄弟、姐妹纷纷写信给战场上的亲人,鼓励他们不要有后顾之忧,而应全身心地投入到伟大的抗美援朝斗争中去,多立功、多杀敌。

据统计,从1950年12月初至12月25日,全省人民共捐出现金237978万多元、生猪1392口、慰问袋4372个、慰问信9847封,还有大批的日用品用于慰劳中国人民志愿军和朝鲜人民军。至1951年底,全省农村10万户烈属、军属的140万垧耕地已得到助耕、代耕或包耕;对城市的烈属、军属通过安排就业、实物补助等方式,保障和改善了他们的生活。至1952年4月,全省县以上模范达到3000多人。烈属、军属和荣复军人积极参加各种政治活动,很多人当选为各级人民代表或提拔为干部。烈属、军属和荣复军人都积极带头,纷纷写信给在朝鲜前线的亲人,鼓励他们英勇杀敌、为国立功。

2. 制定优抚拥军举措

中国人民志愿军在朝鲜战场每次取得战役的胜利都是对祖国人民极大的鼓舞,更加激起了广大人民群众对美帝侵略者的仇恨和对志愿军的热爱,更有力地推动了优抚拥军工作的开展。例如：对荣誉军人（现称伤残军人）、烈属、军属，发放伤残抚恤金、烈士抚恤金、生活补助费及粮食衣服；烈属、军属到医院看病可以优先挂号、减免收费；车站、码头优先售票给烈属、军属；公营私营的商店逢年过节都对烈属、军属给予减价优待；各级学校在招生时，在同等条件下，优先录取烈属、军属子女，在中学学习的烈属、军属子女有助学金，小学生免交学费并有一部分补助金；对无劳动力的烈属、军属住用公产房屋时，使用自来水、煤气，享受半价优待或免费；在公立医院治疗，享受医药费减免优待，等等。

吉林、长春两市的人民群众将优抚拥军视为经常活动，将制订优抚拥军计划和工作修订在爱国公约里。每逢元旦、春节、建军节、国庆节、中国人民志愿军抗美援朝纪念日（10月25日）等重大节日，群众都开展热烈、隆重的慰问烈属、军属活动，纷纷给他们挂光荣灯、送光荣匾、钉光荣牌、送慰问品、请吃饭、请看电影看戏，并在影剧院为烈属、军属设光荣座。志愿军英雄、模范、人民功臣的家庭更是备受人们的尊敬，受到各界更加热烈的慰问。各级党委、政府还组织开展慰问烈属、军属和志愿军伤病员活动，询问烈属、军属工作生活情况，为无业的烈属、军属介绍工作或组织他们从事手工业、副业生产，给有困难的烈属、

★ 抗美援朝后援地

军属发放贷款、救济款,解决他们生产、生活上的困难。

吉林各界人民群众积极支持抗美援朝运动,图为街道妇女自发为志愿军战士缝补衣服

1952年春节期间,吉林市各界人民群众热烈慰问烈属、军属和伤病员,以高度的爱国热情展开春节优抚拥军活动。1月17日,吉林市政府民政局、抗美援朝分会联合全市各人民团体代表开会,研究并确定春节优抚拥军工作计划。全市各街道群众和工商界代表,纷纷捐款、送肉、送面、送年画和大批慰问信。吉林市中小学校举行文艺竞赛大会,

第六章 | 抗美援朝运动中吉林省的优抚拥军 ★

烈属、军属及驻军、政府干部在会上发言讲话,并交换一年来优抚拥军工作的意见。会后几天的时间里,各街道市民慰问烈属、军属和抗美援朝民工家属、当地驻军、伤病员而捐献的款项将近 2 亿元,各机关、团体慰问款 3000 多万元。吉林市第 1 区居民捐献将近 4000 万元慰问款和 12 袋白面。吉林市回族群众为了表示他们的真心,领着秧歌队送来 90 袋白面。吉林市工商联合会送来 4200 多张五色年画。第 3 区居民和该区的小学校,组成秧歌队伍,带着慰问品慰问烈属、军属和抗美援朝民工家属,每户发放 3 斤肉、5 斤大米、5 斤白面,春节期间,吉林市 3 个电影院同时为当地驻军部队免费开放。

在长春市,各区街道居民也争先捐款捐物。至 1950 年 12 月 25 日止,据 6 个区不完全统计,共献款 1 亿 9500 万元,还有肥皂、毛巾、香烟等 3 万余条,慰问信 2 万封。第 3 区(今南关区)居民两天时间就捐出现款 6500 万元,还有慰问袋、慰问信及毛巾、袜子等多件。该区北街 107 组居民郭振东一人就捐款 33 万元。第 4 区(今朝阳区)永昌街 36 组居民在慰问袋上,还精心刺绣了 8 个字,"奋勇前追,英勇杀敌"。长春制烟厂、煤气厂、东北画报社等单位职工捐出一天工资,委托抗美援朝分会代购慰劳物品,慰劳志愿军将士和伤病员。市供销总社供销部李天琪在每月的薪金中拿

· 179 ·

出10万元慰问朝鲜人民军和中国人民志愿军部队,"直到打垮美帝为止"。全市一万多户大大小小的工商业者,也表现出他们的爱国热情,仅在1950年12月20日前,即捐款4亿3000余万元。长春市还组织了输血队,学生和机关工作人员报名参加输血队的就有10480名。全市组成52个输血分队,分布在各个军医院。3年间,为中国人民志愿军伤员和朝鲜人民军伤员共献血1458598毫升。当时,长春市还有一家朝鲜人民军医院,被当地人称为友军医院。输血队员发扬了国际主义精神,除了为中国人民志愿军伤员献血外,还为朝鲜人民军伤员献血。

1951年春节,是中国人民掀起抗美援朝运动后的第一个春节,全省开展了多种形式的慰问活动,各地市委、市政府、工会、青年团、妇联等单位组成的慰问团,携带慰问品分赴驻长军医院,慰问志愿军伤病员。长春各区也组成慰问组,挨门逐户地走访慰问烈属、军属,检查优抚拥军政策的落实情况,征询他们的意见。很多街道都扎了彩车,装着大米、白面、肉类等礼物,由中小学校组成的秧歌队、腰鼓队伴随,送到每户烈属、军属家中。这一年春节,长春市为每户烈属、立功军人家属赠送大米15斤、白面8斤、肉类7斤,并给立功军人家属挂功臣状庆功贺喜;为每户军属赠送大米10斤、白面7斤、肉类5斤,挂光荣牌和光荣灯，并赠送年画和影剧票。

吉林省广大妇女在爱国主义教育下热情高涨，积极参加了棉衣絮行、军服拆洗等各种慰问工作。

长春市组织动员了2000余名街道妇女参加了被服厂的絮行工作。她们不怕苦，不怕累，起早贪黑拼命地干活。仅仅几个月的时间里，就完成各种战士军装30余万套。第4区（今朝阳区）白菊街道的孙桂珍当时17岁，她每天早晨6点多就来工作，晚间加班到11点多钟，有时因太晚就睡在被服厂的地板上。年逾花甲的张大娘家住东大桥，每天从东大桥到第2区（今宽城区）来絮行，也是每天早早地来，晚间10点多才回去。大家的热情使工作效率不断提高，过去絮行棉大衣，一人一天只能絮行一件半，后来一人一天最高能絮行到5件，并且还有质量保证。

妇女们还承担了为志愿军伤员拆洗被服的义务。有58432人参加了拆洗队，到1952年10月为伤员拆洗被褥、血衣87621件。在拆洗中她们克服种种困难，对那些粘满血渍污垢的衣服，认真刷洗。许多妇女都自己拿钱买肥皂和碱,把被服拆洗得干干净净。有的妇女看见棉花不能用了，自己花钱买棉花絮好了再做上。妇女们往往在洗好的衣服里面夹上慰问信和慰问品，希望伤员们早一天休养好，重返前线。

★ 抗美援朝后援地

被服厂女工在为中国人民志愿军赶制军服（1951年3月8日《长春新报》）

长春市重庆街道军属杨秀荣，当时是居民组长、缝洗队长，这是她正在给志愿军伤员洗衣服

全省少年儿童在优抚拥军活动中也不甘落后,积极为烈属、军属做好事,经常走访慰问烈属、军属,为他们擦玻璃、扫院子、洗衣服、劈桦子、拾水、买米,等等。

长春市第 2 区中心校(今天津路小学)管立芳优抚小组就是比较突出的一个。这个小组除了小组长管立芳外,还有组员栾作芝和林秀坤(今西五小学学生),她们在暑假期间,每天做完作业就集合到小组长管立芳的家里,然后一起出去开展帮扶。她们走遍了北京街第一户籍区的所有烈属、军属,帮助洗衣服、拾水、劈柴火、买米。她们还经常到部队和军医院去唱歌、跳舞,对伤病员进行慰问,有时还帮助护理人员洗衣服。有一次碰到一位志愿军伤员手里拿着一块布,看样子是要做衣服用的。她们诚恳地要求把布带回去做,志愿军推辞了半天,但因为孩子们太热情了只好交给她们。管立芳恳求隔壁赵大娘裁剪好,让奶奶缝制,就这样把志愿军的衣服做好了。南大街小学有 12 个"铁木儿"优抚小队,帮助烈属、军属倒垃圾、劈桦子、挑水、扫雪,是小队的家常事。队员们看见新春街军属刘大娘家门前有积雪和冰块,就及时地打扫得干干净净。这 12 个"铁木儿"优抚小队还包揽了一个居民委员会的烈属、军属的零星活计。每逢春节,小队的优属活动更是忙碌,他们赶制光荣灯、送春联、排练节目,慰问烈属、军属。

这些节目虽然简短，但是内容活泼有趣，表达了他们对志愿军及其烈属、军属的深厚感情。

1950年，四平市伊通县共有烈属、军属5276户，24341人，共分得土地98635亩。政府对缺乏劳动力的烈属、军属的2318户的32710亩土地实行了代耕，其中定户包耕20665亩、助耕12045亩。由于改变了过去代耕大轮班的做法，实行了包耕合同，定户定产，干部、党员带头，粮食产量得到了保证。1951年，伊通县的烈属、军属、工属增加到8428户，荣复军人432人，代耕土地达51000多亩，由于广大农民认真执行代耕政策，对代耕土地精耕细作，提高了粮食产量，使70%的烈属、军属，从贫农提高到下中农、中农的生活水平。

广大烈属、军属也积极响应政府号召，努力自耕，谢绝代耕。第3区杏山村辛仁喜在谢绝代耕时说，"我儿子在前线立功当英雄，我要在后方努力生产当模范"。第2区大榆树村军属姜广富从事副业，打柴卖钱，买牛买车，要回代耕地自己种。县委、县政府在逢年过节或前线寄回立功喜报时，都组织区、村干部及秧歌队，敲锣打鼓放鞭炮给烈属、军属、工属拜年或送喜报和慰问品，使烈属、军属感到无上光荣和温暖。1950年，全县接收了荣复军人91人、退伍军人313人，加上之前回来的，共安置了1100人。对从部队复员退伍的，县委、县政府遵照"有家回家，无家给地、给房或安置在企事业"的精神对其给予妥善安置。对牺牲和负伤致残的军人按规定给予优抚，全年落实烈士抚恤政策38件，发放抚恤粮75000斤，落实民工优抚政策16件，发放抚恤粮21300斤。1952年全县接收和安置了1056名荣复、退伍军人，有141人安置在企业工作，另外到县联社44人，当中小学教师13人，邮电10人，卫生12人，到工厂矿山36人，经政府搭鹊桥结婚成家的53对。1953年，全县接收安置了470人，分配到县社、粮食、卫生等单位40人。

受到照顾的烈属、军属，用一封封信件表达着自己的感激之情。家住长春市第13区万宝山村的村民耿元香的哥哥是在1949年参加解放军的，1951年4月不幸牺牲在朝鲜战场。她在给《吉林日报》编辑的信中说，"听（收）到信后，虽然很难过，但是我想我哥哥为革命牺牲是光荣的"。"我家更受到政府的照顾，政府把我介绍到合作社麻袋工厂去学技术，我太感谢了。我一定要把工作做好，做群众的榜样"。家住在吉林市船营区西仓街的姜福有是军人家属，在给《吉林日报》编辑的信中说，"居住组响应中国人民抗美援朝总会做好优抚拥军工作的号召，最近给我买了不少东西照顾我"。"我想，只有在共产党、毛主席领导下才能这样。我要给我儿子去信，叫他多给人民立大功，来感谢政府和群众的照顾"。

通过抗美援朝的宣传教育工作，广大人民群众普遍提高了对优抚拥军工作的认识。他们认识到志愿军是自己幸福生活的保卫者，优抚工作是每个公民应尽的义务，优抚拥军就是爱祖国、支持和拥戴志愿军的实际行动，纷纷表示，"不照顾好烈属、军属，就对不起前方的志愿军"。他们在"先军属，后自己"的口号下，尽一切努力帮助志愿军烈属、军属解决各方面的困难，使他们生活在无忧无虑之中，人人安居乐业，各得其所。

3. 优抚拥军典型事迹

吉林省人民坚持发扬优抚拥军的优良传统，不仅在生活上给予烈属、军属以保障，同时也提高了烈属、军属的政治觉悟。此外，他们也感到了自身的责任，涌现出大批烈属、军属模范和优抚拥军模范。

刘青山，1906年出生于吉林省额赫穆（今天岗镇）东两家子小伙棚屯的农民家庭。他10岁就给地主放猪、扛活，过着饥寒贫苦的生活。新中国成立后为了报答共产党的恩情，刘青山积极工作，1949年2月参加中国共产党。入党后，他把自己的一切献给了党，献给了人民的解放事业。

在任村公安委员（后任党支部书记）期间，刘青山工作积极，敢于负责，每天都要把所辖的5个屯子走一遍，发现违纪、违法行为及时制止。他查处了种大烟、私自烧白酒、偷耕牛等违法案件。种大烟、私自烧白酒的是他的亲属（表兄、表侄），经过他的严肃批评、教育，改正了不法行为。刘青山这种不徇私情的精神，深受当地人民群众的尊敬，他们赞扬刘青山是党的好干部。

抗美援朝期间，刘青山积极响应号召，动员全屯的农民群众参加互助组。在农业生产中。他带领全组人员多积肥、多上粪、多铲趟、细收细打、颗粒归仓，把好粮食交公粮。1951年他种的大豆质量不够好，于是他把大豆卖掉，再买回好大豆交公粮。在他的模范行为影响下，全屯人都向国家交好粮。1952年，开展爱国丰产运动，刘青山动员全屯的32个互助组订立增产节约计划，并向李顺达、韩恩等互助组应战，以实际行动支持抗美援朝运动。

刘青山有4个儿子。蛟河解放后，他就把两个儿子送去参军，并经常给儿子写信鼓励他们学习过硬本领，狠狠打击敌人，解放全中国。他把家乡的变化告诉儿子们，鼓励他们安心在部队工作。两个儿子在部队成长很快，先后加入了中国共产党，一个在解放军某部担任营长，另一个在某机炮连担任政治指导员。哥俩儿都是在战斗中立过大功的战斗英雄。朝鲜战争爆发后，刘青山就动员正在学校念书的三儿子报名参加中国人民志愿军，并给他讲述新中国成立前穷人所受的苦难，他对三儿子说，"你要是孝敬父母你就狠狠地打击美帝侵略者"。在抗美援朝运动中，刘青山以一名共产党员的表率作用影响群众，第一个报名参加担架队。在为抗美援朝运动捐献时，他动员本屯军属马成文带头捐献 25 万元，并说"我们是军属，应该带头，尽一切力量捐献，购买飞机大炮，以实际行动抗美援朝啊"。由于他的带头作用，全屯群众积极捐献，共捐献 460 万元（东北币）。刘青山是特等军属模范，却从不需要别人照顾。他总强调，"我是一名共产党员，在部队的 3 个儿子有 2 个是党员，1 个是共青团员。我是革命家庭，要起带头作用，减轻别人的负担"。刘青山话是这样说的，实际行动也是这样做的。同时，他还尽力照顾别人，每当屯里有人外出学习、训练时，他都帮助提供衣服、鞋袜等零用物品。

1950 年刘青山当选为吉林省人民代表，出席吉林省人民代表会议。1951 年 2 月，出席吉林省劳动模范代表大会。1951 年 3 月，出席东北局召开的优抚拥军，烈属、军属模范代表大会。

黄淑兰是住在第 2 区站前街 33 组的一位模范军属。站前街居民们（黄淑兰的左邻右舍）关心她家的事情就像关心自己的事情一样。平常日子，谁到她家去都是先看看水缸里有没有水，看看院子扫没扫。她家院子虽然不大，大家也不让她自己扫。黄淑兰有时外出或卖麻袋线，回来晚时，家里的饭菜常常是有人给做好了放在锅里。邻居宋美贞就是经常去她家帮助做饭的一个，宋美贞更知道黄淑兰的公公爱吃"摊鸡子"，就用自己的钱买来做给老人吃，把老人感动得说，"这都是毛主席领导得好，我儿媳妇不在家，我也是一样地吃饭，大家对我们军属照顾得太好啦"！有一次黄淑兰闹病，邻居们就像自己家人一样看护她，有的送肉、有的送面、有的送水果，居民李春杰帮忙请医生，邻居董桂蓉夜里不睡觉来看护她。

区政府对黄淑兰家也是照顾得无微不至。冬天听说她家没生炉子，就给送去500斤煤；黄淑兰有病时，区政府派了3个人到她家去慰问；逢年过节就给她家送物品，挂光荣灯。宋老大娘（黄淑兰的婆婆）乐得直说："真是一人参军全家光荣，人民政府对我们照顾得太周到啦！"

这些生动的事例教育了黄淑兰，工作中不怕任何困难，热心给大家办事。她领导群众订立爱国捐献计划，号召大家参加生产，使全组34户都参加了纺麻袋线、糊火柴盒、衲鞋底子，不但每月保证了捐献计划，而且收入也增加了。她参加区人民代表会议后，号召大家搞好爱国卫生运动并带头示范。组员刘忠田家有3个孩子，常年有病，有时忙不过来，院子里的草就长起来了，黄淑兰就去锄草，她还发动、组织了一个清扫队，看谁家不卫生，就给谁家打扫。有的居民把家里好几年没动过的柜子，也搬出来彻底打扫了。她白天给大家办事，早晚时间就纺麻袋线，力求自力更生，减轻了政府和人民的负担。

黄淑兰经常寄信给丈夫，希望他多多立功。她自己也决心努力生产，减轻政府和人民的负担，克服一切困难，做好卫生工作和其他工作，并保证努力学习文化尽快达到会写信的程度，更好地为群众服务。一次，黄淑兰到丈夫所在的部队去探亲，部队首长不仅热烈欢迎她，战士们还开了"欢迎模范大嫂会"。会上，黄淑琴把东北妇女代表大会上听到的优抚拥军情况，及她自己受到政府和群众关怀的事情，一五一十地讲给战士们听，鼓舞了战士们保卫祖国边疆的士气，一个因挂念家乡而闹情绪的战士听到她的讲话后，被感动得哭了，表示以后不再想家，要坚决站在战斗岗位上，保卫祖国，保卫人民。

4. 全省青年参战参军热情高涨

在将近3年的抗美援朝战争中，全国先后掀起了4次参军高潮。广大青年热烈响应祖国的召唤踊跃报名，共有

207万人参加了志愿军,保证了中国人民志愿军兵员的充足。东北地区的广大青年,面对美帝国主义的侵略行径,义愤填膺,踊跃报名参军,辽宁、吉林、黑龙江三省青年参加志愿军的人数达16万之多。

1950年11月11日,吉林省政府发出《关于扩兵工作的指示》,在《指示》中对各区扩兵的具体指标、新兵条件、扩兵工作的宣传以及组织领导作了具体的要求。吉林省接受东北局、东北人民政府授予补充主力部队的扩兵任务,征集了质量合乎规定并通过体格检查且经过集训的新兵21000人(原任务为19000人,后经东北局、东北人民政府增加了2000人)。为保证新兵人数,最后决定布置各市县扩充至21950人,其中分配榆树2300人,九台2000人,德惠1500人,长春2100人,扶余1700人,怀德1000人,永吉2100人,农安1800人,伊通1300人,双阳1000人,长岭900人,舒兰700人,郭前旗500人,延吉500人,乾安200人,桦甸200人,磐石300人,蛟河400人,和龙250人,汪清200人,敦化100人,珲春150人,安图50人,长市400人,吉市300人,以上共计21950人。在编制安排上,经东北军区规定吉林省所扩新兵为7个集训团,每团新兵3000人左右,班以上干部由军区派任。集训地设在蛟河新站街、郭前旗县城、双阳县城、怀德黑林子镇、

★ 抗美援朝后援地

欢送亲人参军

亲人面前表决心

第六章 | 抗美援朝运动中吉林省的优抚拥军

千言万语送亲人

参军光荣,骑马戴红花

长春双城堡镇、九台其塔木镇、榆树黑林子镇等7个地点及其附近村屯。

规定要求，从业工人不应动员；地主、旧富农之本人不得动员；伪满警察、宪兵及国民党反动派部队之军官，地下军军官均不得动员。此外，省委还在征兵中特别要求，一般新兵中须有5%的党员和10%到15%的团员。

吉林省委、省政府号召各县的党委、政府充分认识此次扩兵工作是吉林省抗美援朝、保家卫国的重要任务之一，必须在扩兵工作中重视与保证新兵质量，保证顺利集训以巩固和补充主力，并做到及时检查防止强迫命令，使群众合理负担，完成任务并不违反政策，通过扩兵工作提高群众觉悟，提高反侵略战争的胜利信心。

全省广大青年踊跃报名参军，出现了许多父送子、妻送郎、兄弟相争上前线的动人事迹。

长春市郊第8区分水岭村青年农民张树全，大哥参加抗日联军壮烈牺牲，三哥、五哥参加了解放军。张树全为了支持抗美援朝运动，保卫胜利果实报名参军，他告诉乡亲们，"我一定多打死几个美国侵略者，叫他们尝尝咱们中国老百姓的厉害"！为了欢送青年参军队伍，各县区组织腰鼓队、秧歌队，载歌载舞，锣鼓喧天，将入伍青年骑马戴花送到扩兵委员会。

吉林市永吉县第9区民兵大会上，朱家村武装委员孔宪成带20名民兵报名参军，西荒地村武装委员金玉库带30名民兵报名参军，全村在一次时事座谈会上就有84名民兵报名。他们都说，"要想过好日子，就得积极行动，粉碎美帝侵略"。延吉第11区第一期民兵训练班全体民兵给吉林军事部写信，表示决心参加志愿军与美帝战斗到底。舒兰县溪河区四家子村武装委员傅忠奉和西万子屯民兵小队长胡永楼在报名时，下决心保证到部队后积极作战，勇敢杀敌。在他们两个的带动下有13名民兵也报了名。长岭县第9区北镇村民兵赵石头要求带全村民兵上朝鲜作战。农安县第12区民兵训练班40余名民兵中有35名报名参军，有的民兵表示不但自己参军，还要回村动员其余青年参军。扶余县弓棚区陈山村民兵小队长杨福生过几天就要结婚了，他听到美机不断轰炸家乡东北后，毅然报名参军，他说，"国家是我们人民自己的国家，不能让美国侵略者来欺负，等打垮美帝以后再结婚"。

四平市伊通县接受省委、省政府补充主力部队的扩兵任务1300人，部署扩兵1400人。县委按照1400人的名额分配到各区。第1区60人，第2区120人，第3区92人，第4区59人，第5区71人，第6区95人，第7区144人，第8区157人，第9区97人，第10区111人，第11区111人，第12区120人，第13区77人，第14区80人。新兵年龄18岁至28岁，成分以贫雇中农为主，新富农可以参军，也包括其中一批学生、失业工人，没有家庭负担者可以动员。各区设扩兵委员会，区委书记任主任，区长任副主任，成员有青年团书记、武装助理、妇女主任、民政助理、区委宣传委员、组织委员。扩兵工作由党委统一领导，政府号召与组织，通过各团体、各系统组织力量来进行宣传动员。根据县委、县政府联合下发的指示，全县各区建立起扩兵工作组织，充分发挥党员、妇女、民兵、烈属、军属的作用，形成群众性的参军热潮。各区分别组成30至50人的宣传队，深入村屯，大力宣传抗美援朝、保家卫国、参军参战。通过宣传教育，广大青年纷纷报名参军，父送子、妻送郎的参军事迹层出不穷。1950年12月10日前，全县完成了1786名的参军动员工作。新兵入伍时，各村都召开了热烈的欢送会，用马车把戴着大红花的应征入伍青年送到区里，再由区里统一送到县里集合。县政府组织召开了欢送会，县委领导讲话，对应征的青年给予了表扬，鼓励他们到前线英勇杀敌，多打胜仗。新兵代表和家属代表作了表态发言。会后欢送群众在锣鼓喧天、鞭炮齐鸣的气氛中将新兵送走。1951年，伊通县又有1100人参军，其中学生54人。这次参军人员以翻身农民占多数，还有一小部分知识分子及其他阶层人员，其中有朝鲜族翻译 10 人。

延边朝鲜族自治州地处祖国边疆，延吉、和龙、珲春三市县与朝鲜毗邻，边界线长达 500 余千米。图们江两岸水浅处可以徒步往来，冬天结冰更是畅通无阻。延边又是朝鲜族聚居的地方，在语言、生活、习俗方面与朝鲜人民有很多相同之处。朝鲜内战爆发后，延边人民对美帝国主义的侵略行径十分气愤，许多朝鲜族青年纷纷要求去前线参加抗美援朝战争。

延边地区民兵除身体有病者外，全部报名要求参加志愿军。和龙县金仁淑在抗日战争、解放战争中失去了 3 个儿女，这次又把身边唯一的儿子送去参军，被人们称为"革命的老母亲"。延吉县朝阳区太东村金昌候的未婚妻许桂香，在送给未婚夫绣有"胜利"两字的绣巾时说，"你在打败美帝的战场上当英雄，我在后方当模范，胜利相逢那天咱们举行婚礼"。

在吉林省委向东北局报告吉林省参军情况报告中，介绍了吉林省动员青年参军参战的成果和主要经验。一是认真开展了反美教育，使抗美援朝、保家卫国的正义号召成为广大人民群众的正确舆论导向，又结合群众切身利益与体验，提出保卫和平、保卫土地生产的口号，使广大人民群众从切身利益与体验中认识到国家安危与他们生产生活血肉相连的关系；二是组织了更多的力量，来进行这一工作，省县区大量干部下乡，上下结合，抓住了这一工作重点；三是党员、团员组织中的青年干部带头，在自卫队民兵中，在互助组内，在各个农村有组织的群众中，有很多骨干自动提出参军，他们带动了一批青年，影响了一批青年；四是这次参军动员对各县区平时工作，是一个重大考验，凡是平时注重思想教育，平时党委、政府对荣军军属工作做得好的，平时青年、妇女、武装各种工作有基础的，这次动员也很顺利。①

1950年12月3日，《吉林日报》刊发了《抗美援朝保家卫国全省成千上万青年志愿到朝鲜去参军》的报道，文中写道："美国帝国主义扩大侵略朝鲜战争把战争火焰推向我们祖国边疆的时候，我省广大爱国青年已经怒不可挡，千百万人民纷纷志愿赴朝参军参战，抗美援朝保家卫国。"报道中还提到各区县报名参军的情况。"长岭县从本月(1950年12月)中旬到现在，有3000多个爱国青年签名到朝鲜去。在他们当中，有很多青年四处宣传，联络他的朋友、同学"。"吉长两市、长春、汪清、敦化、榆树、怀德、永吉、九台、农安等县，大批青年自行组织小组、小队，准备去朝鲜前

---

① 吉林省档案馆编《中国共产党吉林省委员会重要文件汇编》（第二册）1950—1951，181页。

线"。怀德黑林区的爱国青年们,在全村青年大会上,相约他们的青年伙伴9人,在纸上签下自己的名字,一起宣誓"我们将同生共死,为了祖国,为了家乡,为了援助朝鲜人民"。长岭保康村妇女主任姜贵兰替自己的丈夫报了名,也鼓励了4个未出嫁的妇女动员她们的弟弟报名参军。榆树柳树区青年们,在明白了美帝的凶恶、侵略的罪行后奔走相告、相互联络,3天时间就有560多人报名前往朝鲜参军参战。

至1950年底,全省自愿报名参军者达79000人,已检查合格者23000人,中共党员参军者1900人,参加志愿

东北人民大学的同学组成农村宣传队,向农民宣传抗美援朝、保家卫国的重要意义

★ 抗美援朝后援地

军的民兵人数占新兵总数的 94.4%。抗美援朝期间，吉林省各族青年参加中国人民志愿军共 28700 人。根据战后统计，吉林省籍志愿军官兵牺牲人数为 18499 人，牺牲总数位列全国第 3 位，占志愿军烈士总数的 10.1%。按 1954 年各省人口统计，在牺牲人数占全省人口比例中，吉林省为 1.6‰，为全国最高。

东北人民大学召开抗美援朝庆祝朝鲜平壤解放大会

第七章

抗美援朝运动中吉林省的反细菌战

★ 抗美援朝后援地

    细菌武器是违反人道主义、违反国际公法，大规模残害人类的禁用武器。在朝鲜战争中，美军在军事上遭到中朝军队的严重打击，为挽救其战场上的败局，不甘心失败的美军公然违背国际公约，在朝鲜境内发动了灭绝人性的细菌战，并且对我国东北地区投撒含有大量细菌、病毒的昆虫。吉林省境内的通化、辑安（今集安）等地是美军实施细菌战的重灾区。

1. 美军实施细菌战

    第二次世界大战结束后，美国包庇、纵容石井四郎、若松次郎、北野政藏[①]等一批罪大恶极的日本细菌战犯，使其免受审判，并利用他们为美国研究细菌武器服务。1950年12月，美军在朝鲜战场上从"三八线"以北撤退时，曾在平壤市、江原道、咸境南道、黄海道等地投撒天花病毒。1952年初，美军在实施"绞杀战"一再受挫后公然违背国际公约和人道主义原则，大规模地实施了细菌战，在朝鲜北部和中国东北地区投撒大量带有鼠疫、霍乱、伤寒和其他传染

---

① 在第二次世界大战期间，石井四郎和北野政藏担任日军细菌战大本营731部队的部队长，在中国、苏联和蒙古人中进行细菌试验，屠杀了3000多人；若松次郎担任日军兽瘟细菌试验大本营100部队的部队长。这3人是1950年2月1日苏联政府照会中提议设国际特别军事法庭要求审判的日本五大细菌战犯中的三大战犯。

病的动物和昆虫，企图以细菌战削弱中朝军民的战斗力。

在朝鲜战场上美军所使用的细菌、病毒有鼠疫杆菌、霍乱弧菌、伤寒和副伤寒杆菌、痢疾杆菌、产气荚膜杆菌、脑膜炎双球菌、脑炎滤过性病毒等10余种。对这些细菌、病毒特殊培植后，附在苍蝇、蚊子、跳蚤、蜘蛛等昆虫或鼠、雀等其他小动物或食品、棉花、传单等杂品上，再将其制成细菌弹由飞机投掷。为了保密，美军投撒细菌的行动一般都在夜间或阴天进行，或夹杂在其他轰炸任务中同时进行，对执行细菌战任务的飞行员则把细菌弹称为"宣传弹"或"不爆炸的炸弹"等。

档案资料表明，最早发现美军投掷细菌弹的是位于朝鲜铁原郡的中国人民志愿军第42军。1952年1月27日夜间，美军飞机多批次在我军阵地上空低飞盘旋，却没有像往常一样俯冲投弹。次日早晨，第375团战士李广福首先在驻地金谷里的雪地上发现大量苍蝇、跳蚤和蜘蛛等昆虫，面积约200米长、100米宽。① 随后，该团在外远地、龙沼洞、龙水洞等地又发现了大量昆虫，形似虱子、黑蝇或蜘蛛，但又不完全相似，面积约6平方千米，当地居民都不认识这类昆虫。我军认为，"此虫发生可疑，数地同时发生，较集中且密集大，可能是敌人撒布的细菌虫"。但部队卫生科

---

① 《总后勤部抗美援朝战争后勤经验总结》，第397页。

技术设备和水平有限，无法确认昆虫是否带有细菌。

志愿军总部接到报告后，彭德怀司令员当即打电话给第42军军长吴瑞林，详细询问情况后指示，坚决采取措施，消灭昆虫。[①]志愿军后勤部除要求采取紧急消毒预防措施外，还要求第42军写出详细的书面报告，并附上昆虫标本，请专家鉴别。2月6日，志愿军司令部向各部队转发第42军关于发现异常昆虫的报告，要求各部队在驻地进行检查，查看有无同类昆虫，要求各岗哨严密注意敌机投掷物品，发现疑似症状立即报告。

2月22日，朝鲜民主主义人民共和国政府发表声明，揭露和抗议美军在朝鲜进行细菌战，呼吁全世界人民制止这种暴行。2月24日，中国政府发表声明，完全支持朝鲜政府的正义主张，中国人民将和全世界人民一道，为制止美国政府这一疯狂罪行而坚决斗争到底。2月末，侵朝美军飞机多次侵入中国东北地区上空，投撒带有细菌、病毒的昆虫和小动物，把细菌战扩大到中国境内。2月29日至3月5日，美军又出动飞机68批共448架次侵入我国东北领空，在抚顺、新宾、安东（今丹东）、宽甸、临江等地投撒大量细菌毒虫。

[①]《抗美援朝中的第42军》，金城出版社，第173-174页。

第七章 | 抗美援朝运动中吉林省的反细菌战

1952年2月24日中国外交部长周恩来代表中国政府发表声明，郑重表示，"中国人民将和全世界人民一道，为制止美国政府这一疯狂罪行而坚决斗争到底"。同一天，抗美援朝总会主席郭沫若也发表声明，号召全国人民动员起来，坚决声讨并制止美军投撒细菌罪行。25日，郭沫若致电世界和平大会主席约里奥·居里，表示支持并拥护世界和平大会禁止使用大规模杀人武器的决议。3月8日，周恩来再次发表声明，抗议美国政府使用细菌武器和侵犯中国领空。同时，我国各地人民也纷纷对美国侵略者使用细菌武器提出抗议，各人民团体和各界知名人士，分别向全世界人民和有关组织提出控诉。

美国空军投下的细菌弹

为了战胜美国的细菌武器，中朝两国人民紧急动员起来，开展防疫卫生运动，采取种种措施，动员一切可能的人力、物力、药力扑灭细菌毒虫，号召全国人民积极参与防疫工作，在全国掀起爱国防疫卫生运动。

2. 揭露细菌战罪行

1952年3月2日，美军飞机12批共72架次侵入我国安东（今丹东）、辑安（今集安）、长白等地，投撒大量细菌毒虫；3月3日，美军飞机5批共32架次侵入我国安东（今丹东）、辑安（今集安）等地，投撒大量细菌毒虫；3月4日，美军飞机13批共72架次侵入我国安东（今丹东）、辑安（今集安）、浑江口等地投撒细菌毒虫；3月5日，美军飞机8架次侵入我国通化、浑江口等地，投撒细菌毒虫；3月8日，辑安（今集安）、通化、临江、抚松、新宾、安东（今丹东）等地再次发现美军飞机投投撒的细菌毒虫。

美国侵略者在我国边境城市、村庄、铁路、公路延线等地投掷的细菌弹内，有苍蝇、蜘蛛、蚂蚁、蚊子、蟋蟀、跳蚤等昆虫，经化验可导致霍乱、鼠疫、伤寒、白喉、天花、肺炎等传染病。至3月末，通化市二道江、佐安等19个村均发现细菌毒虫，吉林省25个市县（旗）不断发现大量带菌昆虫和毒物，污染面积共159778万平方米。其中，3月份 521059700 平方米，4 月份 137334100 平方米，5 月份 99135000 平方米，6 月份 245400 平方米，7 月份 7740000 平方米，8 月份 489664000 平方米，9 月份 35000 平方米，10 月份 67081200 平方米，11 月份 69273000 平方米，12 月份 6212900 平方米。"证实与敌人细菌战有关，发病与死亡的急性脑炎 16 人，其中死亡 11 人，死亡率 69%，炭疽 5 人，死亡 3 人，死亡率 60%"。①

美国侵略者实施细菌战，是中朝两国政府始料未及的。美帝国主义的这一罪恶行径，激起了曾经遭受日本帝国主义细菌战毒害的吉林人民的极大愤慨。

东北人民政府卫生部传染病防治院院长洪引，军医大学教员孙瑞宗、刘刚、房希哲、徐景达，市人民政府卫生局防疫科科长温乃即等人，听到侵朝美军投撒细菌的滔天罪行后激愤至极，纷纷发表抗议，号召医务工作者们，积极行动起来、制止美帝国主义惨无人道的罪行。孙瑞宗、刘刚、房希哲、徐景达等人在联名抗议书中说，"1950 年 2 月 12、14 两日，我们曾两次视察过日寇'一〇〇部队'细菌工厂。事实不仅证明敌人确在大量培养制造细菌武器和烈性毒药，而且在培养制造过程中杀害了无数的祖国同胞"。

---

① 吉林省档案馆藏：《吉林省人民政府文件》（1952）2-8，第 11 页。

★ 抗美援朝后援地

"我们医务工作者的崇高任务是救死扶伤，用平生力量消灭人类病魔——细菌，保障并加强人类的生命和健康，而美国侵略者却背叛正义，违反国际公约，使用细菌武器，屠杀和平人民。站在医务工作岗位上的我们，下定决心，和全世界人民一起行动起来，斩断美帝国主义的血腥魔掌。我们除加强抗美援朝工作外，静等新任务的来临。我们早已准备好足够的力量，粉碎美帝国主义的一切恶毒阴谋"。温乃即在抗议书中说，"我们新中国成立以来，就着重防止鼠疫、霍乱等各种传染病的发生，仅在两三年内即获得辉

日军100部队侵华时期长春旧址

煌成绩,霍乱几近绝迹,鼠疫发生范围也大为缩小。而美帝国主义反倒制造细菌、投撒细菌来屠杀朝鲜人民,破坏和平,可见,它比万恶的毒菌更可恶"。洪引抗议说,"我们坚决抗议美国侵略者的滔天罪行"!同时表示,"我们有最大决心,不惜任何牺牲,用有效行动,粉碎美帝国主义的侵略阴谋"!

1952年2月末,吉林省各人民团体相继发表声明,一致拥护政务院总理兼外交部长周恩来发表的声明,抗议美国侵略者灭绝人性的暴行。保卫世界和平反对美国侵略委员会吉林省分会在声明里说,"美国侵略者在朝鲜用飞机投下大批细菌毒虫。美国侵略者这种凶暴残忍的滔天罪行,是我们绝不能容忍的!我们全省各界人民要和全国人民、全世界人民一起,用全力制止美国侵略者的暴行"。"我们号召全省人民加强抗美援朝,用全力支援中朝人民军队,粉碎美帝国主义扩大侵略战争和使用细菌武器的恶毒阴谋,争取抗美援朝的最后胜利"![1]2月26日,长春市总工会、团市委、市妇联、市青联、市学联等人民团体,对美帝国主义发动细菌战联合提出严正抗议。在当年日军细菌工厂——"一〇〇"部队附近的广大村民,以所闻所见、亲身经历,控诉了日军用细

---

[1]《吉林日报》1952年3月2日第2版

菌残害我国同胞的罪行，声讨美帝国主义走侵华日军的老路、用细菌杀害中朝人民的罪行，要求严惩美、日细菌战犯，表示用实际行动粉碎美帝国主义的细菌战。

为了更有力地揭发美帝国主义实施细菌战的滔天罪行，进一步提高人民的警惕性和觉悟，促进反细菌战的积极性，全省各市县政府组织宣传队、工作队，深入到街道居民中，采取贴宣传画、发宣传小册子、演文艺节目、演讲等多种宣传形式，使广大群众了解开展反细菌战的重要意义，激发广大群众仇视美帝国主义的情绪，提高了各族人民的觉悟。有的群众讲，"只有毛主席和共产党、人民政府才关心人民健康"。有的朝鲜族群众说，"要不是共产党领导我们讲卫生，我们朝鲜族的某些不卫生习惯，还不知得多少年才能改变"。[①] 通过开展反细菌战的宣传教育，进一步调动了广大群众的积极性，全省范围内掀起了开展爱国主义卫生运动的高潮。

在省委宣传部的指导和帮助下，吉林省爱国卫生运动委员会在9月间举行了"美帝国主义细菌战罪行展览会"，在吉林市展出一个月，参观群众达98800人次，在延边展出20天，参观群众达50000余人次，收到了很好的教育效果。

---

① 吉林省档案馆藏：《吉林省人民政府文件》（1952）2-8，第42、43页。

吉林市师范附属小学参观后，学生们积极行动起来，开展校内家中的大清扫活动，并组织起来到郊外捕鼠，7天共捕鼠3800余只。

通化地区在辽东省委"必须组织各种宣传力量，紧急行动起来，为扑灭细菌而斗争"的指示下，通化抗美援朝分会于3月10日向全区各县、区分会和委员发出通知，"美国侵略军不仅在朝鲜战场上使用细菌武器，近又把细菌散布到中国人民身上来……美帝这一惨无人道灭绝人性的罪行，企图杀害中朝人民，挽救他们在朝鲜的失败命运，因而中朝人民和全世界人民绝不能容忍"。通化市委、市政府随即成立了反细菌战指挥部，号召全市民众立即行动起来，投身于反细菌战的工作中，提出了"消灭一个毒虫，就等于消灭一个美国兵"的口号，极大地鼓舞了通化人民反细菌战的士气和取得反细菌战胜利的信心。3月上旬，通化市委、市政府成立了市防疫指挥部，并于3月18日至25日举办了"揭露美帝国主义细菌战滔天罪行展览会"，会上展出了各种昆虫标本、介绍了捕捉方法、宣传了环境卫生知识，参观人数达16543人次。通化铁路分局加强对各基层党委的领导，抽调专人组成专职宣传队，利用展览会（有漫画、连环图、毒虫、显微镜下的细菌标本等实物）和防疫文娱节目、幻灯片、电影等形式，在市内各地进行了21天广泛深入的宣传活动，参观展览的群众达6149人次，观看防疫文娱节目的群众达14800人次。海龙县举办"揭露美帝国主义细菌战滔天罪行展览会"，参观群众达6543人次。会上展出了各种细菌毒虫标本，并介绍了捕捉方法。梅河口铁路分局抽调专人组成宣传队，利用展览会（有漫画、连环图、毒虫标本、显微镜下的细菌标本等实物）和防疫文娱节目、幻灯片、电影等形式，参观展览的群众达2149人次，观看防疫文娱节目的群众达8800人次。

1952年3月15日，长春市医士学校400余名学生、防疫站2个防疫机动队，深入街道居民组进行反细菌战宣传。医士学校王静义的母亲、妹妹、孩子都是被日军制造的细菌害死的。当他知道美帝国主义又来投放细菌毒虫，他马上写决心书，要求到细菌战的最前线去。铁路医院全院医务工作人员在21日宣誓，"祖国需要时，我们全部人员投入到细菌战的最前线"。传染病防治院全部人员参加游行，洪引院长痛斥了美帝国主义灭绝人性、侮辱科学的滔天罪行。各界人民心中都燃起怒火，学校、居民的代表都表示要彻底做好清扫、防疫工作，用实际行动回击美帝国主义的细菌战。

3月21日，双阳县各界4000余人举行示威游行大会，会上通过抗议书，各界人民一致表示，"双阳县各界人民为了保卫世界和平、正义，为了保卫幸福生活，绝不允许美帝国主义的残暴行径发展下去，我们要紧急行动起来，做好防疫工作，保证完成增产任务，争取抗美援朝的彻底胜利"。

3月23日，长春市80000余人在胜利公园举行了反对美帝国主义细菌战集会，会后举行了示威游行。《长春新报》召开了"各界代表反对美帝国主义细菌战争座谈会"。代表们一致表示响应党和政府的号召，动员全市人民为战胜美帝国主义的细菌战而斗争。大会开始后，市长申力首先讲话。他说，"长春人民亲眼看见或亲身遭受过日本法西斯制造细菌的毒害，也亲眼看到日本法西斯的死亡；美帝国主义这一万恶的毒计，不但不能挽救其不可挽救的失败和垂死的命运，而且一定会遭受更惨重的失败！一定会加速其死亡"！他号召全市人民继续加强抗美援朝的正义行动，彻底完成"三反""五反"的斗争任务，以支援中国人民志愿军和朝鲜人民军，并给予细菌战犯们以毁灭性打击；更要组织起来，彻底清扫、扑灭各种细菌媒介物，使一切细菌、毒虫没有活动、蔓延的可能。长春市科学工作者联合会主任、东北师范大学副校长张德馨代表长春市科学工作者讲话时说，"美帝国主义竟用为人类增进健康和福利的科学来制造细菌武器，屠杀、毁灭和平人民，这是罪不可赦的"！

他坚决相信，在中国共产党和人民政府领导下，科学工作者和各界人民同心合力，一定能战胜美帝国主义的细菌战。军医大学副校长李先农说，"我们完全有办法把细菌和细菌战犯一并消灭掉！因为我们有足够的防疫力量，而且正义是属于我们的"。中国人民志愿军休养员代表房超表示，要争取早日重返前线，消灭美帝国主义细菌战犯。劳动模范杨贵卿说，"全市工人阶级要进一步把'三反''五反'运动进行到底，打退资产阶级的猖狂进攻，加强生产，支援中国人民志愿军；更要加强清扫、防疫工作，勇敢参加防御细菌战的斗争"！郊区农民代表广宁王屯村民张子彬在控诉"一〇〇"部队制造并使用细菌屠杀中国人民的罪行后说，"今天美帝国主义者又搜罗日本细菌战犯，在东北及朝鲜战场散布细菌，我们决不让这一滔天罪行重演"。

参会群众在通过了长春市人民反对美帝国主义进行细菌战的抗议书后开始游行。浩浩荡荡的队伍以愤怒的呼声向细菌战犯示威。游行队伍沿途高呼，"坚决拥护周外长声明，抗议美军撒布细菌毒虫罪行""全市人民动员起来，开展灭虫防疫运动，粉碎美国恶毒阴谋""贯彻'三反''五反'斗争，增强抗美援朝力量"等口号。

3. 爱国卫生防疫运动

为了动员和组织全省广大人民群众积极行动起来粉碎细菌战，1952年3月，吉林省委要求迅速建立各级卫生防疫组织，立即开展全民性卫生防疫运动，对已发现细菌毒虫地区，要派防疫队协同当地群众迅速扑灭，同时要在城市、交通要道及工矿地区开展防疫注射工作，普遍发动群众大搞清洁卫生运动，使防疫和扑灭细菌毒虫运动家喻户晓、人人参与。

为了加强反细菌战的准备工作，吉林省政府于1952年3月4日连续下发了吉卫医字第1号和第2号命令。第1号命令中称，"我省与朝鲜接壤，以集中防疫力量，发生后立即消灭，为此特令延边大学医学部（二年级以上之学员），吉林省医士学校（医士班），提前讲授：微生物学、传染病及流行病学、防疫学，以防一旦敌机在我省境内散布细菌，有力地即时捕灭"。[1] 第2号命令中称，"延边专员公署：东府（52）卫字第473号命令内称：'特命令卫生部速派防疫人员，在中朝国境主要口岸即：图们、辑安（今集安）、临江、长间河口及安东（今丹东）五地设立与加强国境检疫所（每个口岸须有一个分队）。'特决定：'立即加强与恢复你处所

---

[1] 吉林省档案馆藏：《吉林省人民政府文件》（1952）2-8-37，第1页。

之各级防疫组织机构，并要积极行动起来。''发现高热或疑似传染病患者立即以最快的方式，逐级上报，并同时请求防疫化验人员，进行细菌化验判定。''各地必须于沿江地区及城镇郊区选择适宜地方建立隔离所，以备收容患者及大量收容留验人员。细菌化验工作应以图们交通检疫所为技术指导机关。'"① 按照吉林省政府的指令要求，各地先后行动起来。延边地委、专署接到命令后，立即召开紧急防疫会议，地委书记朱德海作了题为"关于结合目前中心工作，做好对敌人撒布毒虫的措施，开展群众性的春季防疫工作"的报告，要求各级干部和群众积极行动起来，参加反细菌战，开展爱国卫生运动。

3月6日，吉林省防疫委员会成立，省政府副主席徐元泉为主任委员，刘建平、赵公民为副主任委员。随后，各市县相继成立了各级防疫委员会及小组（街道、农村以上设委员会，屯以下设小组）。仅据17个市县不完全统计，市、县、区、街、村及机关、团体、学校、厂矿、企业各级防疫委员会共3625个，计21303人；其中专职人员61名，卫生委员2984人，卫生员7528人；卫生小组36594个，组长36594人；民办防疫队2097队，共51852人。②

---

① 吉林省档案馆藏：《吉林省人民政府文件》（1952）2-8-27，第4页。
② 吉林省档案馆藏：《吉林省人民政府文件》（1952）2-8，第11页。

第七章 | 抗美援朝运动中吉林省的反细菌战

3月9日，长春市防疫委员会成立，长春市副市长周光任主任委员，市公安局局长任青远、市卫生局局长穆迪生任副主任委员。各区防疫委员会和长春铁路、公安、军队等12个系统防疫委员会也相继成立。各机关、团体、工厂企业、学校、街道、农村等基层单位成立了防疫指挥处，共287个，成立5个机动防疫队，随时准备执行任务。3月12日，长春市委发出通知，要求各级党组织紧急动员起来，把扑灭细菌毒虫作为当前的紧急战斗任务。督促和协助广泛深入的动员教育，务使家喻户晓，人人皆知，提高警惕，反对麻痹大意，注意防止惊慌失措情绪。对各级人民政府和防疫机关为此所发布的指示和决定，切实遵行，不得有丝毫怠慢。同时指出，只要大家提高警惕，作好准备，是完全可以挫败敌人的细菌战的。

同时，全省城乡又掀起了清除垃圾污水、垫圈填坑和消灭毒虫的卫生防疫热潮。长春市50万人积极行动，掀起全市性的大清扫灭虫运动，扑灭传染病菌虫类，肃清其栖息繁殖场所。（到9月统计，全市共清除垃圾267.815吨、粪便43.795吨、填平水坑24-285立方米、疏通沟渠42.144立方米、改善水井1.541口、改造厕所12.744个。）3月18日，在净月潭冰面发现可疑昆虫200多个，之后在其他区发现大量蜘蛛、黄甲虫、蚂蚁、苍蝇、蚊子、臭虫等可疑

辑安（今集安）第一小学学生积极参加反细菌战斗争，这是他（她）们在清理学校附近水沟中的淤泥和垃圾

昆虫,撒布面积累计达206637.056平方米。发现可疑昆虫后，各区迅速组织群众扑杀和埋烧处理，并取样化验。6月为推动爱国卫生防疫运动深入持久地开展，长春市举办了"爱国卫生防疫展览"，35000余人参观，各基层单位和街道居民组、村屯订立了爱国卫生公约和卫生检查制度。3月至7月，对医务人员进行了反细菌战卫生防疫训练，计1236人，

培训街道卫生组长 716 人、卫生员 5641 人，同时还培训部分饮水消毒员、炊事员。全市对中小学校学生 23800 余人进行了卫生防疫知识教育。这些人在卫生防疫工作中起到很大作用。为预防传染病的发生和流行，3 月至 6 月，先后进行了种痘和各种疫苗接种，达 993728 人次。

为消灭细菌毒虫，防止疾病扩散，吉林省抗美援朝分会还向全省各市县抗美援朝分会发出紧急通知，成立反细菌战指挥部。以海龙县为例，在县防疫委员会设立指挥部，以健全各级防疫组织加强病菌防控。海龙县防疫指挥部成立后，组织 102 人的宣传队伍，深入街道、农村进行防疫宣传；发动群众对空监视，组织扑虫队及时扑虫，掌握疫情；进行防疫注射与开展环境卫生整治。3 月 18 日，全县组织青年和学生 1.6 万余人，消灭大量带有细菌的苍蝇、蚊子、老鼠。据不完全统计，全县共捕杀老鼠 1.5 万只，扑蝇 168.9 万只，处理大小水坑 1500 多个，清除粪便 218 吨，填堵鼠洞 1550 个，拆洗衣服 1.5 万件。分两次为 1.2 万余人注射预防鼠疫疫苗、为 1.1 万余人接种四联疫苗；分 3 次为 1.2 万余人接种五联疫苗、为 1.1 万余人接种牛痘。梅铁分局管区内共计捕杀老鼠 4.5 万只，灭蝇 386.9 万只，处理大小水坑 1000 多个，清除粪便 400 多吨，填堵鼠洞 2555 个，拆洗衣服 6.48 万件，注射预防鼠疫疫苗 2 次达 3.2 万人。

由于防疫及时、方法得当,海龙县虽然是细菌撒布重灾区,但全境没有发生大的疫情。

在反细菌战中,全省各行各业有序有组织地开展大清扫、扑灭毒虫活动,有效地防止细菌、病毒的传播和蔓延。

通化铁路分局于1952年3月7日成立了防疫委员会,各站段还成立了防疫小组。通化地区铁路职工家属,在纪念"三八"妇女节大会上,提出了开展卫生捕鼠灭虫竞赛的倡议。会后,有120多名职工家属参加了灭鼠队。有些职工家属把孩子留在家里,到野外去扑灭美国侵略者撒布的细菌毒虫。他们提出,"消灭一个毒虫,等于消灭一个美国侵略者"的口号,当他们捉到一个毒虫时,就愤怒地喊,"看!又捉到一个可恶的美国侵略者"!据不完全统计,1952年春夏两季通化铁路分局管区内共捕杀老鼠45130只,扑蝇3689000只,处理大小水坑1000多个,清除粪便418吨,填堵鼠洞2550个,拆洗衣服64800件,注射四联疫苗2次达29500多人,五联疫苗3次达19700余人,接种牛痘1次达21100余人。

驻通化第31陆军医院(第206医院前身)根据卫生部关于"建立检疫制度,进行疫情侦查,扑灭敌投物,开展军民卫生活动,以彻底消灭美帝国主义细菌战"的方针,开展了行之有效的反细菌战工作,取得了显著成效,受到上级和地方的多次表扬，并荣获"卫生防疫先锋"锦旗。经过通化转入后方医院的伤病员，凡传染病患者一律截留在通化治疗。为防止传染病传入后方，避免疫情扩散，陆军医院建立了检疫制度，加强免疫接种和消毒隔离制度。前线伤病员到通化陆军医院后，一律剃头头（女兵除外），洗澡后衣服全部更新（旧品消毒后报废），检疫一周，并人人进行免疫接种，接种率达 97.6%（少数危重伤病员免于接种），并制定严格的《反细菌战卫生防疫守约》。通化陆军医院成为阻断朝鲜前线传染病人转入后方的重要关口，在反细菌战的整体战略中，发挥了极其重要的作用。

吉林省委于 1952 年 3 月 12 日转发东北局《关于美机撒布细菌毒虫问题的指示》，"美帝国主义已对我东北地区撒布细菌毒虫，自 2 月 29 日至 3 月 8 日已先后在吉林蛟河、磐石等地，先后发现大量毒虫，因此，组织与发动广大人民扑灭细菌毒虫，已成为东北地区各级党委当前紧急的战斗任务"。"已发现细菌毒虫地区，应立即派防疫队协同当地群众，迅速扑灭。扑灭的方法，是用食盐水（10 斤水，2 斤盐）、开水、热灰、火烧、烟梗水、扑打等方法，同时还要发动群众制造适合当地情况的其他消灭毒虫的方法"。"首先以城市、交通要道及工矿地区开始进行防疫注射，应普遍地发动群众进行清洁卫生运动，清除垃圾、污水，消灭蚊、蝇、虱、蚤，垫圈深挖厕所等，要把防疫扑灭细菌毒虫做到家喻户晓"。[1]为了保证中国人民志愿军和朝鲜人民军伤病员在医院住院治疗中有良好的治疗环境，避免细菌病毒的传染，1952年3月17日，吉林省政府根据中国人民解放军东北后勤部卫生第一医管局的要求，给吉林、长春、蛟河、敦化、延吉、舒兰、榆树、扶余、怀德、安图、磐石等11个市县政府发出指示（吉办字第49号），"各市县防疫委员会应吸收各医院负责人参加，统一力量，共同进行防疫工作，即组织群众帮助医院做好环境卫生防疫工作"。[2]

吉林省卫生防疫部门从4月中旬到5月末进行了科学卫生知识培训工作，先后"参加培训的医务人员共有73965人，其中卫生行政干部1662人，基层卫生人员12007人，中西医务人员3376人，在省文教厅积极支持与帮助下，训练大中学校师生及小学教师共56919人"。[3]经过培训的基层卫生人员，中西医务人员及学校师生都起到了很大作用，成为吉林省反细菌战卫生防疫运动的骨干，有效地控制了传染病的扩散和传播。延吉县龙山村小学校长朴在洪组织师生开展宣传教育活动，使全村群众都知道反细菌战及开

---

[1] 吉林省档案馆藏：《中共吉林省委文件》（1952）1-22，第20页。
[2] 吉林省档案馆藏：《吉林省人民政府文件》（1952）2-8，第6页。
[3] 吉林省档案馆藏：《吉林省人民政府文件》（1952）2-8，第10页。

展"一捕五灭八净"活动的重要意义,把爱国卫生运动做到了家喻户晓。

为有效控制传染病的扩散和传播,保证人民群众的身体健康,吉林省政府于1952年5月6日发出《1952年吉林省防治鼠疫工作计划》(吉卫保字第4号),指出,"结合反对美国细菌战,在防治鼠疫工作中,充分发挥群众与科学相结合的作用,开展杀鼠、灭鼠及搞好环境卫生工作,从而奠定今后消灭鼠疫的基础,以保证国家生产建设任务之顺利完成,及取得反对美国细菌战的胜利"。[①] 同时强调,"防治鼠疫必先以铁路沿线、大城市,及过去10年间发生过鼠疫的地区为重点,各地防疫部门一定要充分发挥检查督促作用,充分发挥群众防疫组织的作用,发现疫情及时汇报,建立防疫工作制度,采取相应的措施,及灭鼠灭蚤等具体方法"。吉林省爱国卫生运动委员会先后4次派出检查组深入基层进行检查指导工作,同时又先后4次召开全省爱国卫生运动汇报会议,从中总结各地开展爱国卫生运动的经验教训,对全省爱国卫生运动顺利进行起到了很大的作用。

以反细菌战为中心内容的爱国卫生防疫运动的深入开展,提高了各界人民的爱国卫生意识,改善了全省卫生面貌,

---

① 吉林省档案馆藏:《吉林省人民政府文件》(1952)2-8,第18页。

★ 抗美援朝后援地

抗美援朝期间，东北人民大学科研人员与医学生物专家组成反细菌战检验队，开展对美国细菌武器的研究

提高了人民群众的健康水平，1952年各种传染疾病的发病率比上年降低了35.7%，有力地保证了"三反""五反"、增产节约运动的顺利开展，推动了抗美援朝运动和生产建设等各项任务的完成。

4. 反细菌战取得胜利

爱国卫生运动调动了广大群众的积极性，改善了环境卫生和个人卫生，减少了病媒体动物，不仅未因细菌毒虫而造成疫病的流行，相反各种传染病及时得到了有效的控制。在爱国卫生运动中开展较为深入的市县有，"吉林、扶余、延吉、农安、乾安、长岭、郭前旗、和龙、长春、磐石、永吉、九台、珲春、汪清、安图等15个市县，占全省60%，全省已有75%至80%的群众参加爱国卫生运动"。① 机关中的"图们关、省市法院、省税务局、省计委会、延吉电业局等为好"。但是，不能深入经常的，一阵风似的情况也存在，例如："榆树，怀德，德惠3个县，一阵风似的情况占45%"。由于各地爱国卫生运动开展得不均衡，个别地区对反细菌战的重要性认识不足，防疫工作做得不完全彻底，在吉林省个别地区传染病出现了复燃现象。

吉林省委、省政府发出《关于加强爱国卫生运动与控制疫情的指示》（吉办字164号）指出，"我省吉西鼠疫区7个县中，已有5个县发现活菌鼠疫，4个县患有鼠疫35人，已死亡10人，疫情已散布到8个区10个村、屯，疫区仅距中长路蔡家沟车站7千米，邱家沟车站5千米（距三岔河14千米），该两站已封锁，车到站不停，禁止下车，疫情仍在发展中，情况渐趋严重。乾安县发生之疑似疟疾89人中已死亡6人，从5月发病迄今未痊愈（尚有27人未愈）且屡治亦无效。舒兰朝阳区曾发生急性脑炎4人，4小时内

---

① 吉林省档案馆藏：《吉林省人民政府文件》（1952）2-8，第131页。

即死亡3人（另1人送医院仅延续两日已死亡）。长岭县1人患炭疽又继续发展，这些疫情除鼠疫外，均为历史上未曾有过的传染病，应引为警惕。'根据上述已发生之疫情看，稍一疏忽，即有流行的危险，加强爱国卫生运动控制疫情是很重要的'。'疫情比较严重的县应指定专人负责掌管布置与检查爱国卫生运动及疫情，并应把积肥与环境卫生运动具体结合起来'"。①

为进一步推动全省爱国卫生运动的深入均衡发展，保证人民的健康，大力开展经济建设，全力支援抗美援朝战争，吉林省政府于1952年9月5日发出《关于各地认真贯彻爱国卫生运动的指示》（吉卫疫字第11号），指出，"爱国卫生运动5个月以来，各地都取得了不小的成绩，不仅揭露与粉碎了美帝国主义撒布细菌企图破坏我人、畜健康、生产建设的阴谋，而且使得我们的环境卫生、个人卫生有了空前的改进。这不仅是反细菌战的胜利，也是卫生建设上的重大收获。但由于各级行政领导重视的不同，使这一运动发展极不平衡"。"甚至发生不良的后果，如敦化森林作业所虱脑炎的发生，郭前旗鼠疫的续发与蔓延，乾安县疑似疟疾的传染病的流行蔓延，都是与当地领导重视不够

---

① 吉林省档案馆藏：《吉林省人民政府文件》（1952）2-8，第36页。

分不开的"。"我省吉西疫区鼠疫已在几个县持续发生,而急性脑突亦有发生死亡率 100% 的,故传染病仍严重地威胁着我们,稍一麻痹大意,疫病就有大流行的危险,因此,我们必须充分认识 9 月份反细菌战的重要意义,并积极准备力量,迎接这个决战性的斗争,取得今年反细菌战的最后胜利"。①

吉林省委、省政府本着"广大干部群众的身体健康是一切胜利的先决条件"的原则,提出了为了保证健康,完成中心任务必须将爱国卫生运动更好地开展起来。为此,提出了四点具体要求:"(1)各级领导干部必须把爱国卫生运动当作一个对敌斗争的严肃政治任务,在现有的基础上继续发动群众将运动大规模地展开,以达到深入彻底,保持经常;(2)迅速将原有的防疫组织从干部质量上加以调整充实,严格纠正各级防疫组织流于形式及忽视爱国卫生运动的严重现象;(3)必须善于和各种任务相结合,各项竞赛项目必须将作好爱国卫生运动列为第一项,加强领导,认真布置,严格督促检查;(4)各地在定期总结汇报中,必须将卫生防疫工作作为总结内容之一,定期向省汇报"。②

在开展爱国卫生运动、反细菌战中,全省先后涌现出

---

① 吉林省档案馆藏:《吉林省人民政府文件》(1952)2-8,第 42 页。
② 吉林省档案馆藏:《吉林省人民政府文件》(1952)2-8,第 42 页。

★ 抗美援朝后援地

"扶余县、图们市、龙井市、延吉市4个爱国卫生模范县市，农安县第5区、第7区、长春市小双城堡区3个爱国卫生模范区，吉林市新地号街、西仓街、长春市小南岭、延吉县大兴村、吉兴村、龙山村、大成村、磐石县冉家屯等爱国卫生模范街、村、屯，吉林市橡胶厂爱国卫生模范工厂，磐石县初级中学爱国卫生模范学校，图们关、省市法院、省税务局、省计委会、延吉电业局等爱国卫生模范机关，以及省级以上的模范地区与模范单位30余处"。全省各地还涌现出"常忠兴、朴京姬、杨树堂、郭学文、李海山、孙九伦、郑道俊、赵德英、葛敬一、李忠阳、朴在洪、苏民、金享仲、李宝昆等省级以上的爱国卫生模范人物"。[1] 他们在爱国卫生运动中作出了很大贡献。孙九伦带领广大群众把农安县第5区改变成为卫生模范区；郭学文先后组织动员9170人，把60年前遗留下来的深2米、长宽各800米的臭水坑填平，变成群众运动集会的场所，疏通长1500米、宽15米、深2米的死水沟，修大小15座桥，铲除杂草7560平方米，同时，自己拿钱买了竞赛奖品奖励劳模；杨树棠组织动员群众6795人，大车180台，运出垃圾、炉灰8468吨，运进沙土721吨，修补7米宽的道路45

---

[1] 吉林省档案馆藏：《吉林省人民政府文件》（1952）2-8，第43、44页。

条，总长 9392 米，修挖 1 米宽的水沟 55 条，总长 7089 米，修理脏水井 49 口，新建水井 116 口；李忠阳在磐石县冉家屯修建农村简易澡堂，并在农村推广，对搞好个人卫生起到了很大作用。在全省涌现出的大批模范人物中，有工人、农民、防疫人员、妇女、学生、中西医护人员、人民代表和机关工作者，他们具有广泛的代表性，对推动各方面的卫生工作起到了模范带头作用。

据统计，"截止到 1952 年 12 月中旬，全省新凿与改良水井共 159625 口，新修与改良厕所 537171 个，疏通沟渠 2069601 米，填平污水坑 73007 个（合 580053 立方米），新建与清理下水道 3905 条（合 403547 米），运出粪便 1459232 吨，运出垃圾 3914587 吨。共捕鼠 20649000 只，堵鼠洞 4439967 个，捕苍蝇 52800 斤，抹堵树洞 199520 个，堵洞下药 145530 处，药物灭蚤面积 3638626 平方米"。"吉西七县预防接种、注射鼠疫活菌菌苗 1787758 人份"。[①] 通过开展大规模群众性爱国卫生运动，全省城乡面貌焕然一新，环境卫生和个人卫生得到了根本性的改变，疫病、传染病被全面控制。

为了保证战斗在抗美援朝前线的中国人民志愿军指战

---

① 吉林省档案馆藏：《吉林省人民政府文件》（1952）2-8，第 43、44 页。

员的身体素质，及时将高质量的肉类食品分给朝鲜人民和中国人民志愿军，1952年11月18日，东北人民政府发出《加强军需肉类的卫生检疫工作》的公函，指出"目前，各地合作社为供应军需正在大量收购活猪、白条猪。为了保障部队指战员的身体健康，军需猪肉的卫生检疫工作，各地必须当作政治任务来完成"。"保证军需肉纯净不含病菌，关键在于做好屠宰场的卫生检疫工作。因此，各地卫生机关、兽医机关，必须加强牲畜交易市场、屠宰场的卫生检疫工作的领导，配备必要的干部，经常督促检查。军区后勤部决定四平市、吉林市、长春市等十一地为集中、转运白条猪的地点，各地方的卫生机关，必须临时组织检疫人员，对集中待运的白条猪进行抽查复验。各地卫生部门要大力配合"。① 吉林省人民政府遵照东北人民政府（52卫字第3305号）函示，于1952年12月12日发出《关于加强军需肉类供应中的卫生检疫工作的指示》（吉卫保字第17号），对吉长两市和舒兰、九台、永吉、长岭、榆树、磐石、德惠、伊通、怀德、扶余、郭前旗、农安等12个市县人民政府提出八点要求，重点指出"把好屠宰场环境卫生及屠宰人员个人卫生关；在舒兰、九台、永吉、磐石、榆树五

---

① 吉林省档案馆藏：《吉林省人民政府文件》（1952）2-8，第13页。

第七章 | 抗美援朝运动中吉林省的反细菌战 ★

志愿军防疫队给驻地居民注射免疫疫苗

县，设立由铁路局检查人员和当地人民政府的卫生员、兽医人员共同组成的检查组，由当地卫生检疫人员负责初检，铁路检疫人员负责复检，发给合格证后方准上车运输；非铁路沿线的其他各县组成足够的卫生人员、兽医人员联合检查组，并与铁路取得联系，共同复检，然后由铁路运出，到吉长两市集中，由吉长两市联合检验组复检。争取带病菌猪肉无一运出，确保军需供应"。各市县人民政府按照吉林省人民政府的指示迅速落实，为中国人民志愿军送去最好的肉类食品。

为了全面控制疫病的传播，不让各种疫病、传染病重新滋生蔓延，中共吉林省委、吉林省人民政府号召全省各界群众在1953年3月开展爱国卫生突击运动月活动。为确保卫生突击月活动不流于形式，4月13日，中共吉林省委又发出《加强对爱国卫生突击运动月的领导的指示》，要求各市县加强爱国卫生宣传工作，克服麻痹思想，要进行具体组织工作，把爱国卫生运动与生产结合起来。各市县在原有的良好卫生基础上，先后开展了爱国突击运动月活动，进一步搞好环境卫生和个人卫生，严防疫病、传染病滋生。

1953年夏季，中共吉林省委根据长岭县委和省爱委会及东北局疫情报告，发现长岭县鼠疫不断发生，完全有可能出现疫情传播并蔓延的危险。经省卫生厅和省鼠疫防治站派人联合检查，发现所到之区、街、村、屯发现家鼠较多，环境卫生及防疫工作均不好，有鼠疫传播成灾的可能性。为有效控制鼠疫及其他传染病的发生与流行，保障人民的健康及当前各项中心工作的顺利进行，吉林省委在1953年

8月1日，发出了《关于防疫工作的指示》，提出"应即大力组织群众开展捕灭家鼠、堵绝鼠洞，迅速做好环境卫生工作。加强对群众及干部的教育，提高警惕，克服麻痹大意思想。区委统一部署，指定区级干部专管鼠疫预防工作……加强检疫工作，发现鼠疫患者及时封锁隔离救治，严格控制疫情蔓延以致造成不应有的损失"。长岭、农安、扶余、郭前旗、怀德、乾安等县委按照吉林省委的指示精神，迅速落实。经广大群众共同努力，完全控制了鼠疫的发生和流行。

至此，吉林省开展爱国卫生运动基本结束，标志着吉林人民反细菌战取得了胜利。

★ 抗美援朝后援地

1952年吉林省反细菌战防疫工作统计表（1）

1952.12.20

防疫工作项目	防疫部门数（个）	参加人数（人）	备注
各级防疫委员会	3 625	21 303	
其中：专职人员		61	
卫生委员		2 984	
卫生员		7 528	
其他			
防疫小组及组长	36 594	36 594	
民办防疫队	2 097	51 852	
卫生知识训练		73 965	
其中：行政干部		1 662	
基层卫生队员		12 007	
中西医务人员		3 376	
大中学校师生		56 919	
合 计	42 316	183 714	

· 234 ·

第八章

抗美援朝运动中吉林省的反谍锄奸

新中国成立前夕,不甘于在正面战场节节失利的国民党政府有计划地在大陆潜留了大批特务,并聚集溃散的国民党军队,会同惯匪、反动会道门组织、地主恶霸,组织反动土匪武装,企图与中国共产党和人民政府长期对抗,破坏新生的人民民主政权,寻机反攻大陆。

朝鲜战争爆发后,吉林省边境地区残存的国民党军队、土匪、特务、反动会道门等反革命组织和分子开始蠢蠢欲动,妄图策应国民党反动派反攻大陆。这些特务和土匪认为"第三次世界大战即将爆发""黑暗将过,黎明即来",气焰十分嚣张,到处散布谣言,破坏经济建设,残害革命干部和群众,围攻基层人民政权,扰乱社会秩序,烧杀抢掠无恶不作。同时,美帝国主义也采取空降和边境偷渡等形式向吉林省境内派遣间谍特务,进行情报、暗杀、爆破等活动,企图在沿边境、沿江河山林地带建立"游击根据地"。对此,吉林人民根据党中央部署积极开展肃清匪特、镇压反革命运动。

1. 边境反谍特战斗

吉林省是抗美援朝战争的桥头堡与战略后方基地。同时由于临近中朝边境,延边、通化等地也是敌特和反动势力活动比较频繁的地区。为了更好地支援抗美援朝运动,

第八章 抗美援朝运动中吉林省的反谍锄奸

针对新的斗争形势，根据中共中央和东北公安部的指示，吉林省公安厅增设了边防保卫处，统辖和龙、延吉县（今龙井市）、图们、珲春等4个边防分局和24个边防公安派出所。吉林省公安边防部门成立后，在打击派遣特务和防范敌特破坏活动中发挥了重要作用。

为了适应抗美援朝战争和国内肃清反革命斗争的需要，由各检查站负责对国境桥梁的警卫。警卫任务的重点是保障军列畅通、安全和渡口的安全，防范敌特破坏，打击各种非法越境。主要职责是负责边疆保卫，军事警卫与政治警卫任务；掌管边防侦查，配合军队和地方民兵及有关部门打击潜伏的间谍特务、土匪，及偷越国境、走私犯罪活动。吉林省公安边防部门的主要任务是：打击间谍特务和一切反革命破坏活动，镇压土匪、恶霸、特务、反动党团骨干和反动会道门骨干。抗美援朝期间，全省公安边防部门对边境前沿村屯广泛深入地开展了社会调查，发现了反革命分子和敌伪社会基础、社会关系复杂、来历不明的可疑分子，并和公安机关一起侦破特务派遣案件5起，反革命集团案件18起，涂写反动标语、制造谣言，预谋爆炸、暗杀等现行反革命案件65起。

1950年11月3日15时20分，美军飞机侵入长白县八道沟村上空。境内反革命分子在地上摆白纸、摇扫帚、帽子为敌机指示目标,致使敌机炸毁小学校房屋1座,居民住房24户,烧毁房舍55间和其他物资。长白县边防部门,根据群众提供的线索,侦破了这起派遣特务案件,抓获反革命分子邢春才。

不久后"南朝鲜"(韩国)"白骨部队"成员李学洙,以探亲为名,多次潜入长白县马鹿沟乡搜集中国人民志愿军情报,并发展特务组织。在递送情报时,被公安边防部门抓获。

1951年1月,根据东北公安部《关于建立边防公安检查站的指示》,将延吉县(今龙井市)的图们桥头边防公安派出所和开山屯、三合、珲春县的沙坨子等口岸派出所,分别改为延吉县(今龙井市)、珲春县人民政府口岸公安检查站;在和龙南坪增设和龙县人民政府口岸公安检查站。图们口岸公安检查站为专职检查站,其他几个口岸站,因过往人员极少,除担负检查任务外,还负责边防线的警戒任务。

同年4月,延吉县(今龙井市)公安边防部门侦破"白头虎部队""大韩民国乡保民族团"等反革命集团案。主犯金风和、赵哲雄合谋越境到"南朝鲜"(韩国),参加"大韩民国爱国青年"反动组织。同年5月,二人接受回延吉县发展组织的派遣任务,拉拢当地14名落后青年组成"决死队"反革命集团。5月30日,延吉县人民法院依法分别对"白头虎部队"首犯、主犯和主要成员进行了处理。

同年8月,辑安县(今集安市)边防部队破获"普天济佛教会"反动会道门案件。辑安县(今集安市)地沟村农民曲维章自立"普天济佛教会"清查佛主,纠集20余人集会,宣称"世界大战即将到来,共产党要完了,将来佛兵坐天下",组织反动地主、富农诉苦,让贫下中农检讨。辑安县(今集安市)人民法院对曲维章进行了依法处理。

1952年5月,根据中央军委"将全国的边防、内卫和地方公安部队统一编为中国人民解放军公安部队"的决定,吉林省公安厅边防团改由吉林省公安总队领导,11月又改为受中国人民解放军东北民主联军公安军司令部直接领导。

同年10月30日,东北局作出了《关于在山区建立联防捕捉敌人空投特务的指示》。11月4日,吉林省委转发了这一指示并要求各地坚决执行。《指示》明确指出,"为了有效地消灭敌人,各地在当地党委统一领导下,建立联防指挥部,区设联防指挥所,村设联防组,各地区要制订出全面的联防计划,确定联防任务,明确搜捕办法,以便监视敌特活动,严防伞特降落;在联防地区,积极动员群众,划分区域,安岗设哨;对山区居民进行防特教育,布置反特任务,联防部要实行有目的的定期搜山;普遍地教育群众,提高群众的政治觉悟和警惕性"。

根据中国人民解放军东北民主联军公安军司令部的敌情通报，吉林省公安机关组建了长白山区防务指挥所，在深山老林开展反空降斗争。

7月13日，美国中央情报局驻日本特务教官约翰·托马斯·唐奈将5个特务空投到长白山老岭山区；10月8日、10月16日、10月31日，美国间谍机构、国民党特务头目毛人凤、美国空军司令部情报局又连续向蛟河县横道河子南山林区、长白山温泉地带空投特务。经过吉林省公安机关的侦察，在中国人民解放军东北民主联军公安部队的配

美国间谍唐奈和费克图

合下，这些特务全部被歼，无一漏网。

11月29日夜，美国中央情报局派遣间谍唐奈、费克图等人乘机入侵吉林省安图县老岭山区。发现敌情后，吉林省公安部队击落了美机，并活捉了这些美国间谍。这一重大事件通过新闻披露后，轰动中外。毛泽东主席和周恩来总理得到这一报告后，特别高兴并予以表扬，公安部特传令嘉奖。吉林省公安部队击落美国间谍飞机、活捉美国间谍分子，成为揭露美国侵略者扩大侵略战争、挑起第三次世界大战阴谋的铁证。

同时美国国务院陷入一片混乱。被击毙、活捉的美国

被击落的美国间谍飞机

间谍人员的亲属们，纷纷向美国国务院提出抗议，声讨美国中央情报局草菅人命的罪行。美国国务院一怒之下撤销了时任美国中央情报局局长的职务。此后，周恩来总理在出席亚洲和世界会议时，站在国际讲坛上，用击落美国间谍飞机和活捉美国间谍分子唐奈、费克图等人的事实，铿锵有力地揭露了美国侵略者的战争阴谋和罪行。

在吉林省的苏联专家听到吉林省公安部队击落 C-47 型这架由美国飞行员陈纳德作战驾驶过的，并参加过第二次世界大战的飞机后竖起大拇指赞扬不止，表示"年轻的中国侦察队伍能有如此的辉煌战果，真是值得庆贺和学习，中国侦察员真了不起"。

2. 镇压反革命运动

中共中央作出抗美援朝重大决策后，也加速了清剿剩匪、土地改革和镇压反革命的步伐。清剿剩匪、土地改革和镇压反革命作为与抗美援朝战争相关的中心工作，支援了战争，同时也为恢复国内建设提供了稳固的社会基础。

1951 年 10 月 10 日，中共中央发出《关于镇压反革命活动的指示》。

《指示》指出，"为了打击帝国主义的阴谋破坏和彻底消灭蒋介石残余匪帮，为了保证土地改革和经济建设的顺利进行，为了巩固与发展中国人民的胜利，'必须镇压一切反革命活动，严厉惩罚一切勾结帝国主义，背叛祖国，反对人民民主事业的国民党反革命战争罪犯和其他怙恶不悛的反革命首要分子'；必须对于一切'继续进行反革命活动'的分子'予以严厉制裁'；'必须坚决地肃清一切危害人民的土匪、特务、恶霸及其他反革命分子'。'全党和全国人民对于反革命分子的阴谋活动，必须提高警惕性'。这是党中央、毛主席和人民政协的共同纲领，关于镇压反革命活动和肃清反革命残余问题，所给予全党和全国人民的明确指示，也是全国人民目前迫切的要求"。

《指示》要求，要克服由于胜利而发生的骄傲轻敌思想和在镇压反革命中出现的"宽大无边"的严重右倾倾向，各级党委要领导与督促主管部门，按照"镇压与宽大相结合"的政策，坚决打击和镇压反革命活动，同时也要防止乱打乱杀和逼供的左倾行为。

《指示》规定，"关于执行镇压反革命活动的工作情形，各中央局必须于本指示发出1个月内即11月10日以前，作出第一次报告，并定出今后执行的方针和计划，电告中央批准，然后照此执行"。"各中央局所属的分局、省委、大市委、区党委，关于在自己区域执行镇压反革命活动的工作情形及自己的工作计划，必须于本指示发出40天内即

11月20日以前,向各中央局作第一次报告,此项报告同时发给中央一份。此后各中央局及分局,省委、大市委、区党委,均须每四个月由党委书记负责,向中央及中央局作关于镇压反革命问题的专题报告一次"。

10月16日至21日,公安部召开全国公安会议,中央人民政府副主席刘少奇、政务院总理周恩来和政务院政法委员会副主任彭真到会作了指示。会议认为,必须坚决地、准确地执行中央指示,才能做到稳、准、狠地打击反革命活动。会议在公安部部长罗瑞卿主持下,决定"对已逮捕和尚未逮捕的反革命分子,要杀一批,关一批,管一批,杀、关、管三者缺一不可;对帝国主义特别是美帝国主义特务、间谍组织及分子要关一批,赶一批;对一贯道等会门,在老解放区,实行公开的正面进攻的方针,党政军民一齐动手,彻底摧毁这一反动组织,在新解放区则先搞掉反动头子并为公开的正面进攻准备必要条件;对反革命谣言实行讲、驳、追三字政策,即加强宣传、对谣言正面加以驳斥、追究谣言的来源;清理积案与侦捕新案相结合,以镇压现行犯为主;纯洁公安系统内部,宁缺毋滥;为简化处理反革命案手续,镇压及时,又不出乱子,拟与最高法院商定一个改进办法;在少数民族地区一般暂不实行中央10月10日的指示。会议还强调,镇压反革命活动,肃清反革命残余,是当前对敌斗争的重大任务，各级公安部门要在各级党委领导下，积极主动地完成这一任务。

10月28日，中共中央批准了全国公安会议的上述决定。此后，一场大张旗鼓的镇压反革命运动在全国展开。毛泽东高度关注此项工作，从1950年11月至1951年6月，起草有关指示、批转有关报告多达130余件。

东北解放前，吉林省曾经沦陷为日本殖民地14年。东北解放后，吉林省境内的剿匪反霸、清除反动势力斗争也随之取得胜利。但是残存的日伪军、警、宪、特和国民党潜伏下来的特务、反动会道门头子仍伺机反攻。朝鲜战争爆发后，各种残余势力串通一气，组成各种形式的反动组织进行猖狂的反革命活动。以长春市为例，朝鲜战争爆发后，隐蔽在长春市的美蒋特务、土匪、恶霸、反动党团骨干和反动会道门头子等反革命分子，认为"时机已到"，反革命活动特别猖獗。他们散发反动传单，涂写反动标语，放火抢劫，制造谣言，破坏生产，扰乱社会秩序，密谋组织武装叛乱。

为了巩固新生的民主政权，维护人民的根本利益，保障国民经济工作的顺利进行，1950年4月吉林省委根据中共中央《关于镇压反革命活动的指示》精神，讨论了吉林省镇压反革命的问题。1950年11月，吉林省委召开全省公安会议,确定在全省范围内开展镇压反革命运动。1951年5月,全省县委书记会议再次强调,镇反工作坚决实行宽大与镇压相结合的方针,发动群众开展检举、控告和控诉活动,狠、准、稳地打击反革命分子。会议确定,镇反的重点是以长春市为中心的周边各县;镇反的对象是匪首(包括国民党军队头目)、惯匪、恶霸、特务(包括反动党团骨干分子)、封建会道门头子等五类反革命分子;进行的步骤是,先外后内,内外结合,先打击社会上的反革命分子,然后清理被管制的分子。

长春市委认真执行中共中央《关于镇压反革命活动的指示》,采取一系列措施,加强防范,领导全市人民同反革命分子进行坚决斗争,大张旗鼓地开展镇压反革命运动。

1951年4月26日,长春市逮捕了一批反革命分子。27日,长春市宣布被捕反革命分子罪行,并召开政治协商会议,讨论对反革命分子的具体处理办法;28日,长春市召开市、区人民代表控诉会,会后,各公安分局、派出所召开小型座谈会、控诉会,并派干部到各工厂、学校作反革命分子罪行报告,现场展出反革命分子各种罪行照片。29日,长春市政府召开各界人民代表座谈会,到会1250名代表一致要求政府迅速严办反革命分子。5月13日、14日,长春市各区、机关、学校、工厂、企业根据市公安局印发的反革命首恶分子罪行录，召开临时人民代表会议及各单位全体人员会议，进行讨论、控诉，提出处理意见。会上，代表们群情激愤，一致要求对反革命首恶分子处以死刑。15日，长春市召开全市控诉、公审反革命首恶罪犯大会。预计参加大会3万人，实到5万多人。拥挤在会场外的还有万余群众。同时在市内设立30多个广播站、12个街头广播喇叭，9个电影院都挤满了收听大会实况的群众。全市收听这次公审大会实况的群众多达30余万人，会场上拥护人民政府为民除害的口号，此起彼伏。

在镇压反革命运动中，长春市公安机关还破获了国民党"保密局长春站""国防部二厅长春站""军统局东北特技组""东北特别组长春组""督察处""中统局长春区""中统东北工作队"，以及敌特联合组织在长春的最高指挥机关——"党政军特种联合汇报秘书处"等10余个特务组织，破获了中统特务潜伏组于志洋阴谋破坏铁路案、中统特务高文忠火烧工厂案、匪特地下武装"敌后游击队"赵福田案，以及国民党"长春工作队"等特务案件，逮捕反革命分子近1000人。

于志洋为中统长春区第三分区小组长，自从潜伏下来后，暗中网罗军统、中统特务及反动会道门头子、恶棍流氓等，大肆制造政治谣言，屡屡窃取我内部情报。1950年毛泽东主席在苏联访问回国时，于志洋策划炸毁中长铁路企图谋害毛主席。由于公安机关发现及时，侦破措施严密，一举将于志洋等特务集团的19人抓捕归案，为保障毛主席的安全做出了重大贡献。

除了长春市以外，省内其他地区也把镇反运动作为支援抗美援朝运动的一项重要工作积极开展并落实。

1950年10月，吉林市委根据各地和本市发生的反革命破坏活动，发出紧急指示，提出要求：一是结合各种工作和反美宣传进行锄奸教育；二是注意反动党团骨干分子及反革命嫌疑分子的活动；三是认真执行各种防护、保密、安全制度；四是加强防空、防特、防火、防盗、防匪工作。吉林市委还召开专门会议，对锄奸、机关人员审查，对防空工作进行了研究部署，并决定对市内各单位、机关的仓库、物资站等处进行检查，严格执行各种制度，加强警戒保卫工作。由于群众警惕性的提高，各种防范措施得到加强，所以积极开展了对敌斗争，有力打击了敌人的破坏活动。经过深入宣传教育，广泛发动和周密部署，1951年4月27日，吉林市逮捕了一批反革命分子，同时在全市举行广播大会，控诉反革命分子罪行。全市约有18万群众收听了大会广播。5月13日，吉林市召开公审反革命分子大会，约2万人参加公审大会，近20万人收听了广播。

会上对反革命首恶分子进行控诉和判决。根据吉林市公安局《镇反工作总结》记载。到 7 月末为止，全市共逮捕反革命分子 525 人；召开控诉会 1500 多次，收到检举、控诉材料 14000 多份；已审理清结案 439 件；反革命和参加过反动组织的人员 5587 人自首悔过；收缴长短枪 150 支，各种枪弹、手榴弹 2218 发（枚），各种证件 642 件。

在白城地区，由于长期处于日本帝国主义的殖民统治，其特务、土匪、反动党团骨干分子和反动会道门活动频繁，数量较多。解放战争中，经过剿匪、反霸、土改斗争，这些反革命势力曾遭到严厉打击，但仍有残余，隐蔽在乡间，伺机进行破坏和捣乱。抗美援朝运动期间，白城的反动会道门"混元门""一贯道"等积极发展组织，扩大佛堂，并造谣"天下大乱""只有真主出世，才能天下太平"，以此来恫吓群众，扰乱社会治安。国民党国防代号"二六一"潜伏特务组织也乘机大肆活动，利用毛驴车做白铁活为掩护，到处乱窜，搜集情报。

白城市委按照中共中央的指示和吉林省委的部署，从 1951 年 5 月起开展镇压反革命运动，并在分析敌情的基础上，明确了工作方针和打击重点，详细安排了工作步骤和具体做法，统一部署，统一步调，分步进行。首先，各县委成立了镇反指挥部，由公安、司法、检察部门组成联合办公室，成立案件审核、清理积案委员会，进行内查、外调，核实材料，为稳、准、狠地打击反革命分子提供可靠依据。其次，区县两级宣传部门与公安部门成立临时联合委员会，为充分发动群众，利用各种宣传工具和宣传形式在城乡广泛开展镇压反革命的宣传教育活动，宣传党的镇压反革命的方针、政策，使群众明确为什么开展镇压反革命运动，认识到反革命分子对国家和人民群众的危害及其罪恶，分清敌我，敢于揭露、检举隐藏的反革命分子。

通过在城乡广泛深入的宣传，广大群众的革命警惕性提高了，他们纷纷揭发、检举、控诉反革命分子的罪行，很快形成揭发检举高潮，有的自动组织起来，帮助逮捕反革命分子，有的成立自卫队，协助公安人员捆绑、看守和押解罪犯。为了孤立敌人，还通过召开座谈会等形式做争取反革命家属的工作，收到了很好的效果。有的家属极力劝说反革命分子投案自首，立功赎罪；有的家属向政府揭发检举。广大人民群众普遍行动起来，使反革命分子走投无路，不得不坦白交待，悔过自首。

白城地区在充分发动群众的基础上，在掌握反革命分子大量证据的情况下，根据1951年2月中央人民政府颁布的《中华人民共和国惩治反革命条例》中规定的处治反革命案件的原则和方法，于5月下旬和6月上旬逮捕了一批猖狂活动的反革命分子,在县城召开了有各界人民群众参加的公审大会。6月6日,长岭县首批逮捕了反革命首要分子195名。6月28日,全县4万余人参加了公审控拆大会。同时,镇压与宽大相结合,对真正改恶从善的给予宽大处理,有的罪行减轻,有的当场释放。公审大会后,各地在基层进一步发动群众,利用板报、标语、广播、漫画、文艺演出等形式进行广泛宣传,普遍召开群众大会、小组会、代表会、座谈会、报告会,学习《中华人民共和国惩治反革命条例》及报刊的有关文章,开展坦白、悔过运动。随着"彻底坦白,罪大者减、罪小者免、立功者奖"等政策的落实,白城地区一些反革命分子在党的政策感召下,纷纷向人民政府坦白自首,有的主动交出武器,供出自己过去加入的反动组织。

1951年5月,延吉市举行了各界人民抗美援朝代表会议,决定结合抗美援朝运动开展镇压反革命宣传。参加会议的有工人、农民,以及宗教界、商业界、文教界、医疗界等各方面人士100多名代表。会议指出,深入抗美援朝运动要与镇压反革命和各项实际工作结合起来。会上,代表们纷纷表态发言。军烈属金信淑在会上控诉了特务把她的爱人金学俊出卖给日本鬼子的罪行;工人代表元春福表示,"工人们一定好好学习镇压反革命文件,同时加强四防工作",宗教界代表李英表示,"宗教界也要学习惩治反革命条例，肃清反革命分子"。

1953年5月，全省镇反运动结束。在镇反运动中，全省共逮捕反革命分子9180人，依法判刑4507余人，镇压一批罪大恶极的反革命分子，对确有改悔表现者给予宽大处理；全省在清理过程中，有17276人坦白交待了问题，占总人数的6.7%，其中，政治性问题占65%、历史性问题占35%。镇压反革命运动严厉打击了反革命分子的嚣张气焰，基本肃清了反革命残余和反动势力的社会基础，进一步纯洁了党政组织，同时也提高了各界人民群众的政治觉悟和革命警惕性，巩固了人民民主专政，从而保证了抗美援朝运动和国民经济恢复等各项任务的顺利进行。

3. 取缔反动会道门

吉林省境内的反动会道门历史漫长、种类繁多、组织庞大、反动性强。反动会道门从清朝末年传入吉林省，数量一度达到200余种，主要有"一贯道""九宫道""大同佛教会""清宫道""先天道""慈航佛教会""九华盛教会"等。其中"一贯道"历史长，组织庞大，涉及面广，是当时最反动的会道门之一。会道门的头目大多是一些地主、恶霸、流氓、汉奸、特务和反革命分子。他们依附于反动统治阶级，成为其奴役劳动人民的工具。一些反动会道门在日伪时期

第八章 | 抗美援朝运动中吉林省的反谍锄奸 ★

吉林省对宣扬封建迷信活动的反动会道门组织进行打击清理

充当日本帝国主义统治的工具。解放战争时期在国民党的支持和扶植下又发展成为由特务、反革命分子操纵、控制、使用的恶势力。少数反动会道门分子甚至混入基层党政机关。新中国成立后，少数漏网未受到打击的反动会道门头目及其骨干分子仍坚持反动立场。"一贯道""老母道""先天道"等已被取缔的反动会道门也死灰复燃，重新设立开坛，网罗信徒，造谣破坏。

1949年8月15日，吉林省委要求各地必须抓紧处理反动会道门工作。按照要求，各市县（旗）打击反动会道门组织的斗争迅速而有序地开展起来。在开展打击、取缔行动之前，公安机关首先在全省开展摸底、调查和侦查工作，了解反动会道门在全省的分布情况、活动线索、主要成员等，为打击、取缔工作做好准备。同时，为了教育群众，提高觉悟，各级党委充分发挥党支部、团支部、工会、农会等基层组织的作用，将"一贯道"等反动会道门的骗人方法及其丑恶罪行编成黑板报、宣传画、话剧、秧歌、快板、大鼓书，通过报纸、广播电台等多种媒体，在庙会、集市、电影院等多种场合进行广泛宣传，使群众充分认识到反动会道门的本质。广大群众纷纷要求政府严惩封建会道门头目，打击和取缔反动会道门的社会氛围逐渐形成。在此基础上，公安机关逮捕反动会道门头目，抓紧审讯，并通过训练班促使已觉悟的反动分子讲实话，在掌握全部材料后进一步开展群众性瓦解工作。在强大攻势下，许多反动分子主动退会退道，并与反动会道门头目开展斗争。在依法处理过程中，各级政府对反动会道门头目，遵循"一个不杀，大部不抓，对罪大恶极者予以严惩"[①]的原则；对混入党政内部的反动会道门分子，除以封建迷信活动为掩护进

---

① 《省委关于处理一贯道等封建会门分子头子给各地的指示》（1949年9月5日），吉林省档案馆编：《中国共产党吉林省委员会重要文件汇编》第1册（1945—1949年），1984年版，第658页。

行反动政治活动的国民党党团特务等反动分子外，结合其在党政内部的行政职位、在会门中的地位、罪行大小、历史长短等情况，视情节轻重区别对待[①]；对反动会道门的财产处理，坚持公产一律由政府没收，私产不得没收，已决定没收的工厂、商店，除带有投机及不正当者外，一律由市、县（旗）人民政府继续经营，不得停业，经营所得利润，全部或大部分用于游民的劳动改造与其他社会公共事业[②]。1950年5月1日，公安机关勒令取缔天主教吉林教区和四平教区的反共组织"圣母军"，并对其登记管理。12月11日，敦化县公安局破获了一起"一贯道"案件，逮捕了头目刘素真及26个骨干分子。14日，吉林市公安局破获反动会道门"老母道"案件，逮捕了大小头目何普一、何善一，及骨干分子26人。

在全省各市县（旗）的努力下，取缔反动会道门斗争取得了一系列成绩。但随着朝鲜战争的爆发，一些反动会道门残余人员又开始蠢蠢欲动，与美蒋匪特相勾结进行反革命活动，破坏抗美援朝运动，破坏生产，骗取钱财，奸污妇女等，活动更加猖狂。"老母道"头目何普一册封自己

[①]《省委对混入我内部之会门分子处理办法的决定》（1949年10月），吉林省档案馆编：《中国共产党吉林省委员会重要文件汇编》第1册（1945—1949年），1984年版，第660页。

[②]《关于一贯道等反动会道门的财产处理办法通令》，1950年1月24日。

为"天下督招讨大元帅",以开工厂、旅店、商店为掩护,制造"将出真主"的谎言,在吉林、长春、永吉、东丰、海龙等地组织道徒,筹集枪支武器,秘密演练,伺机叛乱。1951年初,长春市公安局对有反动动向的"老母道"进行了一次全面调查、侦查。获取罪证之后,捕获了头目及骨干分子宋文超、安李氏等30人,摧毁了这一反动组织。四平、通化、辽源、农安、德惠、磐石、桦甸、九台等市县也相继破获了一批反动会道门破坏案件。

地处鸭绿江边的辑安县(今集安市)是抗美援朝的边塞要地,同时也是帝国主义者进行反动渗透的重要场所。朝鲜战争爆发后,辑安县(今集安市)境内已被打倒的反革命势力认为反攻的时机到了,便勾结反动会道门分子到处制造谣言,蛊惑民心,扰乱社会秩序。

当时,辑安县(今集安市)的反动会道门有"九宫门""普济佛教会""京师佛教会""宗门正教"等,活动范围极其广泛,从县城到农村,从边境到内地,到处网罗反动分子、组织反动活动,少的有四五十人,多的竟达千人。这些反动会道门没有横向组织联系,而是各据一方,独立活动。

这些反动会道门头目利用部分人民群众的封建迷信思想进行各种反革命活动,有的污蔑共产党领袖和人民政权,有的制造战争恐怖,宣扬第三次世界大战就要开始了。他们为了愚弄信徒，先从反动言论入手，继而进行反革命宣传，最后在经济上骗取信徒的钱财。凡是加入的人都要交钱，交多交少因人而异，并无具体标准。加入以后，还得"办功""升表""挂号"，交钱越多越好。有些信徒东挪西借，甚至变卖物品交钱。后据反动会道门头目自己供认，骗取群众钱财的数字是十分惊人的。"九宫门"的反动分子骗取小洋钱500余元，伪币万余元。哈塘村王德盛之母，为修来世福，躲灾避难，把自己的15亩土地变卖了，交小洋钱140元，致使其家破产，其生活无着落，疯病而死。"九宫门"仅在1950年就骗得东北流通券300余万元。据查证核实，这些反动会道门头目骗取信徒的钱财多被他们个人挥霍。有的反动会道门以"长生不老""修道成佛"为诱饵奸污妇女。自称为"普济佛教会"头目的曲维章气焰更加嚣张，他纠集信徒20余人，其中多数是妇女，先以反动宣传进行恐吓，继而进行残害。

镇反运动开始后，辑安（集安）人民纷纷起来揭发和控诉这些反动会道门头目的各种罪行。人民政府和政法机关根据其罪行，杀、关、管了一批反动会道门头目及骨干分子。其中，"普济佛教会"头目曲维章，"九宫门"头目陈吉生、王庆茂被判处死刑，其他骨干反动分子10余人被判处有期或无期徒刑。自此，各种反动会道门组织被彻底摧毁了。

取缔反动会道门巩固了新生的人民民主政权，保护了人民群众的生命和财产安全，维护了社会秩序，提高了群众觉悟，为抗美援朝和发展国民经济创造了有利条件。

4. 长白抓捕空特记

美国侵略者在对我国境内不断进行空袭的同时，也妄图用空投武装特务骚扰我国后方。针对新的斗争形势，吉林省组织公安、边防及防空部队，在广大民兵的配合下，搜山清剿，开展大规模肃清敌特行动，各地民兵普遍组织了侦察组、搜捕组，配合边防部队和公安部门积极开展防奸捕特行动。

民兵配合部队搜山

第八章 | 抗美援朝运动中吉林省的反谍锄奸

1951年7月14日深夜，一架无国籍标志的军用飞机低空掠过朝鲜战场，避开雷达的扫描后，侵入我国领空，在长白山上空偷偷投下5个美国中央情报局"文队"[①]特务，企图在长白山创建"根据地"。他们白天四处活动，侦察地形方位，收集我国军事、政治、经济、文化、交通、气象资料；晚上钻进窝棚，筹划下一步特务方案。时过半月，进入了秋季。5个伞特已粮尽药绝，步履艰难地寻找可以充饥的食物，并发报求助：

"火急"。

"携20日观察粮已用行军。人疲病，粮绝。微余两日，能否空投？请示机型，伞数，空投时间"。

4天过去了，仍无消息。5个特务急躁不安，又发出求急救电文：

"粮尽两日，饮水待济。速投标准口粮10箱，米、面、谷百斤，牛肉、猪油各40箱，饼干20包，鱼干、蛋精、汤精、肉松、熟花生米、盐、糖、葱油、火腿、香烟、葡萄酒、雨衣、针线、手套、烟丝、盘尼西林、消炎片、眼药水、阿斯匹林、碘酒、绷带、防蛇油、水消毒精、打火机、地图套、军毛袜、救伤包、电台、手摇发电机、蜡烛、收报干电池、电筒、

[①] 取特务队长陈文的名字，因此命名为"文队"。

胶皮带、墨水、饮锅、老虎钳、东北币、皮鞋、日历、游冰表、毛毯、醋精、酱油粉、牛奶粉、蛇毒急救盆、吗啡……"。

电波穿过密林，飞过高山，越过海洋，到了日本，又从日本传到长白山脉的老岭丛林中：

"所谓粮药将于 8 月 14 日、15 或 16 日 0 时至 1 时投，请即报空投场座标，如领航台损坏，请燃火堆成三角形，机型同前。所投金条、金戒、东北币及吴君信件皆有红记号。5774（伞特李军英的代号）延迟了 3 周。接物资后，请电告等。和你们常在。陈文"。

8 月 14 日 0 时 30 分，一架无国籍标志的 C-47 型军用飞机，从南方上空飞来，按照地面特务事先联系好的信号，抛下 2 个降落伞。内装主副食品，医药用品，鸭绒被，冲锋枪，电台，金戒指 5 个，黄金 5 两，还有美国间谍机关负责人陈文（化名）和特务组织"自由中国运动"头目蔡文治（化名吴定）写来的信件。

陈文在信中写道，"你们的伟大牺牲，是无论哪一个自由民主人士都敬仰的。你们的通信（讯）成绩优良，为上方所嘉赏"。蔡文治也在信中给这帮特务打气，"兄弟日在深山雨淋中奋斗，苍天不负苦心人，盼在困难环境中时时想起余之临别赠言，即时时咬牙克服艰苦，渡过一关，再渡一关，并须时刻保持通信，即有补给，长期永耐生存"。

信中所言并没有激发这帮特务的干劲,反而增加他们心中的怨恨。"什么'渡过一关再渡一关'的?自己却留着尾巴,还讲什么'永耐生存'"。半个月又过去了,空投的食物所剩不多,又面临粮食危机。一天,一位朝鲜族老大爷向和龙县公安局报告,他在老岭枕头峰采蘑菇时,有位汉族中年男子要买他的粮食,他没有同意。等他再回到住处,竟然发现他的粮食不见了。

9月26日,二道白河护山防火检查站的两位女民兵,查出伞特李军英没有携带《入山通行证》就禁止他上山。从言谈举止中发现此人行为有些可疑,就送交第6区(安图松江)公安派出所民警处理。李军英谎称自己是解放军军官,去抚松抓逃兵,并出示身份证件和《工作证》,说他是从吉林来,去抚松县履行公务,希望对方配合。他的话引起公安民警的怀疑,从安图松江到抚松有几百里崎岖山路,伪满时期日本人修了一条路,如今已是杂木横生、荆棘交错,无路可走。"那你为什么不坐火车去"?李军英支吾其词,编织花言巧语想蒙混过关。此时公安人员已看出破绽,决定把他送交县公安局审查,就说"为了保证你途中的安全,明天你到明月沟公安局办一个《入山通行证》"。李军英表示同意。

翌日清晨,我公安人员带着李军英驱车同去公安局办理《入山通行证》。在途中，李军英突然提出要见当地党政最高领导人。在我党的政策感召下，李军英供认不讳，承认他是美国中央情报局派来的特务，化名卜经武，汉族，现年44岁，原籍为辽宁省辽阳县人。新中国成立前曾在国民党车队任营长、剧团长等职，后到香港投靠美国间谍组织。1952年春，被选为潜入吉林省的间谍成员。9月21日，被美国飞机空投到吉林省安图县的老岭地区，负责对美国间谍机关先期空投的"文队"特务和靖宇县内的"沈队"特务的视察与中间联络活动。此次奉命而来主要有两项任务：一是收集长白山地区的气象情报，为美国飞机轰炸图们江、鸭绿江沿岸提供气象资料；二是在长白山开辟"游击区"，发展壮大力量后向吉林、长春、沈阳方面扩张，策应美军攻占东北。

特务李军英坦白说，自从被空投到老岭以来，看到大陆的情况与他在国外听说的有天壤之别。尤其是下山后，从老岭到二道白河这一路所经过的交通要道、村庄都设有民兵值勤的检查哨卡，深感行动十分困难。李军英交出了随身携带的"美国军用地图""吉林省安图县老岭地图""吉林省辑安地图""上海市政府证明""沈阳市政府护照"及一些空白介绍信，还有美制指北针。接着，李军英详细供出了美国中央情报局曾于1951年7、8、9月，3次派无国籍标志的美国军用飞机,从日本经朝鲜飞往我国吉林省老岭地区空投伞特和所需物资的详细情况,并在地图上指明了"文队"特务在老岭地区的活动范围和他们已经修筑"安全处所"的情况,同时又交待"文队"特务成员姓名及他们的活动规律、特点、目的、任务,等等。特务李军英愿意立功赎罪,争取宽大处理。延边州公安局立即将此重要情况汇报给吉林省公安厅,并派人将李军英押送省公安厅。不久,又被专程押送至公安部。

为了迅速将伞特抓捕归案,10月6日,由省公安厅王吉仁副厅长、延边公安处姚昕处长、省公安总队司令部警备科组成了反特联防指挥部。王吉仁任总指挥,姚昕任副总指挥。吉林省公安部队出动了2个连的兵力并动员了延边州公安干警、边防团、延边公安大队、武装部、民兵等,联合组成了4个搜捕队、8个侦察组,对老岭地区进行搜捕,封锁山区要道。按照指挥部的决定,安图县搜捕大队兵分两路行进,一路经杨房子奔老岭的西南部,另一路奔老岭北部。和龙县搜捕大队与延吉县搜捕大队从东侧向老岭顶峰推进,一个负责搜索老岭东南侧,一个负责搜索老岭东北侧。搜山大军以排山倒海之势,从老岭的四面八方向中心收缩,完全控制了特务的活动范围。

10月8日,和龙县搜捕大队在蜂蜜沟搜出一个伞特建造的地下"安全处所",但特务们早已闻风逃窜。10月10日,安图县搜捕大队在老岭1457高地又发现一处敌特"安全住所",这里埋藏着特务用的大量物品,指挥部当机立断,命令蹲坑守候。

10月29日,搜山部队组织一批精兵强将,分别在老爷岭和花砬子两个接头地点设下埋伏,并安排几个人装扮成打柴的农户。11月2日早,花砬子附近有两个陌生人从山上走来,打听去花砬子的方向。打柴人把他俩领到警方埋伏圈,突然四周的人同时拉动枪栓对准特务。一个特务见中了计,像困兽样作垂死挣扎,被一枪击毙,另一个特务则当了俘虏。被活捉的特务就是"文队"队员张载文,化名文世杰,28岁,吉林省九台县人。新中国成立前曾在国民党军队任连长、副营长等职,后到香港参加间谍组织。经总指挥王吉仁亲自审讯,张载文全部招供,承认被民兵打死的特务名叫满志辉,化名志京(明),新中国成立前,也曾任国民党军官,后到香港参加间谍组织,与张载文同期编组"文队",同机空投到老岭地区。从满志辉的身上又搜出美式左轮手枪1支,短刀1把,钞票200余元,指北针2个,金子2块。

据特务张载文交待,"文队"还有3人,正隐藏在荒沟西南岔一带活动。其一,是32岁的"文队"副队长许广智,化名斯学深，吉林省长春市人；其二，是34岁的于冠洲，化名蒋大志，辽宁省宽甸县人；其三，是47岁的牛松林，化名陈崇佩，辽宁省庄河县人，系"文队"电台报务员。

11月4日傍晚，搜捕大队带着张载文重返花砬子。连翻了三座大山以后，在一个制高点上发现山洼里有火光，有一座新搭起的窝棚，搜捕队立即围抄过去。形成包围圈后，队员向里喊话"缴枪不杀"，随着喊声枪口已对准特务牛松林的后脑勺。牛松林心惊胆颤地交待了另两个匪特的行踪，原来他们已约定，5日零时汉城派飞机来送给养，以"田"字火为信号。牛松林在窝棚旁拢起一堆火，另外2个特务在附近4个角落点柴火去了。刚才这里发生的一切，都被那2个特务看得一清二楚，他俩十分恐慌，踏着过膝的大雪向老林中逃跑了。队员们根据牛松林提供的情况，按原定方案在窝棚及附近4个角落堆了5堆干柴。11月5日凌晨1时30分，在预定的空投位置点燃5堆火，在牛松林的联络引导下，美国飞机瞬间投下了8个大包的降落伞，内装食品及其他物品，还有伪造的东北币、护照、迁移证件等。

这次战斗为下一步全歼特务奠定了坚实基础，为完成搜捕工作起到了决定性的作用——捕获了特务电台报务员，缴获了敌电台密码和大部分枪支、物品，切断了美国间谍机关与"文队"正常的联系，从而使"文队"2只失群的"孤雁"插翅难飞。搜山队进一步发动群众，扩大追捕战线。

11月5日早晨，三道沟村北道沟屯哨卡（屯西2千米处），值班民兵发现一个神色可疑的中年男子要进村，民兵上前盘问便撕打起来，最后中年男子被迫举手投降了。经指挥部审问，此人正是昨夜在荒沟西南岔逃跑的"文队"特务副队长许广智，刚把身上带的枪支弹药埋好，准备逃到六区去，没想到在此被捉。

当天黄昏，在安图县三道沟村通往荒沟的路上，一个村民正赶着马车往家拉谷子，突然听见道旁野草中有人喊"老乡"。这个村民闻声望去，那个人请求给他些吃的东西，用金子换或钱买都行，并说"我是从朝鲜回来的逃兵，要上抚松去，准备走山路，你给我弄点路上吃的东西，我不会亏待你的"。这个村民说，"天快黑了，今晚先到我家住下，明天一早上路，我给你备些米、面，再弄个小锅背上，带点咸盐、火柴什么的"。那个人信以为真，没想到村民立即找到了民兵将这个人控制住。后经审问，此人正是另一个特务于冠洲。历时一个月的搜山战斗结束了，美国空降的5名伞特全部被缉拿。此次战斗缴获敌人电台2部，长短枪12支，子弹1500发，1亿余元东北币，黄金13两，还有电报密码，食品、药品及其他物资。

11月17日夜间，安图县公安局设在长白山天池北侧

30千米处的和平营子护林防火观察塔上,值勤战士用望远镜发现长白山天池西侧多次出现火光,又连续观察到有飞机在那一带盘旋。经州公安局侦察得知很有可能是敌人飞机,即令安图县公安局立即重新组织队伍奔赴长白山天池附近进行搜山。同时,命令边防部队与和龙县、延吉县立即组织精干队伍,从老岭翻山赶到和平营子集合,共同搜索长白山天池附近的山林。

11月19日,搜山部队终于发现了隐藏在这一带的伞特,并同敌人交火。特务寡不敌众,扔下1具尸体、1个伤员、2个俘虏,其他人都狼狈地逃之夭夭。经审讯2个俘虏得知,他们是"南朝鲜"(韩国)间谍机关首批派遣的特务,代号"长白山气象队",一旦他们建造好安全窝,将陆续派来第二批、第三批特务。他们除了刺探各种情报外,还要在老岭建立一支"敌后游击队",潜伏延边各地,发展特务组织,分裂民族团结,制造事端。一个星期过后,安图县搜捕队奉命下山回三道沟老岭附近,配合东北公安部队伏击企图接走特务李军英的美军飞机。其他搜捕队继续追击"长白山气象队"的特务。据和龙县公安局和延吉县公安局报告,在他们的追击下,敌人改变了逃跑方向,直奔长白山和朝鲜方向逃去。到第4天,特务与我搜捕部队激战,和龙县一位同志不幸中弹牺牲。敌人继续向长白县境内的十二道沟逃窜时，除1人逃到朝鲜外，其余15人全部被歼灭。

公安部根据已被逮捕的特务李军英交待，美国间谍机关将派飞机来接他回去汇报工作。国家公安部命令东北公安部门，立即研究、部署作战计划，决定将计就计，伏击敌机。东北军区公安部队，吉林省公安总队，均奉命及时采取相应措施。吉林省公安厅首先对电报员牛松林进行政策教育，命令他诱敌深入、伏击敌机，立功赎罪。反特联防指挥部命令牛松林同美国间谍机关发报联系，以李军英的口吻，要求速派飞机来接他回去汇报工作。美国间谍机关收电后，对此甚为重视，不久复电告知，"定于11月29日夜间派机前来空取"。对此，东北公安部队派谭友林副司令员率部队赴老岭地区指挥作战，准备伏击敌机。吉林省公安总队抽调有战斗经验的重机枪手和弹药手共12人，带着6挺重机枪抵达安图县老岭地区的三道沟村。鞍山炮兵营奉命带11门高射炮前来参战。11月28日，伏击敌机的战斗部署就绪，在预定的地点周围，布成半椭圆形的对空火力射击网。

11月29日晚20时，为敌机空取李军英准备的5堆信号柴火堆按相等的距离摆放好。高射炮，轻、重机枪已各就各位。由东北公安处等领导组成的战斗指挥部和具体工作人员也早已进岗，"千万双"眼睛注视着天空，"千军万马"

严阵以待。

晚23时，一架无国籍标志的飞机在老岭上空低空盘旋了几圈，观察地面的动静。我联防指挥部命令牛松林用电台联系，确认该机正是美国中央情报局派来空取李军英的间谍飞机，于是命令开亮地面信号灯，点燃信号火堆。狡猾的美国间谍飞机忽高忽低，谨慎地在天空中盘旋一会儿又向西南飞去。指挥部首长冷静地再次命令牛松林，电告敌机，"情况正常，准备完毕，可按原计划进行"。10分钟后，敌机观察地面没有什么反常现象，就转移到西北方向，飞到信号火堆上空，并开始按地面电台指示减慢速度，降低高度。接着，抛下一个大大的降落伞，挂有枪支、食品和空取李军英用的地面空取器，还有2封美国间谍头目给"文队"特务的指令书，然后又飞离现场。地面空取器上附有使用说明照片，让李军英照做并接受空取，指令书说明了"今晚空取李军英将进行3次：试取、实取，以及如不成功再取一次。全部空取时间不超过半小时"。

子夜时分，敌机终于又飞回空取地点上空。当降低到离地面约有150米的时候，好像是看到了地面空取器。只见飞机慢慢地飞过盘旋之后，又重新折回。无线电继续紧张联络着，按照原定空取计划进行。当敌机又一次缓缓飞回，将要用空取设备挂住地面空取器的那一瞬间，我指挥部立

被抓捕的美国间谍唐奈和费克图

即发出"开火"的命令！与此同时，伏击部队的各种枪、炮一齐开火，万弹齐发直射间谍飞机。敌机着火了，拖着一缕粗长的浓烟，飞到离空取地点500米以外的地方，撞断一棵大树后，扎在雪地上，机头把雪地撞成一个深坑。

敌机里有两个美国驾驶员在飞机着陆前被地面伏击部队击毙，另外两个活着的间谍举手投降。根据指挥部的指示精神，由安图县公安局派人将两个美国间谍唐奈和费克图押送到州公安处。

1954年11月，经中华人民共和国最高人民检察院提起公诉，中华人民共和国最高人民法院军事审判庭，依法审判了美国间谍约翰·托马斯·唐奈、理查德·乔治·费克图，间谍联络组组长李军英，"文队"特务张载文、许广智、于冠洲、牛松林和在吉林省靖宇县被捕获的"沈队"4个特务成员。

依据《中华人民共和国惩治反革命条例》第六条、第十一条、第十四条、第十六条之规定判决如下：

一"被告约翰·托马斯·唐奈判处无期徒刑"。

二"被告理查德·乔治·费克图判处徒刑20年"。

三"被告许广智、于冠洲均判处死刑，并剥夺政治权利终身"。

四"被告李军英、张载文判处无期徒刑，并剥夺政治权利终身"。

五"被告牛松林判处有期徒刑1年，并剥夺政治权利10年"。

六"缴获的各种武器、弹药、电台、地图、降落伞及空降器材等均予没收"。

在铁证如山的事实面前，美国国务卿杜勒斯声明说，那是美国商人的贸易飞机，误入中国领空。"唐奈、费克图事件"震惊中外，使全世界人民更加看清了美帝国主义的侵略本质。

第九章

抗美援朝运动中
吉林省的组织慰问

★ 抗美援朝后援地

关怀慰问人民子弟兵是中国人民在长期革命战争中形成的优良传统，这一优良传统在抗美援朝运动中得到了进一步发扬。

1951年1月12日和22日，中共中央先后发出关于募集救济品、慰劳品和组织慰问中国人民志愿军和朝鲜人民军的指示。全国各族人民积极响应中国人民抗美援朝总会的号召，掀起了向志愿军募集慰问品、慰问金和慰问信的热潮。1951年1月14日和22日，中国人民抗美援朝总会又发出《关于在全国发起慰劳中国人民志愿军和朝鲜人民军并救济朝鲜难民的通知》和《关于组织慰问团的通知》。为表达对志愿军的尊敬和爱戴之情，鼓励他们英勇作战，全国人民立即响应号召、掀起了慰问志愿军的热潮，募集慰问品、慰问金，写慰问信慰问志愿军。全国人民还组织各种慰问团，代表各民主党派、各人民团体、各少数民族，以及各地区的革命烈士家属、革命军人家属、工农业劳动模范，妇女、青年、学生，工商界、文化艺术界、教育界、宗教界、海外华侨等开展慰问，鼓舞中朝军队的战斗士气，加强中朝人民用鲜血凝成的友谊和反对美国侵略、保卫世界和平的胜利信心。

为了更直接地向中国人民志愿军和朝鲜军民表达尊敬和爱戴之情，中国人民抗美援朝总会于1951年4月、1952

年9月和1953年10月，先后组织3届大规模的中国人民赴朝慰问团，前往朝鲜慰问中国人民志愿军和朝鲜军民。慰问团带去了中国人民的慰问金、慰问品和慰问信，随团的文艺工作者们不辞辛苦，不畏艰险，在敌机的经常袭扰下，为指战员们进行了千百次精彩的表演，把祖国人民的温暖送到每位战士的心坎上，有的文艺工作者还献出了宝贵的生命。

1. 吉林文艺工作者赴前线演出

根据中共中央的指示精神和中国人民抗美援朝总会的通知要求，东北地区于1951年1月下旬组织3个慰问团赴朝鲜慰问。

文工团在前线慰问志愿军战士

在中国人民抗美援朝总会吉林省分会组织下，1953年3月27日至8月10日，吉林省派出了长春市文艺工作团34名演职员，在副团长王兆一等人的带领下，参加了中国人民赴朝慰问文工团，被编为第2团（东北地区）第2队。他们在朝鲜的137个日日夜夜里，不畏艰险，不辞劳苦，行程2000余千米，几乎走遍了战云密布的朝鲜西海岸和部分岛屿，在阵地前、海岛上为志愿军和部分朝鲜人民军及朝鲜人民慰问演出140多场，转达了党中央和人民政府以及祖国人民对志愿军的关怀和爱戴，并把表达吉林人民热爱志愿军深情厚意的3万多封慰问信带给了志愿军，胜利地完成了慰问"最可爱的人"的光荣任务。

长春文艺工作团出发之前，刚刚从朝鲜归国转业、时任长春市副市长的李承锟同志到团里作了动员报告。李承锟原是志愿军后勤一分部政委。他着重讲解了朝鲜战争的形势和到前线之后应当注意的问题。随后，在举行的欢送会上，中共长春市委书记付雨田又作了重要讲话，指出文艺工作团去朝鲜慰问，既是光荣的任务，又是艰苦的工作，一定要胜利地完成，载誉而归。王兆一代表赴朝鲜的34名文艺工作者在会上宣誓，向党表决心。3月20日，文艺工作团从长春出发，乘火车当天到达沈阳。

据王兆一回忆，这次慰问活动全国组成了6个团，东北地区是第2团。全团分为3个队，长春市文艺工作团是第2队（包括旅大杂技团部分演员和一个电影队），他任队长，王异任副队长，同行的还有分管军事的副队长赵玉山、许忠福。3月23日，第2团全体同志从沈阳到安东（今丹东）；27日，乘军用汽车，驶过鸭绿江大桥，离开祖国；28日零时抵达志愿军西海岸指挥部驻地。

长春市文艺工作团组建于1948年，队伍精干，人员年轻。这次赴朝，文艺工作团团员们决心大，意志坚，每个人都认为这是在革命征途上接受考验的一次难得的机会。大家之所以能够做到这一点，和实际锻炼分不开。

1950年10月，在长春市文联开展反美侵略文艺征稿活动期间，文艺工作团就掀起了创作高潮，其创作的《我们是毛泽东的青年》《保卫人民江山》《把美帝赶出朝鲜》《胜利是属于人民的》《向祖国宣誓》《抗美援朝小调》等6首歌曲编入《反美文艺演唱材料》。白光远和王兆一创作的《抗美援朝、保家卫国》剪纸集，于1951年出版，由东北新华书店向全国发行。歌剧《鸭绿江边》于市内公演之后，在控诉美帝暴行、动员人民奋起斗争方面，起到了很大的作用。集体创作的舞蹈《大秧歌》，表现了中国人民翻身后的喜悦心情和争取和平获得胜利的欢快情绪，中间穿插的舞红旗、耍虎形，表现了打倒美帝纸老虎的气概，最后出现的"抗美援朝，保家卫国；美帝不投降，就把它赶出去"的标语牌，给人民群众很大的激励和鼓舞。大合唱《亚洲人民战歌》《反侵略战争》《保卫和平进行曲》，大鼓《血债》，"新洋片"《反对美帝暴行》的演出，也给人民群众留下了深刻的印象。

同月，受长春市委和市政府的委派，文艺工作团一行34人到吉林省郭尔罗斯前旗，为即将去朝鲜战场的中国人民志愿军新兵和民工演出了4场文艺节目，振奋了军心，鼓舞了士气，增强了斗志。

捐献飞机大炮运动中，文艺工作团在胜利电影院（今春城剧场）公演了10场大型歌剧《董存瑞》，演出收3000多万元人民币（旧币）全部捐献。

正是有了这样的基础，使文艺工作团在朝鲜战场很好地完成了慰问演出这一光荣而艰巨的任务。

当时驻朝鲜西海岸的中国人民志愿军，正处于反登陆、反空降备战的紧张阶段。第2队的慰问对象，主要是中国人民志愿军第40军、50军、54军、空军、前方指挥所，以及一部分朝鲜人民军和人民群众。慰问演出的主要节目有：大合唱《东方红》《金日成将军之歌》，女声独唱《王大妈要和平》《翻身道情》《绣金匾》，女声对唱《慰问志愿军小唱》，合唱《鄂伦春民族歌唱恩人毛泽东》，二人转《人民大桥》，表演唱《送公粮》，单弦《消灭细菌战》，舞蹈《红绸舞》。

第九章 | 抗美援朝运动中吉林省的组织慰问 ★

文艺工作团李俊贤演出独唱《王大妈要和平》和《绣金匾》，伴奏（从左至右）：李树森、张先程、赵振武、刘凤一、郭诚

长春市文艺工作团所到之处，受到了极其热烈的欢迎和十分周到的接待与安排。志愿军指战员们观看演出，既愉快又守纪。凡是文艺工作团所到之处志愿军都掀起备战高潮，举行动员会、誓师会，纷纷向祖国人民表示：不打败美帝，决不罢休；不实现朝鲜和平，决不回国。朝鲜人民军官兵、地方的党政领导干部和广大人民群众也对中方慰问团给予了很高的评价。

为了保证文艺工作团在路上的安全，每支部队都派出英雄战士或模范司机为文艺工作团开车护卫。

有一次，王兆一和工作人员乘车去40军军部。当汽车路过清川江的时候，天已经黑了。正遇敌机的骚扰，汽车迫不得已暂时停下来，隐蔽在路旁树下。当文艺工作团乘汽艇时中途遇上了敌人施放的水雷，志愿军战士沉着冷静地绕了过去，避免了一次灾难。就这样，在志愿军的保护下文艺工作团多次经过封锁线，数次夜行军没有一点损伤。

王兆一回忆，志愿军的坑道修筑得特别好。有个连队的坑道门上还挂着用木板刻的"胜利门"三个大字，两旁的对联是："用智慧筑地下长城""有信心消灭美国强盗"。有的连队还张贴不同的标语、口号：

以胜利回答祖国，以炮弹回击敌人；

抗美援朝立大功，保家卫国当英雄；

守阵地灭敌人保卫祖国的母亲，构工事安好家飞机大炮全不怕。

志愿军把比较干爽的坑道留给文艺工作团团员们住，有的用敌机的降落伞挂在墙壁上，显得异常清洁雅静；有的在床头摆上野花，显得既亲切又热情；有的在文艺工作团未到之前，在每个床头都摆放了向祖国人民表决心的信件。一次，当团员们来到空军前方指挥所的时候，王兆一

接到一封信,信是这样写的:

"可爱的祖国,敬爱的母亲,你的儿子志愿军,见到了慰问团就见到了祖国和母亲。母亲让我站在最前线,你的儿子就不怕流血和牺牲。因为我们知道:'宁肯当英雄死,也比当奴隶强万千。'倒不是我们愿意死,而为了生活得幸福才作战。"

文艺工作团的食物饮品是祖国人民从四面八方支援的。有山东的大葱、四川的榨菜、锦州的小菜、热河的白菜;还有山西的汾酒、贵州的茅台、四川的大曲和东北的"六十度"。为了改善生活,志愿军战士上山采野菜,用罐头肉包白面饺子;下海打捞螃蟹,给团员们品尝。值得一提的是,有次端午节当天,驻地附近的朝鲜大嫂给文艺工作团送来了打糕。女演员贾玉珠胃疼,一位朝鲜老大娘用烧热的砖头给她暖肚子。凡此种种,都使文艺工作团十分感动。大家感受到了祖国的温暖,感受到了志愿军的可爱,感受到了朝鲜人民和中国人民的心连心。

演出场面,更是热烈而紧张。当文艺工作团来到一支英雄部队时,指战员们就把从30里外的高山上采来的野花献给文艺工作团。

王兆一回忆,他是第一个接过花束的,一位志愿军团首长边握着他的手边亲切地说:"拿着吧,中国人拿起朝鲜战场的花，花儿红，意义大！"大家刚刚走进演出场地，会场里马上沸腾了。战士们邀请文艺工作团同志跳集体舞，于是就跳呀，唱呀，长达20多分钟。

演出节目，个个受欢迎。当东北籍的志愿军看到二人转《人民大桥》的时候，一个战士紧紧地握着王兆一的手说："我马上就要去'三八线'作战了，祖国的人民大桥建设得那么好，我们一定要保卫它。"一位志愿军团政委对王兆一说："战士们在连队里时常唱东北民歌小调。这次，一听到小刺叭响，就打心眼里往外乐。你们演出的民间形式的节目，是能够演到战士们的心坎里去的。"当演出杂技《耍钢叉》和《穿刀过火》的时候，一位朝鲜的领导干部说："中国人民这么勇敢，一定能打败美国强盗！"当有位演员演唱单弦《消灭细菌战》时，累得脸上出汗，一位志愿军排长急忙跑到台上用自己的手绢给他擦汗。

为了满足志愿军的要求，让"最可爱的人"欣赏到由长春市文艺工作团创作的《红绸舞》，不论风里雨里，团员们都要想办法克服一切困难在露天演出。志愿军战士高兴得不得了，一位师首长还评论道："《红绸舞》有中华民族舞蹈的独特色彩，在国内受表扬，在国际上受推崇，在志愿军中也大受欢迎，它是对战士们进行爱国主义和国际主义教育的好教材。"文艺工作团演出的《慰问志愿军小唱》，是最受欢迎的节目。每场演出都把它排在头一个。每当演员唱到"我这里呀敬祝同志们身体好,立正敬礼来慰劳"时,志愿军指战员们都报以热烈的掌声。

王兆一回忆,在演出活动中,更使人难忘的是在艾岛,这里距离敌人前线只有3海里。登上艾岛时天已经黑了,远离祖国两年多的战士们在海边排着队,敲锣打鼓,已经等候一个多小时了。一上岸,志愿军和文艺工作团员个个流着眼泪,又蹦又跳,欢呼声、口号声"冲破了夜空,激荡了大海"。第二天天刚亮,营教导员把王兆一领到哨所,并递给一个望远镜,指向远方说:"昨天夜里,敌人有2艘军舰在那里巡逻。今天早晨又增加到5艘。"王兆一举镜看,确实是清晰可见。当天的演出,为了让炊事班的战士们也能够看到节目,文艺工作团提出不吃午饭。演出间隙,敌机两次轰炸西海岸并飞过艾岛上空,演出中断两次。文艺工作团团员刘中一见志愿军战士纹丝未动,他也照样在台上表演山东快书《武松打虎》。

在演出过程中,志愿军还为文艺工作团提供了参观和学习的机会。文艺工作团团员们见到了一个人炸掉敌人3辆坦克的反坦克英雄李光禄,听取了战斗英雄张义和孙占鳌坚守阵地7天7夜、打退敌人数次进攻的战斗事迹,还和一个人消灭30多个美国侵略者的孤胆英雄周德高举行了座谈会。文艺工作团团员们还清扫了志愿军烈士墓。一位军首长说,"战争是要流血的。我们消灭了大量的敌人,自己也免不了要牺牲。这并不是什么奇怪的事情。我们一定要为这些烈士报仇,我们也要时时刻刻地怀念他们"!此外,文艺工作团团员们还爬上了一座大山,参观了团指挥所和坚固的地下长城。那里的坑道有英雄路、抗美路、援朝路、保家路、卫国路,四通八达,整齐干净。这些坑道都是战士们一锤一锤开凿出来的,几乎把一座山给挖空了。一位团首长说:"部队1天3班倒,1班8至12人,24小时才能前进50厘米。有的战士的衣服被汗水、泥水浸透得连布纹都看不出来了。"团首长还说:"山再高,也没有我们的脚面高。抗美援朝不怕苦,一人吃苦,万人享福呀!"

1953年7月27日朝鲜停战协议签订后,文艺工作团和志愿军一起举行庆祝大会。文艺工作团全体赴朝同志不仅圆满完成了慰问演出的光荣任务,同时也经受了锻炼,提高了觉悟。刘中、李树森、王旭、王常俭、刘玉勤还获得了志愿军西海岸指挥部政治部颁发的奖状。

8月10日,文艺工作团从朝鲜乘火车回国,11日到达沈阳。9月2日回到长春,4日,长春市政府在东北电影院举行欢迎文艺工作团大会。王兆一在会上作简短的汇报,文艺工作团团员们演出了从朝鲜带回来的创作节目——山东快书《抓舌头》、对唱《从朝鲜捎回来的信》，以及向志愿军战士学习的表演唱《汽车兵》《行军快板》。演出结束后，长春市委、市政府领导同志上台接见了全体文艺工作团团员，并给予了表扬与鼓励。东北行政委员会文化局在沈阳开庆功大会时，杨珍年、刘中、刘玉勤、李树森4位同志各荣获三等功一次。

2. 吉林人民捐赠慰问物品

吉林人民支持和拥戴志愿军的慰问信、慰问袋等物品，纷纷寄送到战斗在朝鲜前线的英雄儿女手中。

1951年儿童节期间，《吉林日报》刊发了吉林市铁路小学五年级少先队员赵汉宾写给志愿军叔叔的一封信。信中写道，"你们在朝鲜战场上和美国侵略军作战，使我们在国内能够快乐地过着儿童节，演剧、跳舞、唱歌……都是因为你们在朝鲜战场上打了很多胜仗，保卫着我们能够快乐地学习、安安稳稳地生活。我们特别感谢你们"！"我要好好学习，好好运动，来表达对你们的谢意。祝你们百战百胜！等你们胜利后光荣回国，我要给你们戴上一朵朵大红花"。

在纪念"六·二五"朝鲜战争爆发两周年之际，吉林省总工会、团省委、省青年联合会、省学生联合会、省妇联、省文联等七大人民团体写信向中国人民志愿军和朝鲜人民军致敬并表示慰问。中国人民抗美援朝总会吉林省分会在写给中朝人民部队的慰问信里，代表吉林省人民向中朝人民部队指战员们致敬并表示亲切的慰问。信里写道："我们知道美帝国主义发动疯狂的侵略朝鲜战争，在同志们英勇的抗击下，被打得头破血流，但是他们并没有接受教训，还不想公平合理地解决朝鲜问题。在停战谈判中，美帝国主义一再耍流氓手段，尤其是不顾全世界人民的反对，屠杀我方被俘人员，在中朝国土上撒下大批细菌毒虫，这种滔天的罪行已遭到和平人民的反对。我们坚信，美帝国主义的罪行，将遭到你们更沉重的打击，它破坏谈判的阴谋必将破产，最后的胜利一定属于中朝人民。"

在庆祝志愿军出国一周年之际，吉林省各人民团体纷纷写信给志愿军。中国人民抗美援朝总会吉林省分会在信中表示，"你们出国作战一年了。这一年里，你们英勇地和朝鲜人民军并肩作战，坚决地打击了美国侵略军和它的帮凶"。"我们全省人民都在尽最大的努力支援你们，使你们多打胜仗，粉碎美帝国主义的侵略。到现在为止（1951年10月25日），全省人民已认捐35架飞机、6门大炮、1门高射炮""我们还要尽一切力量照顾你们的家属，使你们安心作战"。吉林市也在这一天举行了声势浩大的庆祝大会。到会群众一致表示，"努力增产节约，以支援志愿军争取抗美援朝战争的最后胜利"。

1952年10月24日,中国人民抗美援朝总会吉林省分会致信志愿军和朝鲜人民军表示决心,"美国侵略者一天不放弃侵略朝鲜的野心,我们就一定要继续加强抗美援朝工作。我们号召全省人民继续提高对美帝国主义的仇恨心,击破美帝国主义破坏朝鲜停战谈判和扩大战争的阴谋。号召全省人民努力支援你们;前方需要什么,我们支持什么;前方希望什么,我们做什么,为争取抗美援朝最后胜利而努力。最后,我们代表全省人民预祝你们,为保卫祖国安全和亚洲及世界和平建立更大功勋,争取更大胜利"。

志愿军在看从祖国寄来的各种照片

抗美援朝期间，白城地区大赉县也组织了担架队赴朝参加战勤工作。为鼓舞前线官兵和赴朝担架队员的士气，树立必胜信心，白城地区大赉县人民政府于1951年7月11日，组织了抗美援朝赴朝慰问团。

大赉县赴朝慰问团由党政机关和各界人士代表共6人组成。由肖人（县政府民政科副科长）、张作周（县委宣传部干事）带队。其他4人还有县工会干事姜兴、小学校长李元实、第5区农业劳动模范苏兴财以及县工商联合会副会长孙殿武。

临行前，大赉县政府召开了欢送会。县委书记任尚琮和县长高霄云（女）嘱咐慰问团成员，"朝鲜是战场，不是后方，你们入朝遇事一定要沉着冷静，机动灵活，防备危险，克服困难，完成任务，胜利而归"。

慰问团赴朝过程也是一波三折。据肖人老人回忆，慰问团原计划从集安出国，第二天晚上到集安，第三天找军代表咨询赴朝慰问的事情，军代表当即动员大家回县。军代表的意见是，"中央不主张地方组织的慰问团出国"，并带领慰问团成员到军仓库里参看了哈尔滨送来的慰问品，并和大家说，"哈尔滨的物品还在这寄存着呢，他们还在等待命令，你们也回县里等待命令吧"！大家回旅社研究一下，一致认为回县影响不好，一是领导和同志们以及各界人士会以为慰问团

第九章 | 抗美援朝运动中吉林省的组织慰问

成员是胆小鬼、有恐美症,不敢赴朝;二是认为在朝鲜战场上,虽然中国军队打了胜仗,但慰问团的6名成员都出不了国,从而会使大赉县人民对抗美援朝、保家卫国的伟大运动产生看法和想法,其后果是不堪设想的。因此大家决定,坚决赴朝慰问。翌日,大家又找军代表说,"我们没完成任务没法回县,半途而废影响不好"。军代表看大家态度坚决,就告诉说,"这里发生了交通事故,从这里出不了国,你们去安东(今丹东)找当地军代表联系"。

慰问团经沈阳到安东(今丹东)。那里军民处于战备状态,天将要黑,开始防空,一直到深夜防空解除。到安东(今丹东)的第二天,肖人找当地军代表联系,并表示坚决赴朝完成全大赉县人民交给的任务,请军代表给予大力协助。军代表看肖人态度坚决,物品不多,人员少,批准慰问团第二天在第三道浮桥等候出国,并给慰问团签发了出国护照。翌日下午,肖人等人背着枪支、食品和慰问品到桥头等候待命。肖人问志愿军怎么没有客车,志愿军战士亲切地说:"老乡啊!这是战场,不是后方,不是祖国内地!不但客车,就连货车有时都没有,到朝鲜战场上主要靠徒步行军!"这些话给慰问团思想上做好了艰苦奋斗的准备,做好了不怕苦不怕险的心理准备。军代表检查完毕,在下午3时发令,慰问团乘军用车入朝。

★ 抗美援朝后援地

慰问团7月19日下午4时跨过鸭绿江，进入朝鲜。路过新义州的乡村时，正是小学生放学，他们见到肖人等人都高喊，"中国人民志愿军万岁！中华人民共和国万岁"！车走远了，还隐隐约约地看见那些可爱的朝鲜儿童在招手欢呼。慰问团深受感动，内心久久不能平静。

慰问团成员经过十几天的行军和乘车，背着枪支、食物、慰问品等，长时间劳累，身体出现了状况，于是商量休整几天再前进。慰问团住在一位朝鲜老大娘家里，老大娘为慰问团烧水做饭。那时她家种的土豆只有鸡蛋黄大，因为没有什么菜，她就把这些土豆做成菜给慰问团成员们吃。晚上睡觉前，老大娘给烧洗脚水，还烧艾蒿熏蚊子，让慰问团好好休息。老大娘说："你们是慰问抗击美国侵略者的志愿军才来的，是为朝鲜军民不受侵略才来的，照顾好你们也是应该的，也是感谢不尽啊！"慰问团临走时要给菜钱，老大娘百般不要，没有办法，慰问团只好把钱藏到她家炕席底下。后来，被发现了，老大娘拿着钱跑到火车站找到慰问团，非得把钱还给慰问团不可。慰问团一合计，当时朝鲜香烟很短缺，就留给老大娘一条大生产牌香烟当作纪念，老大娘这才勉强把烟收下，一直等火车开了，她才往回走，走到山岗上还依依不舍地远望慰问团。

几天后，慰问团到了元山附近村庄，找到了大贲县费

第九章 | 抗美援朝运动中吉林省的组织慰问 ★

友来同志带领的一小部分战勤人员,在这里召开了座谈会,进行了慰问活动,住了3天。又经3天的徒步行军,慰问团到了平壤附近村庄,找到大赉县大部分战勤人员的驻地,并到达担架队队部,会见了廉相臣、刘瑞、洪耀坤、杨杰4位领导同志。慰问团在交待入朝任务、汇报祖国内地和大赉县的情况之后,听取了队部领导同志关于战勤人员思想情况和工作情况的汇报,以及典型人物事迹的介绍,并讨论了如何进行慰问工作,最后确定由教导员廉相臣同志负责陪同慰问团进行慰问。

慰问团在驻军山洞里召开一次全体人员慰问大会。会上宣传了全国和大赉县抗美援朝、保家卫国的实际情况,全国和大赉县工农业生产的大好形势。因为战勤人员全是农民,所以又着重将大赉县农业生产情况作了详细介绍。慰问团还介绍了大赉县开展的镇反运动情况。总之,慰问团表示,大赉县和全国各地一样,形势都是大好的,国家积极进行搞建设,人民安心从事生产,慰问团请战勤人员安心在这里工作。同时,这次全体人员慰问大会表彰了战勤人员和入朝以来的好人好事。例如:第6区的支前模范周福海同志一次在炮火连天的战场上,积极抢救伤员,当只剩下2名伤员时,周福海怕返不回来发生意外,于是就背一个抱一个,把伤员安置在担架上送到医务所,使他们脱离险境。伤员很受感动，流着眼泪说："不是你把我背下来，我也就牺牲了！你是我的救命恩人，我太感谢你了。"再如：第2区爱民模范李德同志，在执行抢救伤员任务后，已经筋疲力尽，于是回驻地休息，但他见到朝鲜妇女晒粮，天空乌云四起，就要下大雨，他不顾劳累主动帮助抢收粮食，把一袋袋晒好的粮食扛进库内免受雨淋，使粮食安全过夏，受到朝鲜人民的高度赞扬。这一地区的所有好人好事均在大会上给予表彰，并颁发纪念册和慰问品。战勤人员对大赉县组织慰问团来朝鲜慰问非常满意，深受鼓舞。大家高

志愿军战士收到慰问品

兴地说："在这样枪林弹雨的情况下，县里还派慰问团出国到朝鲜来看望慰问战勤队员，并带来慰问品，战勤人员对党和政府以及全县人民、对慰问团所有成员的关怀深表感谢。战勤队员不会辜负祖国和人民的期望，一定会英勇杀敌，狠狠打击侵略者。"

慰问期间，慰问团像部队那样每天帮助朝鲜房东担水、扫院子、干零活。朝鲜妇女不会包饺子，慰问团就教她们，朝鲜房东烙玉米浆饼时就送给慰问团；慰问团包饺子也请她们吃，互相感情处得很深厚。慰问团人员和战勤人员同朝鲜人民相处得很亲密、很团结。朝鲜同志说："中国不简单，军队士兵和战勤人员，对朝鲜人民这样好，而后方来的慰问团对朝鲜人民也这样热情，这样有纪律、有道德，中国真是东方的雄狮。"

慰问团的工作是紧张的，除了召开各类型会议进行慰问外，还根据战勤人员居住分散的情况，采取翻山越岭、走家串户，深入到每名战勤人员当中去的办法和他们谈心。慰问团如实地向他们介绍家乡的情况和祖国人民对他们的期望，鼓励他们安心工作，英勇杀敌，为祖国和人民立功。战勤人员经过反复谈心，他们逐渐稳定了情绪，消除了不利因素，并表示，"祖国亲人这么远来慰问战勤队员，能不相信慰问团吗？战勤队现在是待命，等有了命令，一定把战勤任务完成好，来报答县领导和全县人民对战勤队的关怀"。

9月10日，慰问团从朝鲜平壤附近启程回国。9月17日傍晚，跨过鸭绿江回到祖国安东（今丹东）。翌日乘车回到了大赉县。回到大赉县后不久，正值开县长会议。肖人在会上将赴朝慰问情况作了详细汇报。高霄云县长又进一步布置各区负责同志回去后要把战勤人员家属的家访工作纳入工作日程，向战勤人员家属说明县里组织了赴朝慰问团见到了他们的亲人，亲人们在前线工作好、身体好、都很安全，要让战勤人员家属安心、放心，搞好互助合作，搞好秋收生产，来支持抗美援朝取得彻底胜利。

3. 邀请归国代表巡回演讲

抗美援朝运动期间，中国人民抗美援朝总会还多次邀请中国人民志愿军归国代表团和朝鲜人民军访华团，到全国各地作报告，用志愿军和朝鲜人民军在前线英勇作战的事迹，激励全国人民的爱国之情。

1951年2月至3月，中国人民抗美援朝总会两次邀请中国人民志愿军归国代表团报告志愿军在前线作战的事迹。代表团走遍了全国24个省、市、自治区的172个市、县和广大乡村，行程5万余里，和1025万余人见面，向4475

万群众作了报告或广播演讲，并运用广播录音、报刊、小册子、开会传达等方式，向全国人民报告了中朝军民英勇斗争的事迹，使全国人民受到了生动的爱国主义和革命英雄主义教育，有力地推动了国内各项事业和抗美援朝运动的发展。归国代表所到之处。受到群众热烈欢迎和慰问，仅归国代表亲手收到的慰问信就多达50多万封、慰问品20余万件、慰问袋10万余个、慰问金119万元人民币（旧币），以及大批书刊与珍贵的礼品。

1951年11月13日，抗美援朝铁路职工归国代表团在舒兰县作报告，引起强烈反响，受到舒兰各界人士的热烈欢迎。现场有1000多人听了报告，很多人感动得流泪，纷纷向抗美援朝铁路职工献旗、献花、献纪念品。群众听了报告，都表示要进一步支持抗美援朝运动。吉林省一等优秀教师林木森拿出10万元奖金慰问援朝职工。百货公司职工李学枫，听取了铁路职工王德福在朝鲜冒着敌机轰炸和寒冷，跳进大同江抢修电线，负伤后坚持抢修的英勇事迹，进一步认识到中朝人民是不可战胜的。舒兰县人民政府工作人员孙恕认为，"志愿军保卫祖国、保卫世界和平、不怕牺牲的精神，给我很大教育，想想自己过去工作没有做好，真惭愧！今后下决心向王德福同志学习，加强政治、理论学习，积极工作，做人民忠实的勤务员"。

★ 抗美援朝后援地

中国人民解放军第一军医大学（今吉林大学·白求恩医科大学第一附属医院）的首长们在车站欢迎归国的志愿军英雄们

第九章 | 抗美援朝运动中吉林省的组织慰问

1952年2月14日，中国人民志愿军归国代表团和朝鲜人民访华代表团到达吉林省，省委副书记李德仲热情接待代表团，并同代表团成员进行座谈。随后，代表团一行8人在王敏、申乐俊同志率领下，先后在吉林、长春、九台、榆树、舒兰、德惠、蛟河、敦化、延吉、安图、磐石等2市11县作巡回报告，向全省各界人士作报告172次，听众达20多万余人；广播23次，听众约120多万人；召开座谈会12次；访问了徐福修、韩恩、李玉今、刘青山、金信淑等英雄模范人物；发表文学类文章13篇；参观发电厂、造纸厂、制片厂、煤矿、铜矿及学校、烈士馆等17个单位。代表团所到之处，受到各级党组织和广大群众的热烈欢迎，收到各族人民赠送的日用品、毛织品以及各种纪念品，慰问品达7万余件，慰问金2亿多元（东北币）。

2月14日上午7时，代表团抵达吉林市。中国人民抗美援朝总会吉林省分会副主任萧靖，中国人民抗美援朝总会吉林市分会副主任李奇，东北军区吉林军事部政治处主任刘幼清，吉林市人民政府市长韩容鲁，以及省、市党政机关、学校、工厂、部队代表300余人到站欢迎。

代表团在乐声、欢呼声、掌声中下车，中国人民抗美援朝总会吉林省分会副主任萧靖致欢迎词，接着志愿军归国代表团东北分团代表王敏和朝鲜人民访华代表团东北分团代表申乐俊讲话。代表们向各界人士报告中国人民志愿军、朝鲜人民军在抗美援朝战争中的英雄事迹，举行军属模范及工农生产模范座谈会，参观各大矿厂。中国人民志愿军归国代表团东北分团吉林组代表名单如下：

王敏、殷蕙兰（三等功臣）、孙荣昌（守备英雄、二等功臣）、袁继光、郑孝伟。

朝鲜人民访华代表团东北分团吉林组代表名单如下：

申乐俊（荣获朝鲜人民民主主义共和国三级国旗勋章）、韩尚益（荣获军功奖章）、张信奎（荣获朝鲜人民民主主义共和国三级国旗勋章和军功奖章）。

吉林市各界人民群众，在听取代表们的报告后深受感动，爱国情绪更加高涨，反对美帝国主义侵略的斗争意志更加坚强，对于盗窃国家财产的大奸商和大贪污犯的仇恨情绪大大加深，坚决表示要加倍努力地为清除大贪污犯、大奸商，为增产节约运动创造条件，以支持中国人民志愿军打败美帝国主义侵略者。

吉林市营裕华造纸厂职工提出了"剿灭老虎窝，支援志愿军"的口号。国营第三造纸厂装订员王凤琴原来知道一些盗窃犯的材料，可一直没敢说，当她听到志愿军的英雄们不惜牺牲性命保卫祖国物资的事迹后，心里非常难过，在座谈会上勇敢地揭发了盗窃犯。第一车间组长王玉清亲自到大蓝旗屯去收集贪污犯王子州的罪证，职工张静茹根据采买员张荣鹏家收支上的疑点，帮助某公司检举了一对大贪污犯。代表们收到近2000封慰问信，绝大部分都表示"学习人民志愿军高度的爱国热情，彻底粉碎资产阶级的猖狂进攻，不准任何'老虎'漏网，以支持最可爱的人"。

在吉林省城乡各地，志愿军的伤病员也受到人们的爱戴。人民群众对回国治疗和休养的中国人民志愿军伤病员，给予了无微不至的关怀和照顾。只要得悉哪个医院住进了志愿军的伤病员，群众就会自动前去照料，或者要求献血救治伤病员。为了丰富伤病员的文化生活，各地发动影剧

回国的志愿军伤病员，在车站受到祖国人民的热烈欢迎

院每月固定给伤病员放映电影、演出戏剧。重大节日期间，各界群众积极组织慰问团深入病房慰问志愿军伤病员，赠送各种慰问品。群众自发携带鸡蛋、水果等物品到医院看望伤病员。各地区还邀请驻防部队的伤病员，讲述前方战斗故事和胜利消息。

4. 热烈欢迎志愿军凯旋

1953年2月5日，朝鲜民主主义人民共和国政府发表声明：一切外国军队撤离朝鲜；在一切外国军队完全撤离南北朝鲜后的一定时间内，在中立国（机构）的监督下，举行全朝鲜自由选举，以实现朝鲜的和平统一。作为回应，中国政府于2月7日发表声明：完全赞同和支持朝鲜民主主义人民共和国关于朝鲜问题的和平倡议。2月14日，周恩来总理率中国政府代表团访问朝鲜，中朝两国政府代表团在平壤举行会谈，讨论有关中国人民志愿军撤离朝鲜的问题。会谈后，中朝两国政府发表联合声明：作为中朝方面主动行动，中国人民志愿军决定于1953年底前分批全部撤离朝鲜。

中朝两国联合声明的发表在国内外引起巨大反响。从中央到地方，热烈欢迎最可爱的人——中国人民志愿军归国的活动迅速开展起来。

热烈欢迎志愿军胜利归国

1953年7月,根据中共中央和中央军委部署,中国人民志愿军38军这支英雄部队作为志愿军的总预备队从朝鲜回到祖国到通化驻防。当得知38军回国驻防的消息后,通化各地人民群众无不兴高采烈,奔走相告。途经辑安(今集安)时,当地组织了2500人的群众大会,热烈欢迎英雄的38军官兵凯旋。东北军区所属各部队首长、中共辽东省

★ 抗美援朝后援地

中国人民志愿军归国

委、省政府负责人出席了欢迎大会。

辑安（今集安）成为吉林人民迎接志愿军38军归国的第一站。

为了欢迎志愿军归国，辑安（今集安）城内主要街道张灯结彩，热闹非凡，工厂、街道、机关、学校，扎花绣旗、练歌排舞，到处呈现出浓浓的节日气氛。欢迎队伍身着节日盛装，打着欢迎横幅，手持国旗、彩旗、花束，带着各种乐器和歌舞节目，在口岸桥头等候首批志愿军队伍的归来。随着满载志愿军将士的列车徐徐驶过，守候的群众顿时沸腾起来，锣鼓声、鞭炮声和欢呼的口号声响彻云霄。

第九章 | 抗美援朝运动中吉林省的组织慰问

归国的志愿军在车站受到祖国人民的热烈欢迎

列车刚在站台停稳，少先队员蜂拥着向志愿军代表致少先队礼并献上鲜花，整个辑安（今集安）车站响起了欢迎的掌声和口号声。从火车站到通往市里的马路两旁，红旗招展，数万名群众夹道欢迎，"向志愿军致敬""向志愿军学习""毛主席万岁""中国共产党万岁""38军万岁"等口号声此起彼伏。还有许多各界群众在马路两旁手拿纸烟、熟鸡蛋、水果，热情地往志愿军指战员手里塞。沿途一些百姓还在家门口放上桌子，摆上茶水慰问志愿军部队。

志愿军部队达到通化后，市委、市政府（通化地委和专署已于1952年撤销）立即指示有关部门——战勤科、民政科、劳动科，组织各区、街道和广大居民、商号、企事业、行业工会等开展劳军慰军活动。全市人民热烈响应，各行各业向志愿军部队赠送了大量的慰问品——猪肉、粉条、白菜、水果、大米、面粉、肥皂等各种主、副食品和生活必需品。市内各文艺团体，文化馆、中小学校还加紧排练一些反映志愿军英勇杀敌和通化地区支前英模事迹的节目，并到志愿军部队临时驻地和野战医院巡回演出。各街道组织广大妇女做拥军鞋上千双，拥军鞋垫几千双，并送到部队。市妇联号召妇女到各驻军医院，帮助拆洗被褥、护理伤病员。同时，吉林省政府还给在朝作战中负伤的志愿军伤员按不同职务发放了慰问金。期间，中央和各民主党派共同组成的联合慰问团到通化市，深入到38军各部队和医院进行走访慰问。吉林省各界人士欢迎志愿军归国慰问团也来到通化市海龙县（今梅河口市）38军某部驻地进行慰问。仅在梅河口、山城镇等地召开军民联欢会就达16次，地方干部、群众近2.5万余人参加慰问联欢。

38军来通化后，由于暂时没有营房，部队居住分散，许多士兵甚至住在百姓家里，这给部队大规模正规化训练和建设带来了许多困难。为及早解决部队的实际困难，通化市政府作出决定：首先解决师以下部队营房、训练场及医疗用地。根据部队提出的要求，通化市委、市政府为部队解决了大量营房用地。营房所在地当时是江东区胜利村村民耕种的菜地。这块地是供应城市居民吃菜的主要产地之一，也是当地群众赖以生活的经济来源，但为了营房建设，当地群众毫无怨言地把土地让了出来。为了尽快为部队落实征用的土地，市政府及时召开了区、乡及村民代表共同参加的联席会议，说明了驻军借用农田修建营房的重要意义，同时对生产生活确有困难的农户都妥善地进行了安排。这样不到一个月，有 12 个村共让出土地 921 亩。

土地解决之后，开始筹建营房、医院及一些附属设施。对于营房建设，部队缺技术、缺经验，且时间紧、任务重。为保质、保量按时完成上级下达的指令，通化市政府当即决定，由劳动部门广招能工巧匠，参与部队营房和医院的建设。为统一指挥作战，经军地双方协商，成立了军地主管领导参加的"营建委员会"，并提出"坚固适用成本低、多快好省又安全"的口号。各区、街还组织了义务民工，每天有成百上千人去各施工现场帮助战士挖地槽、搬运砂石木料。仅一年多的时间，就完成了银厂村师部营房和火车站东面山上炮团、坦克团，以及 206 医院扩建等部分建筑施工任务。在施工中，民工们不怕苦、不怕累、起早贪黑，他们与官兵同吃一锅饭，同喝一桶水，并肩作战。

为了提高工人的技术水平，保证工程质量，劳动部门还对技术工人进行考工评级，颁发技术等级证书，使几百名技术工人提高了水平。同时，驻军也号召广大官兵，要拜工人为师。劳动部门还派工程技术人员为部队举办训练班，教他们识图、砌砖、砌石、烧砖、安门窗、上房架等建房技术。同时，对各级指挥员也进行了施工程序、基础理论及基本业务知识培训，使他们在边施工、边学习、边实践的基础上不断提高技能，这些人后来成为20世纪50年代通化市建筑行业的骨干力量。

战士营房从1953年下半年开始施工，到1954年11月基本完成，总面积54万平方米，共3635栋。营房建成后，达到了人有屋、马有厩、车有库、炮有棚，为部队正规化、现代化建设打下了坚实的基础。

1954年冬，为解决38军军直机关办公场所，通化市委决定，将地直机关大楼（今"飞机楼"）赠送给38军做军部，此举受到了省委、省政府的赞扬。为了解决大规模正规化军事训练，1954年冬至1955年6月，通化市政府又为38军征地1300余亩。其中为某部队、陆军第206医院在桃源、佐安、保安、银厂、长胜、民主、明兴等村征用农耕土地684亩，涉及村民86户，劳力191人；为某部队在银厂、保安、佐安、明兴、桃源等村征用农耕土地447亩。所征土地均用于部队训练、演习、宿营、医疗等。这些土地绝大部分是农民几十年来养家糊口的耕地或菜地,但群众听说是部队用来搞训练的,就主动让了出来。这充分体现了当地群众支前拥军的光荣传统。时至今日,在通往二道江公路右侧东山坡,仍能看到当年坦克训练留下的一条坦克跑道。

为了进一步宣传38军在朝鲜战场抗击美国侵略者的丰功伟绩,1955年9月,通化市委宣传部、市县政府文化科与38军政治部,联合在市中昌完全小学(今民主路小学)举办了抗美援朝、保家卫国的图片、实物展览。全市各机关、厂矿、企事业、人民团体、城镇街道居民、中小学生几万人参观了展览。

为了对全市青少年进行爱国主义、国际主义和革命传统教育,共青团市委、市政府文教科还邀请38军特等功臣、一级战斗英雄郭忠田和英雄营、英雄连的代表在全市中小学作巡回报告,英雄的事迹使广大青少年深受鼓舞,深受教育。

38军从朝鲜归国后,有些年龄较大的军官,普遍急于解决个人婚姻问题,通化市各级领导在了解这一情况后,要求市妇联与部队协调,凡符合结婚条件、经部队主管部门同意,由市妇联帮助牵线搭桥,当好红娘。这样,不到一年就促成近百对,使之喜结良缘。此外,通化市政府有关部门还安置部队随军家属 100 余人。

38 军自 1953 年 7 月归国在通化市驻防，至 1967 年 2 月调防离开通化市，前后 14 年的时间，与通化市人民结下了深厚的友谊。这支在朝鲜战场被人们称呼"万岁军"的部队，在和平建设年代也为驻地——通化的革命和建设事业立下了不朽的功绩。

第十章

抗美援朝运动中吉林省的救助帮扶

★ 抗美援朝后援地

当朝鲜人民遭受美帝国主义蹂躏之时，吉林人民尽一切可能帮助朝鲜人民战胜困难。在抗美援朝运动中，吉林各族人民在党中央、吉林省委的领导下，高度发扬爱国主义和国际主义精神，视朝鲜人民的正义斗争为己任，以大量的人力、物力、财力支援抗美援朝战争，在接收和安置朝鲜难民、孤儿、朝鲜干部家属，在转送抢救伤病员、接待安置朝鲜人民军部队整训等方面做了大量的工作。

1. 成立伤员招待站

1950年6月，朝鲜内战爆发后，为了保卫我国东北地区安全和在必要时刻支援朝鲜人民的反侵略斗争，党中央及时采取了应对措施，作为"未雨绸缪"之计。7月13日，中央军委正式作出《关于保卫东北边防的决定》，组成东北边防军。8月中旬，部队在东北西南部完成集结开始整训，并待命入朝。

为保证部队人员、马匹沿途的供给，1950年9月20日，东北人民政府、东北军区联合发出命令（作联字第22号），决定"在山海关、锦州、大虎山、沈阳等地建立供应站"，并责令"各省（市）政府立即进行准备，健全与加强供应站机构，即着手计划筹集粮食、蔬菜、草料、柴火，并限于9月30日前一切准备完毕"。东北人民政府、东北军区又从当时朝鲜战争形势和东北驻军实际情况出发,在命令中强调指出,"今后对部队来往沿途供应工作,是较经常而长期的任务,因此各地成立对部队之供应站,机构须经常保存,不得取消"。"各地供应站工作,直接由军区后勤部统一领导指挥,各地所需筹备之粮、草、料、菜、柴,数目及积存地点,由后勤部指定,当地政府必须遵此执行"。"供应站的办公室(总指挥)须设在车站上,并设置各种电话,便于联络和指挥"。命令要求各有关省(市)设立供应站,成员必须是,"站长(政府)、副站长(铁路)、军事代表"组成,"机构应设办公室、军事代表室、总务处、伙食处、供销处、政治处,各处下设2-4个科(组),代表室下设军运科、军事科"。[1]命令还就联络、保卫、用饭饮水等情况作了具体部署。

为了支持和配合中国人民志愿军入朝作战,充分作好后方物资供给和转运抢救伤员工作,东北人民政府于1950年10月23日给沈阳市、吉林省、辽西省、松江省、黑龙江省人民政府发出密令,"决定在苏家屯、四平、长春、三棵树、尚志、林口、勃力、洮南、绥化等车站由各市、县人民政府负责设立伤员招待站"。任务是"负责过路伤员的

---

[1] 吉林省档案馆藏:《吉林省人民政府文件》(1950)2-6-48,第1页,第6页。

招待工作,供给伤员需要的开水、食物以及解决伤员的其他必要的需求"。"伤员如在设招待站之车站下车,招待站应协同医院用担架将伤员送到医院"。"招待站除了日常工作人员外,可吸收工、农、妇、青年团等团体参加招待站工作"。[①]吉林省政府接到命令后,副主席徐元泉把这项工作交给副秘书长张文海具体负责,立即筹办长春市伤员招待站。

10月末,长春市政府以原移民招待站为基础,将各项招待供应工作合在一起,成立了长春市伤员招待站。郝建刚为站长,赵廷壁为副站长,先由市民政局社会科负责招待站工作,后由长春市民政局局长张靖华亲自负责。招待站原有干部13人,工友12人,伙夫4人。所用办公用品均由原移民招待站迁移过来,招待站设在距长春火车站200米处的原复员委员会房舍。11月7日,招待站开会讨论工作,决定抽调长春市政府建设局秘书科科长陈启明任站长,原站长郝建刚改为股长,并调配15名干部,设供给、招待、秘书3个股。同时准备由市医院抽调医生常驻招待站,解决伤员换药及给家属治疗等问题。此外,还准备派联络员驻四平车站,负责查明每次列车伤员和部队情况,以便早

---

① 吉林省档案馆藏:《吉林省人民政府文件》(1950)2-6-48,第1页,第6页。

第十章 | 抗美援朝运动中吉林省的救助帮扶 ★

志愿军伤病员在中国人民解放军第一军医大学（今吉林大学·白求恩医科大学第一附属医院）休养的情景

做准备。长春市伤员招待站成立后，从10月31日至11月7日，先后接待8批次朝鲜人民军伤员及朝方家属，其中两次安排在长春市和伊通县，一次是11月5日晨2时，朝鲜人民军1900人，下车后在三经路等小学校住宿，除留60名重伤员与干部进入陆军医院外，其余于5日下午9时乘车去吉林；另一次是11月6日晨1时，从吉林市转来朝鲜干部家属500人，由伊通县县长带领，在长春市政府食堂就餐后，由长春市政府将其送往伊通。其余6次是招待路过朝鲜人民军伤员就餐、用水。

★ 抗美援朝后援地

东北人民政府为了进一步加强招待站工作，于1950年10月26日又给辽东省、辽西省、吉林省人民政府发出命令，"决定除上述（指10月23日命令）9处外，另在梅河口、锦州、吉林3处车站各增设招待站一处，由各市县人民政府负责组织建立"。①招待站的具体任务和配置要求同10月23日的命令相同。吉林省人民政府接到任务后，即着手落实。10月29日，吉林省人民政府副秘书长张文海批示，"转令吉林市人民政府立即遵照办理"。②吉林市人民政府按照东北人民政府、吉林省人民政府的命令要求，于10月30日下午6时，召集有关干部开会，研究扩大招待站（10月28日吉林市组建了朝鲜家属招待站）一事。决定从市人民政府抽调干部10人，青年团干部1人（负责动员学生组织临时服务队、慰问队），工会干部2人（负责动员工人抬担架），妇联干部1人（负责组织妇女、女工），铁路干部2人（负责联络列车到达时间和人数），另调公安局3人和铁路公安1人组成检查小组。调吉林市人民政府房管处秘书金明为站长，田宝营（民政部派来的干部）为副站长，下设总务、招待、秘书、运输4个股。吉林省人民政府民政厅厅长杨战韬，吉林市人民政府秘书处处长邵大光负责伤员招待站

---

① 吉林省档案信藏：《吉林省人民政府文件》（1950年）2-6-48，第7页。
② 吉林省档案馆藏：《吉林省人民政府文件》（1950年）2-6-48，第9页。

第十章 抗美援朝运动中吉林省的救助帮扶

工作。1950年11月4日，吉林市伤员招待站第一次招待朝鲜伤员3000余名。

志愿军伤病员在中国人民解放军第一军医大学（今吉林大学·白求恩医科大学第一附属医院）休养的情景

为了充分发挥招待站的作用，保证抗美援朝的物资供给和伤员转运工作顺利完成，1950年11月6日，东北人民政府办公厅派章抉云前往吉林、梅河口，派葛其昌、姜鸿奇去四平、长春检查伤员招待站工作，经过调查，章抉云、葛其昌、姜鸿奇根据各地伤员招待站的工作情况和存在的不足，如实地反映给东北人民政府，对于健全和完善伤员招待站的工作起到了很大作用。

1950年11月7日，吉林省人民政府根据东北人民政府财政部（财审字第258号）通知的要求，结合吉林省各招待站的情况，发出《招待站标准规定的通知》，对招待站工作人员、过往伤员伙食标准，及车马费、办公费、开办费等做了具体规定，进一步加强了伤员招待站的管理工作，强调了伤员招待站在战时后方转运工作中的作用。同时，吉林省人民政府按照东北人民政府11月7日的指令，于11月9日给省内有关市县发出密令（省战字第10号），"决定立即在磐石、陶赖昭、蛟河、敦化、明月沟等地火车站各增设伤员招待站一处"。[①] 有关县人民政府按照省人民政府的指令陆续完成建站工作，并积极开展接待伤员和运转伤员的工作。随着运转招待任务的加重，在短期内又相继建立了图们、春阳、延吉3个伤员招待站。出于各站工作人员编制少、任务重等原因，出现了应接不暇的情况。吉林省人民政府根据情况，于11月12日给东北人民政府呈请增加人员编制的报告，"吉林、长春两市及延吉市各设6人，图们市、汪清（春阳）各设5人，磐石、蛟河各设4人，敦化、

[①] 吉林省档案馆藏：《吉林省人民政府文件》（1950年）2-6-48，第37页。

第十章 | 抗美援朝运动中吉林省的救助帮扶

扶余（陶赖昭）、安图（明月沟）各设3人，共10个招待站，计45人。由于战期任务逐渐繁重，实感现实编制，不敷工作需要"。"故招待站之45人，省里实无法解决，亦请于我省总编制人数外增加，一切供给由国家发给。申即批准，以利工作"。[①]

随着全省伤员招待站的相继建立，有些地方出现了一地设有数站的情况，不仅浪费人力物力，而且领导也不统一，在运输与招待工作中出现一些杂乱现象。对此，东北人民政府、东北军区于1950年11月18日联合发出命令（总字第359号、东府联字第3号），指出"现在各地组织之供应站、招待站、联络站等很多，往往一地就有数站，这样不仅浪费人力物力，而且领导也不统一"。为了统一与加强运输与招待工作，决定"（1）所有各种站均统一于两个系统：一个是兵站系统，一个是招待站系统（所有招待站、供应站、联络站，概统名为招待站）。（2）梅辑线自通化以南（包括通化），安沈线自灌水以南（包括灌水）所有之各种站，均统一于兵站系统。所有兵站均归东北军区后勤部负责领导。（3）梅辑线自梅河口以西（包括梅河口）、安沈线自灌水（不包括灌水）以西，以及东北其他各线之招待站，由各省、

[①] 吉林省档案馆藏：《吉林省人民政府文件》（1950年）2-6-48，第37页。

市人民政府直接领导并统一于东北人民政府民政部领导"。"（4）招待站之任务是：招待伤员、部队、担架队及转移之家属、学校等，所有转运任务则归兵站负责"。命令还就有关招待站的机构设置、招待过往人员标准、保卫保密工作、招待站建立与整顿等事项做了具体要求和指示。命令对吉林省各招待站重新确定如下，"图们、磐石、吉林、长春、陶赖昭、蛟河、敦化、明月沟、春阳（以上各站属吉林省）"。①

1950年11月27日，吉林省人民政府按照东北人民政府的指示，发出《关于重新划分招待站等级的规定》，重新确定吉林省9个招待站的等级，其中，"大站：吉林市、图们市（编制20-25人）。中站：长春市、新站（编制15人）。小站：明月沟（安图县）、敦化、春阳（汪清县）、陶赖昭、磐石（编制10人）"。②《规定》明确要求，各站必须设总务、秘书股，固定人员编制及人员具体分工。各市、县人民政府按照吉林省人民政府的指示，加强所属招待站的机构建设工作，组织和发动广大群众积极参加转运抢救伤病员、招待过往部队等工作，逐步建立起比较完整的招待服务体系，确保各项工作的顺利完成。仅以长春市招待站为例，

---

① 吉林省档案馆藏：《吉林省人民政府文件》（1950年）2-6-48，第1页，第6页。
② 吉林省档案馆藏：《吉林省人民政府文件》（1950年）2-6-48，第1页，第6页。

第十章 | 抗美援朝运动中吉林省的救助帮扶

长春市人民政府从市内各机关、团体、工厂、学校、街道居民中"组织担架6273副","1951年增加到7785副,队员53998人"。① 招待站工作人员昼夜值班,一有命令就按计划通知担架队立即赶到,组织转运。志愿军伤员送到第7野战医院(今964医院)、军医大学(今吉林大学·白求恩医科大学第一附属医院)等医院;朝鲜人民军伤员送到友军医院(五一医院)。从1950年10月末至1951年末,长春市招待站共"使用担架5855副,转送到第7野战医院伤员16876名、军医大学1756名,转送朝鲜人民军伤员834名"。② 为了保证伤员的治疗需要,"市内组织了输血总队,分为52个分队,分配到接收伤员的医院。输血队员经常保持在6000至8000人,从1950年末到1952年初,输血队共为伤员输血145.8598万毫升。市妇联组织各区街道妇女组成60个拆洗大队,有58432人,从1950年末到1952年初,为伤员拆洗被服87621件"。③ 她们不怕脏,不怕累,把一件件带有血污的被服拆洗干净,叠得整整齐齐送给伤员,有时还放一些慰问品、慰问信,鼓励伤员安心休养,早日

---

① 中共长春市委党史研究室、长春市民政局编:《抗美援朝运动在长春》,第10页。
② 中共长春市委党史研究室、长春市民政局编:《抗美援朝运动在长春》,第10页。
③ 中共长春市委党史研究室、长春市民政局编:《抗美援朝运动在长春》,第10页。

康复，重返前线杀敌立功。

为了使招待站工作更加完善和正规，1950年12月1日，东北人民政府民政部发出《关于建立各线招待站的规定》，对招待站的编制、保卫工作、会议汇报制度、联络方法等做出了具体的规定。东北人民政府民政部战勤处第二室为联络总站。齐齐哈尔、吉林、梅河口、凤城、锦州、三棵树（今哈尔滨道外区内）为中心联络站，吉林省的新站、敦化、安图、图们、春阳、长春、陶赖昭、烟筒山（磐石）等8个站向吉林中心联络站联络。各中心联络站每日晚7时至9时，用电话向联络总站汇报。各省、市人民政府认真落实《规定》的要求，使招待站的工作逐步系统化。

招待站（兵站）将军用物资疏散入库

1950年12月5日,东北人民政府向东北各省、市人民政府及有关部局发出《关于招待站经费开支的规定》(东府财字第25号),进一步明确招待站开支范围,供给关系及开支标准,特别是对招待过往部队、朝方干部家属、伤员、担架队、战勤技术人员、屯垦系统人员,及过往部队马匹的招待费(包括粮、油盐、蔬菜、燃料之运费)和标准做了细致全面的规定。东北人民政府连续下发的几个有关招待站的规定,对各省、市招待站起到了有法可依、有章可循的作用。

招待站的任务是比较繁重的,到1951年末,吉林省招待站"招待过往部队660994人,伤员97562人,朝方家属2839人,民工21294人,共计782689人"。[①]设招待站的市、县人民政府动员广大群众组成担架队、输血队、洗衣队,配合招待站和医院工作,除送饭菜、饮水之外,还组织一批医护人员给伤员处置伤口、输血、注射药剂等。长春、吉林、陶赖昭招待站参加洗衣队队员66532人,洗衣服132640件,拆洗被褥3264件;延边5个招待站动员妇女18000多人次,招待过往伤员列车500多次。特别提出一点,1954年7月,东北各省区域重新划分,原辽西省管

---

① 四平市委党史研究室:《四平市抗美援朝综述》。

★ 抗美援朝后援地

辖的四平市划归吉林省管辖。抗美援朝期间，四平市招待站接待过往部队、战勤人员等共1852批833000人[①]，还给15批7100多匹军马供应安排了草料。

1952年初，吉林省招待站工作告一段落。

招待站是在抗美援朝中形成的一个特殊的工作机构，它的工作性质和任务是根据东北后方基地的实际情况和朝鲜战场形势发展的需要而决定的，并且在抗美援朝中发挥了很大的作用。主要作用有三个方面：

一、保障作用。在抗美援朝中，招待站及时地为部队指战员在运输途中供给食物和饮水及需要的各种物资，保证了参战人员保持良好的身体状态，及各种参战前的准备工作（如马匹饲料的准备和供给，燃料的供应等），使部队在入朝前作好充分准备，顺利地进入战斗状态。

二、援助作用。美帝入侵朝鲜后，大批的朝鲜人民军、伤员、干部家属、儿童、难民，被陆续地运送到东北，进行整训、治疗、定居等，各地招待站担任分流安置、供应食物用水等具体事务，使朝方人员能够顺利地到达指定地点，定居生活、养伤治疗。可以说，招待站工作是东北人民发扬国际主义精神援助朝鲜人民的一个具体体现。

[①] 吉林省档案馆藏：《吉林省人民政府文件》（1951年）2-6-50，第49页。

三、救护作用。招待站建立以后,主要的工作是转运救护伤员。在朝鲜战场受伤的中国人民志愿军和朝鲜人民军伤员,运送过图们江、鸭绿江之后,大多数安置在东北各地。在车辆转运过程中,伤员需要食物用水和救护等工作。招待站及配属的担架队、输血队等在途中站及时地为伤员准备好食物用水,运送设备,检查伤员病情,帮助换药,甚至为伤员输血。例如:延吉陆军医院医护人员李春子、韩顺善等,在伤员列车上连续3至4次为伤病员输血。又如:长春市、吉林市招待站的担架队、输血队,及时地把伤员从列车上抬下来,稳抬稳送,把中国人民志愿军和朝鲜人民军伤员送到医院进行抢救治疗,如果伤员病重或病危需要输血,队员们毫不犹豫地为他们输血。

2. 安置难民

我国延边朝鲜族自治州延吉、和龙、珲春三市县与朝鲜毗邻,边界线长达500余千米。图们江两岸水浅处可以徒涉往来,冬天结冰更是畅通无阻。延边又是朝鲜族聚居的地方,在语言、生活习俗方面与朝鲜人民有很多相同之处。抗美援朝期间,延边人民除担负起繁重的战勤任务外,还担负全省安置朝鲜难民、照顾孤儿,接待伤员的主要任务。

1950年7月2日,吉林省委在给延边地委的批复中明

★ 抗美援朝后援地

辑安（今集安）人民为朝鲜难民提供食宿

确指出，"对朝鲜人民这一正义的斗争，基于伟大的国际主义精神，全国人民是热烈赞助与支持的，目前在延边大多数朝鲜群众中的激愤与兴奋的情绪更是自然与正当的"。"必须把广大干部和群众的这种激愤化为力量，把一切热烈关切朝鲜独立和平与统一的心情，化为有组织的力量"。"延边与朝鲜毗邻，延边地区社会秩序越稳定，生产搞得越好，对朝鲜帮助越大"。"在延边的朝鲜人民在支持与援助朝鲜人民上，应采取不同于朝鲜国内人民的形式，对一切精神上、物质上的正当表示，都应采取有组织、有秩序的方法进行，必须经报告请示后有计划、有组织地进行，否则会影响国家对内对外的关系"。[1]9月9日，吉林省人民政府又指示延边地委和专署，对朝鲜难民，要准其落户，无亲友可投者，给予救济；对过来之难民要很好地进行教育，稳定其情绪，组织他们进行生产劳动。

为了作好对朝鲜伤员及家属、难童的安置与照顾工作，吉林省政府特别作了指示。在1952年10月9日《吉林省人民政府关于接收安置朝鲜难童的决定》中要求：

（一）抢运安置朝鲜难童是战时紧急的重要任务，各市县各部门必须以国际主义精神，认真负责地把这一工作做好。

（二）各市县任务：长春市1250人，吉林市200人，扶余500人，榆树750人，舒兰1250人，九台400人，德惠750人，永吉400人，磐石750人，蛟河500人，敦化500人，计7250人，安置原则以200人、500人、750人为

---

[1] 吉林省档案馆编：《中共吉林省委重要文件汇编》(1950-1951年)，第3册，第119页。

单位安置，以中小城镇交通方便无地方病地区为宜。

（三）供给由省府财政厅负责，按照国家标准执行（被服另发），但医药费在第四季度内每人每月3万元集中使用，超预算，民政部门协助。要设立独立账，由财政部门规定科目。

（四）住房应尽量挤公房，如占用群众房屋要给一定租金，房屋修理标准以不倒塌，不漏风雨，有防寒取暖设备，室内洁静为准则，吉林市设小学校200人。

（五）在十分必要的情况下，可采用勤杂人员（现在可先准备伙夫），必须经过审查，经费开支列入接收朝鲜难童预算内。

（六）临时抽调4名干部前往安东（今丹东）招待站帮助工作，由榆树、舒兰、长春市、省民政厅各调1名，出发时间另行通知。

（七）难童到各地后汽车、大车之运输由接收安置地方政府负责，其一切费用均由财政部门开支。

（八）各市、县接收安置等地方政府要经常与车站保持联系，要派人到车站接收。

（九）朝鲜大使馆人员10月12日来我省赴各地看房子及了解准备情况，请予接待。

（十）具体到达各地时间由民政厅临时通知。

第十章 | 抗美援朝运动中吉林省的救助帮扶 ★

（十一）保卫工作由公安部门负责，卫生工作由卫生部门负责。

（十二）安置工作总体由民政厅负责，但重大的需请示主席，有关经费问题请示财政厅，省府指定民政厅战勤科长主持日常工作。

1950年11月6日吉林省人民政府主席周持衡、副主席于克、徐元泉在《关于接收安置朝鲜伤员朝鲜干部家属应注意事项的指示》中要求，"为了使友方伤员及干部家属可以迅速地治疗与休养，并妥善地安置，我们必须主动地、积极地给他们切实解决实际问题，这是我们的国际主义思想与精神，以及反对美帝国主义，支援朝鲜，最实际的一种具体表现与考验。因此必须以高度的责任心与热情，在有关此工作的干部中、群众间进行国际主义精神的教育，做通干部思想工作，提高国际主义精神的原则性。反对与纠正狭隘的民族主义观点，以防对中国伤员一种看法与态度，对朝鲜伤员则是另一种看法与态度的表现"。为做好对朝鲜伤员及家属的安置与照顾工作，吉林省人民政府还在指示中强调：

一、朝鲜伤员医院、病房与医务工作人员所需房舍必须按省府召开有关县长会议的指示规定，迅速确切地妥善解决，必须保证不冷不漏，以达到他们治疗与休养的目的，使他们精神物质上得到必要的安慰。在给他们准备时协同随来之医院负责人选定手术室、服料室、消毒干燥室，帮助进行必要的布置。手术室之火墙锅炉门尽量修在室外，以防手术时有灰尘，消毒不净，伤口染菌化脓。

二、医院办公及病房必须最低限度之桌凳等家具须迅速确切地为之解决（动员群众借用），伙食用具如：缸、罐等，大小便盆（重伤员用的）、痰盂、痰盆等，由已发之开办费内迅速购置。

三、在粮食局支拨证未到达前，伤员及医院工作人员所需之粗细粮由地方政府筹措垫付，以后由粮食局支拨粮内付还，菜金由预发之菜金内使用。同时须按伤员及工作人员冬季所需之蔬菜迅速如数为之定购。挖菜妥为保存，不得冻烂遭受意外损失，其他食品则按前指示由合作社组织供应，如肉类蛋类等。

四、伤员如缺少被服必须补充者应协医院迅速调查送省以便汇总报请，如无棉衣、被子者尽可能设法垫付，或向群众暂时借用，以后再行补发或偿还。

五、医院所缺之护理人员及伙夫等勤杂人员须确切地迅速为之动员补充。

六、防空与伤员安全问题：

1、伤员所在地须防止蒋美特务、土匪袭扰伤害，公安人员必须负责，很好布置与进行保卫工作，防止特务活动、放毒等，并对动员勤杂人员与护理人员给以掌握及审查。

2、在沿交通线伤员集中之车站或大市镇病房附近，在解冻前均须挖防空沟或单人掩体，重伤员则须挖能放担架之防空沟，以备空袭时将伤员抬入。

七、凡应解决而你们力量又不能解决的问题随时报请省府解决，此指示须在有关干部中传达与讨论，要很好地领会，以期此精神贯彻下去，并将执行情况具报为要。

吉林省委的指示精神在延边得到了很好的贯彻。接到安置任务后，延边地委、专员公署根据吉林省人民政府1950年发出的《凡自由移来之难民招待站移交当地政府均安置》《友方人员移来我省必须适当安置及处理》的指示精神，1950年11月召开各县县长、公安局局长会议，专门研究难民问题。会议决定延吉县的稽查处、开山屯、图们、和龙县的南坪、珲春县的凉水泉子、圈河等地设难民接待站和联络处，由延边战委会主任朱德海总负责，各县联络处处长、公安局局长、边防处处长及延边五县县长为委员，将朝鲜难民适当地安置及处理。

由于很多难民过来时身上一无所有，还有一些患病的难民需要治疗，延边地委深感仅依靠财政拨款不够安置难民的开销，于是延边地委向延边各界、各族人民提出"省吃省穿救济难民"的号召。延边各族人民积极响应地委的号召，发扬高度的国际主义精神，有钱的出钱，有房的出房，有衣的出衣，有粮的出粮，热情地接待和安置朝鲜难民。延边人民对待难民亲如兄弟，难民一到接待处，先检查是否受伤，若是受伤或是有病，马上把他们护送到后方医院进行治疗；若是投亲靠友的，就千方百计帮助寻找亲友，他们的一切路费、生活费、医疗费由财政厅或是当地村民委员会和街道委员会负责解决。有的难民暂时找不到亲友，群众把他们收留在自己家，并细心地照顾和安排他们的生活。每次难民被分配到住地，当地干部群众把他们分为全救济、部分救济、不救济等三种类型。假如是全救济对象，就马上动员起来，一方有难，八方支援，有钱的出钱，有物的出物，保障他们的正常生活。如果是部分救济对象，就用当地政府与财政厅的救济款来妥善地安排他们。如果不是救济对象（托靠亲戚或国内带来一定生活费的人），就地适当照顾安排居住处。

仅 1950 年 8 月，延边地区就接待安置朝鲜难民 2000 余人。在抗美援朝运动中，延边地区所用救济款 4.87 亿元（东北币），捐献衣物 43180 件，朝鲜难民归国所用旅费、运费、补助费等款额达 10.1 亿元；接待安置朝鲜孤儿 4616 人，难民近万人，朝鲜人民军和伤员 5 万余人；所用经费

21亿元，开办1所孤儿院、3所初等学校和1所中等学校，安排1959名朝鲜儿童入校学习；接待治疗朝鲜人民军伤员用的医药和物品款共20.65亿元（东北币）。许多朝鲜难民在停战后回国，对中国政府和吉林人民依依不舍，感激万分，他们说："中国政府和吉林人民对我们的救命之恩，永远不忘。"

战争是无情的，可正是在这无情的战争中，朝鲜人民看到了中国人民的国际主义精神，看到了延边各族人民对朝鲜人民的无私援助和兄弟般的热情。

和龙县崇善区李玉芬家被安排了难民三人。这几个难民由于长期的营养不良，患病卧床不起，李玉芬一天三餐细心照顾他们，把舍不得给自家孩子吃的蜂蜜酱拿出来给他们三人补充营养。延吉县开山屯区委李永三看到朝鲜难民穿着破旧的衣服，当场脱下自己的衣服让难民穿上。延吉市妇女们听说朝鲜难民缺粮食和衣物，纷纷捐献衣物粮食，派代表直接送到难民手里，并鼓励他们振奋精神，鼓足勇气再建家园。延边人民用实际行动谱写了一曲曲动人的友谊之曲，温暖着难民们被战争创伤的心，许多对生活绝望的难民激动得热泪盈眶，感激之言无法表达。

在安置朝鲜难民工作中，最辛苦的还是各接待站的边防战士们。他们吃住在边防站的临时大棚里，为了难民的生命安全昼夜奔忙，每次难民一到，他们立即与联络处联系，把难民直接护送到后方医院或安排住宿，并对难民说："有我们在，一定能保证你们的安全，在这里有我们吃的就有你们吃的，有我们喝的，就有你们喝的，决不能让大家渴着饿着。"难民们听到这番话，感到好像到了自己家，情绪也稳定了，疲倦也消失了。

为了使朝鲜难民在延边过着无忧无虑的生活，延边地委着重研究难民的就业问题。经过治疗基本上恢复身体健康的难民被组织起来到农村去，参加住地村屯的生产劳动；没有完全恢复的，但能参加自助劳动者，安排在自立的服务行业及商业部门，让他们就地安家乐业。延边人民顾全大局，舍己为人的崇高品德，使朝鲜难民终生难忘，难民朴真淑说："中国共产党真是照顾得很好，不是中国朋友，我们早就冻死饿死了，中国政府的恩德永不忘记。"

朝鲜战争结束后，难民陆续回国。3 年来朝夕相处，共同劳动，共同生活的两国人民临别时，难舍难分，相互拥抱不愿分别。当欢送队伍到车站给朝鲜难民送行的时候，他们拉着中国朋友的手激动地说，"回国后，积极参加祖国复救建设，贡献力量来报答延边人民和中国政府对我们难民的关怀"，"中国政府和人民是我们难民的恩人"。

3. 照顾难童

1951年6月1日，是抗美援朝后的第一个儿童节。当天，吉林省民主妇女联合会在《吉林日报》刊发题为《抗美援朝，保卫孩子》的文章。文中写道："旧中国儿童们的不幸时代已经过去了。新中国的儿童在人民政府和中国共产党的领导和保护下，开始了幸福生活。""我们为了保卫和建设新中国儿童们的幸福生活，保卫全世界儿童们的生存和健康，我们决不能容忍美帝国主义的侵略，破坏儿童们的和平生活。当我们听到美帝国主义惨无人道的毒害和残杀朝鲜儿童，使千千万万的朝鲜孩子们流离失所、冻饿死亡时，我们对兄弟国家受难的儿童和他们的母亲们深表同情，对美帝国主义的野兽行为深为愤恨。我们要把这爱护儿童、保卫和平的意志，和对美帝国主义的仇恨，化为坚强的力量。"

朝鲜战争中，美帝国主义给朝鲜人民造成了深重的灾难，把良田变成了焦土，把城市炸成了废墟，任意屠杀平民，连无辜的儿童也不能幸免。我国政府本着阶级友爱和国际主义精神，决定接收3万名朝鲜难童入境，为其治病，让其上学。1952年10月6日，东北人民政府卫生部召开会议，决定将这3万名朝鲜难童在10月15日前后，分别由安东（今丹东）、图们、辑安（今集安）3处口岸接收入境。

★ 抗美援朝后援地

吉林省调集细粮，千方百计为朝鲜儿童调剂伙食

  吉林省接到东北人民政府难童安置的指示，这批朝鲜儿童从 4 岁至 14 岁，共 7608 人，工作人员 1082 人。吉林省人民政府决定，由长春、吉林、延边等承担抚养朝鲜难童任务的地区接受安置任务。要求各地发扬无产阶级的国际主义和人道主义精神，积极、热情地为难童服务。妥善安置朝鲜儿童后，首先为朝鲜儿童进行健康检查，对发现有疾病的儿童立即治疗，对朝鲜儿童全部供应细粮，炊事人员要注意伙食调剂，确保这些儿童有足够的营养。各地还根据儿童的不同年龄，办 13 个初等学校，5 个爱育园，6

个人民学校，圆满地完成了抚养任务。

延边人民接待朝鲜难民的同时，也接待了 4616 名朝鲜孤儿和荣军家属儿童，所有的经费达 21 亿多元。延边地委、专署为了朝鲜人民和朝鲜革命后代，克服了种种困难，先后创办了 2 所荣军学校，1 所孤儿院，4 所分校，为朝鲜儿童在战争年代里平平安安、无顾无虑地学习和生活，创造了良好的条件。延吉县委在龙井东山坡上建立了龙井荣军学校和龙井孤儿院，收养了无依无靠的朝鲜孤儿 1200 人；延吉市成立的荣军学校，不仅有志愿军伤残军人休养和学习，而且有朝鲜荣军家属儿童在校学习。此外，敦化、图们、五明、松下坪等地都设有分校，对朝鲜孤儿和儿童进行了文化教育。学校根据学生的年龄，分为初等学校和中等学校。仅 1951 年，在图们、龙井、五明等 3 所初等学校里学习的学生就有 1959 人，教职员有 309 人。

在办校过程中，延边人民一心一意为朝鲜孤儿服务的感人事迹至今还在各地传颂。当时，图们、敦化、松下坪等地一时解决不了学生教室，当地政府纷纷把机关办公室腾出来给学生当教室用，并发动群众维修老百姓的住宅，解决了教师办公室和学生宿舍、食堂的问题。延边专署在资金紧缺的情况下，在财政里拿出 7 亿元解决了各校教学用品，购置桌椅、粉笔、黑板及一些体育、音乐等方面的器材。各学校的教师员工也发扬了大公无私的国际主义精神，提出"一切为了孩子"的口号，主动扣除部分工资，用以购买纸张、地图、油印纸等。龙井孤儿院的教师员工们每月从工资里扣除10万元（东北币），全部用于购买学生的娱乐设施和体育器材。延吉市初等学校的广大教职工提出"教育植根在无私的爱""一切为了朝鲜儿童"的口号、开展献爱心的活动，他们连续一年半扣除每月工资的10%，全部用于购买办学用品。在各地政府和广大人民群众大力支持和帮助下，各地孤儿、荣军学校相继开学，而且具备了一定的教学规模，很多学校都配备了图书室、阅览室、播音室以及篮球场、桌球等。当时，龙井、图们、五明等地学校规模比较大，龙井2所学校用地面积有56121.32平方米，共27间房屋，五明学校用地面积有2570.8平方米，共11间房屋、图们学校用地面积有26936.6平方米，共16间房屋。

各学校后勤部的职工们像父母一样照顾朝鲜儿童，为了给儿童补充营养，他们定期供给儿童肉类、鱼类、鸡蛋和各种副食品，如水果、饼干、糖块、面食等，品种达四五十种。他们对朝鲜儿童关怀备至，使难童们在异国他乡充分感受到父母之爱。当时任敦化县初等学校专职理发员的田广志回忆说，"刚来时，这些孩子由于在朝鲜长期蹲防空洞，营养不良，体弱多病，身上长疥，头上生疮，我们政府是舍得花钱的，什么东西好，就给他们什么吃，鱼呀、肉啊，应有尽有，想吃啥就买啥吃"。经过后勤部职工们的细心照料，这些孩子的身体都健壮起来了。

各学校为了保证学生心身健康，经常组织丰富多彩的文体活动，定期（每星期一次）检查卫生，加强卫生防疫工作。检查中如果发现有病者，马上同当地医院取得联系住院治疗，重者转院到长春或九台的医院。有一次，延边五明初等学校的部分学生不知什么原因几日拉肚不止。延边公署教育厅专员接到消息后，立即派有关人员去调查原因，发现是饮用水水质有问题。延边专署当即指令财政部门拨款3亿元，重新挖掘水井，并安装压水器，解决了水质差的问题。

朝鲜停战后，接收安置时14至15岁的孤儿，已经成长为18至19岁的青年，陆续回国；年龄较小的也在1958年全部回国。归国时候已经长大成人的孤儿们，握着抚养自己、教育自己的老师、叔叔、阿姨们的手，依依不舍地告别，有的情不自禁，一边放声大哭，一边说着，"叔叔、阿姨们的养育之恩，终生不忘"，并表示回国后把中朝人民用鲜血凝成的万古友情，世代传下去。

在接收安置朝鲜儿童的工作中，吉林市舒兰县委、县政府受到东北局民政部的表扬，并将安置朝鲜儿童的经验

★ 抗美援朝后援地

中国人民志愿军英雄郭忠田大尉和11岁的朝鲜战争孤儿韩连香难舍难分（1958年3期《吉林画报》）

印发给东北各省。

1952年10月，舒兰县开始接收安置朝鲜儿童。其中接收儿童485人，教职员工（包括保姆，护理人员）65人，共计550人。为了做好这些孤儿的安置工作，舒兰县委、县政府决定在交通便利的舒兰老县城朝阳镇建立一所朝鲜中学建制的儿童学院，称"朝鲜儿童教育学院"。学院占地面积达3777.27平方米，建筑面积为2627.75平方米，砖瓦结构的校舍11间，购置修缮民房57间，共计68间，学院内设有教务室、教室、宿舍、食堂、浴池以及理发室、游艺室及各种设施。此外，学院还购置了玩具，使深受战争创伤的朝鲜孤儿有了一个安静的环境，学习生活以及文体娱乐活动得到了全面保障。这些孤儿的吃、穿、住、用均由舒兰县政府供给。教学人员除朝鲜政府派来的以外，舒兰县政府也从朝阳镇中心校聘请汉语文教师和少先队辅导员以及厨师、勤杂人员，为"朝鲜儿童教育学院"老师义务服务。舒兰县委、县政府和当地区委对学院非常重视关心，经常前去看望慰问，帮助解决实际困难。逢年过节，县委、县政府都组织慰问团专程慰问。1954年，中央慰问朝鲜儿童代表团团长康克清来到"朝鲜儿童教育学院"慰问，转达了毛泽东主席对朝鲜孤儿的关怀和中国儿童对朝鲜儿童的友爱情谊，并向朝鲜儿童赠送了礼物。

朝鲜儿童初来舒兰时，因受细菌感染，多数患有皮肤病、结核病、麻疹等病征。舒兰县政府委派当地有经验的医生王启祜给予及时治疗。经半年多精心治疗，这些儿童全部治愈，王启祜医生也受到了朝鲜东北儿童教育处的表彰，并荣获奖状一张。

为了保证朝鲜儿童的健康成长，舒兰县政府按每人每月210分（合人民币40元）供给朝鲜儿童伙食费。每日三餐，每餐四菜一汤，3天一头猪，3天一头牛。定时吃完，不食过期食物，杜绝病患。伙食卫生要求十分严格，每顿饭菜要给医护人员检查，保留3天。炊事班14人个个业务优良，政治可靠，热心于孤儿教育工作。炊事班长聂文学因技术好，服务周到热情，还荣获了一枚朝鲜劳动党颁发的勋章。

为了帮助"朝鲜儿童教育学院"搞好管理，舒兰县政府民政科还选派金日云去儿童学院当翻译兼清理员，负责日常事务管理工作，院方有什么事情由他帮助联系、沟通。同时，还派汉语教学水平高的郑焕模老师担任学院的汉语文教师。

为了改善学院学生教学分散与宿舍不足的问题，舒兰县政府还向上级部门申请经费2598167元（东北币），修缮费668599000元（东北币），县政府调剂解决2536000元（东北币），新建了1625.50平方米的儿童教室和89平方米的教务室，同时增加了卫生设施，购置了唱机和运动器材，进一步改善了学院的各方面条件，使这些失去家园的孩子们有一个整洁宁静的学习环境和宽敞多功能的娱乐场所。舒适优美的学习、生活环境，让孩子们感到家的温暖，身心得到健康发展。

舒兰县委、县政府领导对"朝鲜儿童教育学院"十分关心，经常过问儿童、教职员工的学习、生活和工作情况。县委书记李占魁、县长刘学温多次看望那里的孩子们。每逢节日，县委、县政府都组织慰问团专程前去慰问，带去舒兰人民对朝鲜孤儿的关爱，送去全县各界人士捐赠的学习生活物品。院方也经常邀请县委、县政府领导一起联欢。舒兰县当地小学和"朝鲜儿童教育学院"也经常举行联谊活动，开展有益团队活动。1958年夏天，在舒兰"朝鲜儿童教育学院"学习生活了6年的朝鲜儿童要回朝鲜，"六一"国际儿童节当天，在辅导员组织带领下，中朝两国儿童在朝阳镇东山湾的山坡上共同栽下了象征中朝团结友谊的友谊树，并竖立一座"中朝友谊碑"。

中朝儿童在舒兰竖立的中朝友谊碑

★ 抗美援朝后援地

吉林省收容朝鲜儿童分布情况表

1952.12.25

收容地址		收容数目			儿童年龄		注
		小计	儿童	家属及工作人员	4—7	7—14	
合计		8 690	7 608	1 082	402	7 206	
敦化县	城区	515	448	67		448	
德惠县	城区	1 233	1 118	115		1 118	
长春市	卡伦	575	513	62		513	
长春市	大屯	1 530	1 403	127		1 403	
九台县	饮马河	177	128	49	50	78	
九台县	左家堡	212	85	127	85		
舒兰县	朝阳	535	483	52		483	
舒兰县	小城子	805	700	105		700	
蛟河县	城区	208	197	11		197	
蛟河县	乌林	346	292	54		292	
扶余县	东陶赖昭	327	297	30		297	初级学校
扶余县	西陶赖昭	330	298	32		298	初级学校
吉林市	西关	211	180	31	40	140	一个学校暂分2处
永吉县	双河镇	257	190	67	8	182	
永吉县	桦皮厂	254	188	66	187	1	
磐石县	城区	859	789	70	32	757	
磐石县	烟筒山	316	299	17		299	

4. 医疗服务

抗美援朝期间，吉林省除担负着安置朝鲜难民、照顾孤儿外，还担负接待伤员的任务。志愿军伤员回国后，由安东（今丹东）和辑安（今集安）通道转送到祖国各地治疗。由于安东（今丹东）鸭绿江大桥被敌机炸断通道受阻，志愿军伤员一度全部由吉林各地医院收治与转送。

驻通化第31陆军医院（今解放军第206医院）是抗美援朝时期的基地医院，担负着对志愿军伤员的收转分类、清洁洗消、重危抢救、阶梯治疗、定期隔离、分科后送等卫勤保障任务。

3年中，医院共救治和后送志愿军伤员142264名，其中伤员112589名，占全部志愿军伤员的51.2%。第31陆军医院（今解放军第206医院）于1950年11月13日奉命由重庆汇单北上参加抗美援朝。同年11月27日，副院长夏和成率先遣队抵达通化市，后续部队于12月2日全部到达。由于当时朝鲜战局的变化，上级令该院改变入朝计划，就地展开收容。为此，与收容伤员相关的物资和房舍必须得到当地的支持。夏和成副院长及时与通化地委、专署联系，并汇报上级下达的任务情况，请求地方支援。

第31陆军医院（今解放军第206医院）在抢救志愿军伤员

通化地区党政领导随即决定，只要志愿军伤员需要，要房给房，要物给物，要人给人。由于战时伤员数量多，第31陆军医院编制床位为2600张，开展床位7000张，当地政府即拨出了大批民房、学校、仓库、机关为该院做病房。通化地区政府同时充分满足伤员的取暖用煤、细粮和副食供应，还以最快的速度为医院赶制了2000张木床，紧急调拨了7000个草垫，解决了陆军医院的燃眉之急。此外，还订制和购买了可供4000人用的锅碗瓢盆等炊事用具和大量的水壶茶杯等生活用品，由东北军区后勤仓库供应卫生被服，从而使该院展开收容具备了必备条件。

通化地区党政领导经常到医院了解情况，征求意见，参加"联席会议"，出席医院庆功大会等。政府还派出民工帮助医院建立了292人的民工担架大车队（当时医院未配备汽车），负责伤员的转运工作。医院雇用了214名当地职工，从事清洁、理发、炊事等后勤工作，大批地方护理人员也自愿到医院参加护理和生活服务。通化地区政府和人民群众的这些支援，不仅有效地解决了当时陆军医院的基本需要，而且使该院同志增强了克服各种困难、胜利完成任务的信心。

上海市抗美援朝医疗队到达通化

1950年11月9日，根据东北人民政府急电和中共辽西省委、省军区"关于在后方建立陆军医院"的指示，四平市梨树县委、县政府成立修建委员会，抽调得力干部和大批木瓦工匠，分别在梨树镇、郭家店镇各建一所任务院（当时称谓）。到12月上旬，两所任务院修建和改建工程基本竣工，共建伤员医疗室240间、医务室15间、工作人员及其他用房140间。梨树任务院抽调各区医生近30人，另从辽西省卫生学校派来医士学位学生和护士60人。

任务院归省军区管辖，主要负责从朝鲜战场转来的伤员的治疗，另外设置门诊为老百姓服务。任务院设置内科、外科，以及门诊部、住院处。从朝鲜转来的伤员有男有女，有士兵有干部，其中急、慢性病员较多，战场伤员较少。后来，将病员和伤员分开，又设伤员医院一处，由部队自己管理。到1952年初，梨树、郭家店等处陆军医院共接收伤员2310名。

医院在接收、转运伤员和伤员治疗、休养期间，设有担架队，到转送站接收重伤员；备有输血队，随时为伤员输血；建有洗衣队，随时为伤员换洗衣服。各地抽调上来的医生、护士和工作人员把伤员当作自己亲人，嘘寒问暖，悉心照料，擦洗身体，接屎接尿。除安排好食宿外，还设置了简易活动室，配备一些活动器材，供伤员康复锻炼。

梨树县人民表现出了高度的爱国热情和对伤员的崇敬关爱之心。各机关、团体、企业、学校自愿组成备用输血队和慰问团组，加之家庭和个人慰问者，进出医院的人员络绎不绝。还有的写慰问信、送花，文艺工作者举办戏剧演出。据统计，慰问物资累计价值194万余元。

白城地区大赉县陆军医院三分院是在抗美援朝运动期间筹建的一所医院，在当时也承担着救治志愿军伤员的任务。1950年11月初，东北局决定在大赉县筹建一所医院，开始接收并治疗从朝鲜战场下来的伤员。11月9日，陆军医院三分院孙院长带领部分同志，奉命来大赉县与县委书记任尚琮、县长高霄云联系建院事宜。11月10日，县长高霄云主持召开了有关部门领导参加的三分院筹建会议。会后，各部门按照会议的要求、开展了紧张的筹建工作。11月11日，房产处、民政科和三分院的同志，本着院落要大、房屋要多和尽量动用公房、少占民房、压缩搬迁量的原则，深入到街、委、组进行了实际调查，确定了目标。高霄云随后带领有关部门同志深入到需搬迁的群众中去，开动员会，作思想政治工作，使搬迁户愉快地进行了搬迁。11月14日搬迁工作结束后，由卫生科、房产处、财粮科、工商科、建筑公司、民政科的负责同志与三分院领导同志进行了整体规划。经研究商定，三分院院部设在王瑶（伪街长）大院（现公检法大院）。对院内54间房屋的使用安排是：院部办公室8间,院长办公室2间,小会议室2间,X光室3间,化验室 3 间，手术室 8 间，药房 8 间，食堂 5 间，仓库 5 间，会议室 5 间。为了加强军民团结，还特设对外门诊部 5 间，凡经大赉县医院、中医院介绍，大赉县卫生科批准，群众可以到门诊部就医。

一病区设在李记粮米铺及西边一部分居民区（今大赉镇），共有房屋 49 间。使用安排为：病房 34 间、住院部和药房 5 间、食堂 5 间、仓库 5 间。二病区设在安济川大院及少数居民区（后为机关幼儿园、燃料公司一商店），有房屋 43 间。使用安排为：病房 28 间、住院部和药房各 5 间、食堂 5 间。三病区设在原伪满道德会大院（后为中医院、百货二商店），共有房屋 62 间。使用安排为：病房 43 间、食堂 7 间、仓库 5 间、住院部和药房 7 间。三分院总占地面积为 30000 多平方米，房屋 208 间，共设病房 105 间，能接纳 400 多名伤员。

1950 年 11 月 16 日，由县工商科动员各企业出物，房产处动员建筑公司抽调木瓦工，大赉镇各街道动员大批民工，按上述规划方案进行了必要的修缮。时值天寒地冻的季节，泥瓦工克服重重困难，仅用半个月的时间就全部完成了房屋的修缮任务。大赉县木工厂的工人任劳任怨，加班加点，没有任何报酬，不分昼夜地干，仅用一周时间，就做出了 500 多张木床，满足了病房需要。25 日，当筹建工作进入结束阶段时，大赍县政府召开各部门领导会议进行动员，要求各单位制作担架、组织担架队，并由卫生科、民政科和县医院组织输血队，由文教科、文化馆和各学校排练文艺节目，由大赍镇妇联组织卫生服务队。

从12月1日起，大赍县民政科安排人员昼夜值班，听候安东（今丹东）及辑安（今集安）两个兵站的电话（因战时火车到站无准确时间），担架队员在单位值勤随时听候通知。第一批伤员于1950年12月8日凌晨1点到达大赍县车站。

抗美援朝时期，陆军医院三分院共接收5批伤员1800多人次，治愈后重返前线的有1300多人，重伤员治愈评定一、二、三等残疾军人到地方安置的有200多人。

大赍县人民对伤病员的关心与爱护，胜过自己的亲人。每到年节，大赍县党政领导和人民群众都向这些伤病员进行慰问，平时每周一次小型慰问活动。文化馆编写组的同志按照伤病员的要求，把抗美援朝的生动事迹、美帝国主义的侵略罪行、后方支前的好人好事，编成二人转、相声、快板等节目，由文教科组织各单位、学校的文艺队，深入各病区、病房给伤病员演出精彩的文艺节目。每当演出结束后，还要征求大家的意见和要求，深受伤病员的欢迎。

除了救治志愿军伤病员，吉林省还按照中央指示对朝

★ 抗美援朝后援地

鲜人民军的伤员进行救治。1950年11月6日,吉林省政府发出《关于接收安置朝鲜伤病员朝鲜干部家属应注意事项的指示》,强调"为了使友方伤员及干部家属尽可能迅速地治疗和休养,并妥善地安置,我们必须主动地积极地给他们切实解决实际问题,这是国际主义思想与精神的体现,是抗美援朝最实际的具体表现与考验"[①]。

1950年11月2日,长春市接受了帮助建立1000张床位的朝鲜人民军医院的紧急任务。长春市政府决定将条件较好、有暖气设备的自强小学、西二道街小学作为院址。两校迅速撤出,市建设局组织土建公司、自来水厂等13个公私营单位,日夜进行维修、改造。同时购置了木床、床垫、方桌等生活用品,准备了被褥,配备了朝鲜族、汉族厨师24名,朝鲜族女护理员13名,解决了医院的生活供应问题。长春市医院还借给朝鲜人民医院部分医疗器械和价值2亿元东北币的卫生材料。从11月5日到13日,边维修边接收朝鲜人民军伤员,共接收4批伤员706名,以后又陆续接收伤员128名,总共834名。因医院设备较差,伤势较重的223名伤员住进市医院治疗。当时,长春市医院停止了皮肤科的收治工作,专门成立了朝鲜人民军伤员收容部,

---

① 中共吉林省委党史研究室编:《吉林省抗美援朝运动》,2002年版,第23、24、56页。

职工住在地上，把床位让给伤员。在长春市医院的朝鲜人民军伤员所需药品和敷料，都由该院垫付。朝鲜人民军伤员在长春治疗期间，仅有79名亡故。

为了有力地支援朝鲜战争，延边地委在延吉、敦化、珲春等地设立了后方医院，仅在1950年下半年接待的朝鲜人民军伤病员就有5万多人，为伤病员所用的款额达12.65亿元（东北币），物品款达8亿余元（东北币）。延吉陆军医院（后为解放军223医院）是当时延边规模较大的医院，

朝鲜赤十字会第12期战时护士学校毕业纪念。1950年12月，延边大学医学部为支援抗美援朝运动，代培一批"朝鲜赤十字会第12期战时护士"500名护士。图为延边大学的校领导和全体毕业生合影，第3排左数12，为时任副校长林民镐。

重伤者都集中到这里。医院医护人员为了使友军伤员早日康复，尽心尽力地护理他们。由于医护人员有限，伤病员较多，常常一个人干十几个人的活。她们每天给伤病员洗脸、喂饭、端屎端尿、擦身洗澡，又怕他们长期卧床会生褥疮，每隔30分钟帮助他们翻一次身。由于当时处于战争年代，延吉陆军医院伤员尿盆不够用，医护人员只好用碗代替，然后将污物收拾得干干净净，这种脏活一天得重复好几次，可她们每次都细心做好这一工作，从未有任何怨言。

为了让伤病员得到最好的照顾，延边地委把医护工作交给了延边妇委会。接到任务后，延边妇委会立即向广大妇女提出"一切为了伤病员""一切为了战争胜利"等口号，发动了广大妇女参加。延边广大妇女热烈响应妇委会的号召，还组织了一支500多人的输血队。每逢载满伤员的列车进站，妇女们头上顶着装有饭菜团的木盆，手里拿着水壶，肩上背着医疗用品，早早地等候在站台上。列车一停稳，这些妇女连忙分头挤进各个车厢向伤员问候。先是查看伤口处，然后把一个个热乎乎的饭菜团塞到伤员的手里，紧接着后面的妇女又为他们倒上一杯杯热水。如果有需要输血的伤员，她们争先恐后伸出自己的胳膊为伤员输血，多者一连输了三四次。为了保证伤员有一个良好的精神状态，医护人员经常组织慰问演出，她们演自己拿手的歌舞节目，或同伤员一起唱革命歌曲，或牵着轻伤伤员的手一起跳《道拉吉》《诺多尔江边》等朝鲜族舞蹈，演出很有气氛。每次演出结束时，伤病员们都鼓掌叫好，高兴得像过节一般，忘记了伤痛，情绪也好起来了。同时，医护人员还经常给伤员们做细心的思想工作，使伤员们安心养病，争取早日恢复健康，重返前线。

1950年11月初，朝鲜人民军第7军团（约3万人）到吉林省整训，吉林省人民政府把接待安置的任务交给磐石县人民政府。磐石县委、县人民政府接受任务后，发动全县各界群众，有房出房，有物出物，热情地接待安排朝鲜人民军第7军团，截至11月21日，磐石县人民政府为朝鲜人民军第7军团提供高粱米934115斤、大米200819斤、菜金23.78亿元（东北币），全县空出八九千铺炕，腾出一所小学，县人民政府空出一半的办公室和宿舍。群众看到朝鲜人民军衣服单薄，穿着单鞋，戴着单帽，就发动妇女给朝鲜人民军做棉鞋千余双，并捐献很多棉衣和棉帽，保证了朝鲜人民军的整训工作顺利进行。

★ 抗美援朝后援地

吉林省安置中国人民志愿军伤病员统计表

1952.4.24

统计日期	地址	所属医院名称	人数	备注
2月18日	吉林	第十二陆军医院	1 771	
2月26日	长春	第三军医大学	415	
2月16日	长春	第十八陆军医院	1 209	
2月28日	大屯	第一医管局直属队健康连	114	
3月5日	九台	吉林省立第二医院	578	
3月5日	卡伦	吉林省第二医院一所	181	
3月8日	公主岭	吉林省立第三医院	284	
3月12日	德惠	四十七军留守处医院	61	
3月13日	德惠	吉林省立第四医院	33	
3月15日	榆树	第二十一陆军医院	724	
3月15日	五棵树	第二十一陆军医院健康连	128	
3月20日	三岔河	第二十一陆军医院四、三队	787	
3月23日	舒兰	第十七陆军医院三、五队	950	
3月27日	蛟河	第十七陆军医院一、二、三队	1 056	
4月2日	敦化	第十四陆军医院一、二手术队	1 019	
4月6日	延吉	第十四陆军医院一大队	851	
4月6日	延吉	第三陆军医院	1 141	
4月13日	安图	第十四陆军医院三队	357	
4月18日	磐石	第十二陆军医院四、五队	832	
总计			12 491	内有院方工作人员243名

第十一章

抗美援朝运动中吉林省的铁路系统

★ 抗美援朝后援地

新中国成立初期，吉林铁路管理局所辖吉林、图们、梅河口3个铁路分局。1950年5月，中长铁路局成立后，原沈阳铁路局所属的安东（今丹东）铁路分局也划归吉林铁路局领导，铁路沿线与朝鲜民主主义人民共和国铁路接轨。1950年6月，受朝鲜战争的影响，吉林铁路的运输工作发生了很大的变化，由为恢复国民经济服务，转变为支援朝鲜以军运为重点工作。期间，吉林铁路广大职工，坚决响应党中央"抗美援朝，保家卫国"的号召，发扬爱国主义与国际主义精神，同朝鲜铁路职工并肩战斗，在敌机的狂轰滥炸下，克服了重重困难，经受住了血与火的考验，出色地完成了军用物资的运输任务。吉林至朝鲜前线的铁路，被称为抗美援朝的胜利线，中朝人民的生命线，打不烂、炸不断的钢铁运输线。

1. 积极开展宣传动员

在抗美援朝运动中，吉林铁路管理局始终坚持以支前运输为中心的宣传政策，发动广大职工参加抗美援朝运动。为了确保安全、迅速、及时地完成繁重的军运任务，铁路管理局领导分别到各个主要地区了解掌握具体情况，帮助各分局解决具体问题，鼓舞了广大职工斗志，增强了干部完成任务的信心，形成了全局上下团结一致的生动局面，

第十一章 | 抗美援朝运动中吉林省的铁路系统

为完成军运任务打下了良好基础。

1950年7月15日，梅河口铁路分局按照铁道部驻东北特派员办事处（简称东铁办）和吉林铁路管理局关于确保抗美援朝军事运输的指示，先后多次召开党委会、局务会研究制定确保军事运输的安全措施。7月18日，梅河口铁路分局党委在通化召开全体铁路员工大会，动员全体员工以战斗状态，积极投入到紧张繁重的军事运输中去，号召全体职工以实际行动反对美帝侵略朝鲜。7月27日至30日，梅河口铁路分局便"安全办理了第一批抗美援朝军运专列，共54列、1392辆"。①

20世纪50年代的梅河口火车站

---

① 通化铁路分局党史办公室编：《通化铁路职工支援抗美援朝史料》（第3辑），第8页。

★ 抗美援朝后援地

抗美援朝战争初期,军事运输任务十分紧张。此时,有些职工对抗美援朝的意义还理解不深,存在着"恐美""崇美""亲美"思想。为了加强思想教育,吉林铁路管理局要求各个分局立即开展反美反战宣传。梅河口铁路分局党委决定,在职工中深入开展反美侵台、反美侵朝运动,组织学习铁道部政治部编写的《抗美援朝政治课本》,同时开展各种宣传教育活动,充分利用漫画、黑板报、小歌剧、广播、时事问答等形式,大张旗鼓地宣传朝鲜战争的起因、抗美援朝的意义、美帝必败、朝鲜人民正义的反侵略战争必胜的前景。通过宣传教育,广大职工的思想认识和政治觉悟提高了,由"恐美"转变为"仇美""蔑美""鄙美",更加自觉地、信心百倍地投入到抗美援朝、保家卫国的战斗中。

在吉林进行检查的图们机务段844号青年包车组接到赴朝运输任务后,全组9名乘务员当即表示,"祖国的召唤就是我们的心愿"。为了早日奔赴朝鲜前线,他们顾不得和家人告别,从吉林直接把机车开到辑安(今集安)待命。

梅河口机务段青年团员刘立山正在值夜班检查车辆时,组织临时决定让他在3个小时内出发赴朝鲜前线,他毫不犹豫地接受了任务。因为时间紧,没来得及向父亲告别,他就在开赴朝鲜的列车上给病危的父亲写了封告别信。

通化车站共产党员李茂珍坚决要求到朝鲜前线去。他结婚的那天，正赶上第一批军用物资要运往朝鲜前线。李茂珍顾不得回家参加婚礼，便全身心地投入到了军运工作中。亲戚朋友都来了，等着喝他的喜酒，可他一直没有回来。他的姐夫到车站找他，看他为军列启运确实忙得不可开交。李茂珍也因此错过了婚礼，后赴朝执行任务时遭敌机轰炸牺牲，年仅22岁。

共青团员张振英也积极报名赴朝。其父母看他年龄小，不让他到朝鲜去，把他的棉衣、棉鞋都藏起来了。张振英急得直哭，对父母说："过去咱们受日本人的气，受尽压迫，吃尽了苦头，遭尽了罪，今天咱们刚过上好日子，美帝国主义又想来侵略中国，让咱们第二次当亡国奴，咱们能答应吗？"父亲对张振英说："过去受的苦我们没忘，孩子，去吧！好好干，为打败美国侵略者，为了新中国，去吧！"

为了更好地完成抗美援朝的军运任务，根据东北人民政府和铁道部政治部的要求，1950年12月初，吉林铁路管理局召开政治工作会议，部署了开展以抗美援朝、保家卫国为中心的爱国主义竞赛。随着爱国主义竞赛的深入，1952年6月，铁道部又提出开展"满载超轴500公里的爱国主义劳动竞赛（简称'满超五'）"。8月，"满超五"劳动竞赛在吉林铁路管理局广泛开展起来，各个分局在这次竞赛中大显身手，多拉快跑，超额完成任务。图们铁路分局

★ 抗美援朝后援地

车务、工务、电务部门提出,"宁叫人等车,不叫车等人,多装一车,就是增加一份抗美援朝力量","消灭事故就是消灭美国鬼子"等口号,开展了车间、班组之间的劳动竞赛。朝阳川机务段司机张秉发在辑安(今集安)执行战勤任务时遇到敌机轰炸和扫射,铁锹把和水表都被炸碎了,但他未离开驾驶室半步,坚守岗位,保护了机车。通化机务段司机李洪益不断总结超轴经验,创造了一次牵引2747吨的记录,比原定牵引数超出3倍。西安(辽源市西安区)机务段司机王世林在梅河口至辽源路段,创造了牵引现车89辆、超46辆的记录。梅河口机务段解放型1153号青年机组在司机长吴金林、司机胡靖州、张俊峰的共同努力下,首创吉林铁路局管理日牵引车辆1104千米、牵引2000吨的佳绩,突破了营盘岭的纪录,受到嘉奖。

随着抗美援朝运动的开展,吉林各铁路分局军运任务不断加重。梅辑[①]、鸭大[②]两线,在相当长的时间内处于满表行车。梅河口、通化、临江、辑安(今集安)等站,经常处在堵塞状态。在装卸集中、时间紧迫、人员缺少、运能不足等困难情况下,吉林铁路职工发扬了不怕苦、不怕累,

---

① 梅辑线,梅河口至辑安(今集安)。
② 鸭大线,位于吉林省东南部,全长114千米,起点是梅集铁路的鸭园站,途经通化市二道江区、白山、临江三地,至鸭绿江畔的边陲明珠大栗子镇的大栗子站。

第十一章 | 抗美援朝运动中吉林省的铁路系统

连续作战的精神，按时完成了军运任务。

在抗美援朝运动中，处在第一线的吉林铁路管理局赴朝参加运输的人员共有3463名，其中：吉林铁路分局1025名，通化铁路分局867名，图们铁路分局709名，长春铁路分局463名，白城铁路分局399名。有2490名干部、职工参加了志愿抗美援朝大队，出动了全局半数以上的车辆。

他们把一批批弹药物资源源不断地运到前线，粉碎了美国侵略者实行的"重点轰炸，封锁咽喉"的阴谋，使吉林铁路成为打不垮、炸不烂的钢铁运输线，为抗美援朝战争的胜利做出了重大的贡献。仅梅河口铁路分局就运送中国人民志愿军官兵共计约53万多人次，办理过轨、入境车辆14.35万辆。其中：军运物资、部队7.6万辆，往朝鲜运送路用材料1.6万辆，办理入境空车1.4万辆，入境重车3.6万辆，入境破损车1741辆。1950年办理军运列车700多列，装运战备工程用料8000余车。1951年，办理整列军用物资5151列，运行71.1万千米。办理过轨列车1326列，入轨空车1186列，军用物资装车2.8万辆，正常运输装车14.8万辆，卸车6.3万辆。

他们当中有665人荣立各种战功1141次，荣获朝鲜民主主义人民共和国授予的红旗勋章、军功章23枚。

吉林省赴朝参战的铁路职工没有辜负吉林各族人民的

> 抗美援朝后援地

重托,他们战胜了重重困难,经受了战火的考验,承受了必要的牺牲,为军事物资运输作出了巨大的贡献。他们当中最为突出的有:

王景洲,磐石站站务员,1950年首批赴朝,任新成川站车号员。1951年3月2日,敌机空袭车站,王景洲为了抢救弹药车,保护江桥,壮烈牺牲,荣立一等功,荣获二级战斗英雄称号。

高殿甲,通化工务段主任、养路工,1950年10月12日赴朝参战,被编入中国人民志愿军铁道兵4师12团1营4连任领工员。在抗美援朝中,他冒着敌机的狂轰滥炸,带领工友们英勇顽强地抢修铁路、抢救列车、抢架桥梁,为保证军运做出了重大贡献,荣立集体大功1次、个人三等功2次、特等功1次,荣获铁道部颁发的五星特等奖章1枚,中国人民铁路抗美援朝委员会颁发的梅花奖章1枚,朝鲜民主主义人民共和国政府颁发的军功章2枚。

张雨和,长春机务段司机,1951年8月入朝。他冒着敌机的轰炸扫射,先后4次奋不顾身地抢救弹药车和汽油车,2次防止机车破损事故。全组被志愿军铁道军事运输管理局评为二等模范机车组,他个人荣立一等功,荣获朝鲜民主主义人民共和国二级战士荣誉勋章。

尹璋,图们站搬站员。1950年12月志愿参加抗美援朝,在朝鲜定州车站当扳道工。他曾多次在敌机轰炸扫射下,冒着生命危险抢救被敌机袭击后起火的汽油、弹药等军用列车。1951年3月2日,敌机投下一枚半吨重的定时炸弹,落在75号道岔附近,堵塞了一列满载军用物资的列车。他奋不顾身冲过去,用绳拖、木杆撬,把炸弹转移到50米以外的安全地带,保证线路正常开通。他先后13次立功受奖,并荣获朝鲜民主主义人民共和国二级战士荣誉勋章1枚,被志愿军铁道军事管理总局授予一等功臣称号。

李茂,吉林工务段技术员,1950年12月赴朝,任新成川车站技术员。他冒着生命危险研究定时炸弹构造、爆炸规律,经多次实践摸索出爆炸排弹法并取得成功,被志愿军铁道军事管理总局誉为"孤胆英雄",荣立特等功。

图们机务段848号青年包车组,1950年10月赴朝参战。他们以"志愿军打到哪里,火车队就开到哪里;人在车在,保证完成任务!"的决心不怕艰难困苦,机智勇取地与敌机周旋,战胜数次袭击和封锁,将大批军需物资运送到前线,安全运行3万多千米,防止大小事故59起。包车组荣获特等奖章1次,奖旗1面,荣誉奖章1枚;立集体大功2次,小功1次,被志愿军铁道军事管理总局授予二等模范机车称号。这台英雄机车的车牌号,被中国人民革命军事博物馆收藏。

还有许多可歌可泣的英雄模范事迹，数不胜数。抗美援朝期间，吉林铁路系统职工"共有756人立功，立集体大小功715次，立个人大小功462人，获各种奖章32枚，共牺牲72人"。

2. 筑路修桥保线畅通

在3年抗美援朝战争中，为了切断我军运输线路，阻止往朝鲜输送物资、兵员，铁路、桥梁、车站是美军飞机轰炸最多、最频繁的目标，吉林省的铁路职工在局党委的领导下，与中国人民志愿军铁道兵、中朝联合铁道运输司令部、管理局密切配合，不畏艰险，不怕牺牲，做到了"哪里铁路被炸坏，哪里就有抢修的队伍"，使军用物资源源不断运往前方，有力地支援了前线作战。

1950年7月，通化、辑安县（今集安市）人民政府动员民工3874人，大车27台，开挖土方7310立方米，在通化、辑安（今集安）两个军运量较大的车站新建了军用站台300延长米、端部站台2处。通化站新设四开道岔2组，辑安（今集安）站新设串心道岔3组。解决了装卸汽车、坦克的困难。1951年7月，梅河口工务段抽调力量，在梅河口、山城镇、海龙3个站，各修端部站台一处，加宽了沈吉线198千米道口，改缓了道口坡道，为部队坦克、汽车等横越道口和

第十一章 | 抗美援朝运动中吉林省的铁路系统

装卸车辆创造了方便条件。为了提高运输能力，满足军运的需要，1951年5月开始，通化、梅河口两个工务段集中力量，在梅河口、通化之间更换了重型钢轨。梅河口工务段于8月开始至12月末，更换梅河口至三源浦之间全长70千米的重型钢轨。通化工务段于5月开始至6月末，更换三源浦至通化之间全长57千米的重型钢轨。

为了及时、准确地把援朝物资送到朝鲜前线，把吉林境内铁路建成一条"炸不断、打不烂"的钢铁运输线，从1951年3月开始，吉林铁路配合志愿军铁路1团，先后在

在朝鲜战场上奋力抢修铁路的梅河口铁路分局职工

★ 抗美援朝后援地

辑安（今集安）至满浦之间的鸭绿江上，突击抢修了2条铁路便线和2座便桥。同年11月末，全部竣工并交付使用。此后，又增修了便桥护桥分水石笼，预防冰排冲击桥墩。至此，辑安（今集安）境内鸭绿江上共有3座通往朝鲜的铁路桥梁，确保了由辑安（今集安）经过的军列畅通无阻。

1950年10月下旬，美帝20多架飞机侵入辑安（今集安）领空，对满浦鸭绿江铁路大桥进行轰炸。炸弹落于第18孔附近，第18孔与第19孔钢梁的支点移动1.5米，第18孔纵梁破坏一个节间，桥上枕木、钢轨被炸坏，中断了运输。为了确保军运，通化分局决定由辑安（今集安）工务监工员全员全力加紧抢修。工长孙永茂和党小组组长刘成源领导职工连夜开始抢修。抢修中敌机突然来袭，在桥梁上空盘旋。此时，有个别职工想离开桥梁去躲避。紧急关头，刘成源向全体职工喊着说："我们宁可牺牲自己，也不让敌机发现目标，炸坏桥梁。"工人们谁也没有离开，继续冒着生命危险在桥墩上抢修。之后，在铁道兵1团的配合下，奋战了28个昼夜，于12月中旬将铁路大桥修好，受到"沈阳军运司令部的通电表扬，并集体得奖金800万元（东北币）"。[1]

---

[1] 通化铁路分局党史办公室编：《通化铁路职工支援抗美援朝史料》（第3辑），第16页。

第十一章 | 抗美援朝运动中吉林省的铁路系统

1951年3月31日，辑安（今集安）鸭绿江铁路大桥又一次被敌机炸坏，炸毁4孔钢梁、4个桥墩，中断运输一周。吉林铁路管理局派工务工程队队长徐金旗、党总支书记周永敬、团总支书记吴月明带领300余名工人赴辑安（今集安）抢修。梅河口铁路分局派通化工务段段长奚先奎带领工人百余人同时参加抢修。铁道部派锦州铁路局工程队400余人，昼夜兼程赶到辑安（今集安）协助抢修。吉林铁路管理局副局长蔡明远亲临现场指挥。为了不影响军运，决定先在铁桥的下游抢修一条便线和一座便桥代替铁桥。参加抢修的工程队兵分两路同时进行。吉林铁路工务工程队从朝方开始，锦州铁路工务工程队从中方开始，同时向江心

中国人民志愿军铁道兵

★ 抗美援朝后援地

铁道兵指战员不顾定时炸弹爆炸的威胁,坚持随炸随修

挺进。经过10个昼夜的苦战,全长290米的一座便桥建成了。经试运合格,这座便桥开通使用,积压在辑安(今集安)车站的援朝物资又源源不断通过便桥运往朝鲜前线。1951年9月,沈阳军事运输司令部由安东(今丹东)分局调援朝职工200余人,赴辑安(今集安)组建抢修队,开始修筑鸭绿江第二条便线和第二座便桥,其长度和构造与第一条便线和第一座便桥基本相同,第二条便线和第二座便桥于当年11月末竣工。

3. 发挥奇智完成军运

1950年7月始，东北边防军第42军、炮兵8师、炮兵5师44团先后到达通化，开始屯集各种军用物资。7月25日，梅河口铁路分局接到铁道部东北铁路特派员办事处、辽东省委和吉林铁路管理局党委《关于确保军事运输的指示》，立即召开党委会、局务会，研究军运工作。27日，紧张而又繁重的军事运输任务正式开始。

这期间，兵运和援朝物资运输任务是空前的。通化站每昼夜到发列车由39列增加到70列；辑安（今集安）站每昼夜到发列车由3列猛增到30列；梅河口站每昼夜到发列车达120列。

为了确保安全、迅速、及时地完成繁重的军事运输任务，通化铁路分局党委在通化、西安（今辽源市）、梅河口等地召开了党、政、工、团干部会议、地区联劳会议和站长联系会议，对抗美援朝的军事运输工作做了周密安排和详细部署。主要领导分别到各主要站现场办公，具体指导。机关各部、委、科室抽调大批干部组成工作组，深入到各要害部门帮助工作。运输科、调度所为军运调配了足够的车辆，制定了保证军事运输的运行图。对通辑线18处山洞、桥梁等要害处所指定专人配合，公安加强看守。通化车辆段在老岭站设立风闸试验所，加强检车和试风。通化机务段选派有经验的人员指导司机驻扎在通辑线老岭和黄柏车站，专门对火车通过老岭进行添乘指导。车务部门抽调一批制动员，在老岭车站负责护送军列。政工部门对梅辑线各站、工区有各种政治历史问题、表现不好的职工进行调离。

1950年7月25日，通化铁路分局派6名党员干部深入通辑线各站，对行车信号灯、道岔作了细致检查，发现不合格的设备，立即进行检修更换。7月26日，分局组织16名党员干部深入梅（河口）辑（安）线的各站检查指导工作。各主要站段共组织了67名党员干部分别值班、添乘、做到趟趟军列都有党员干部。工务段在原来基础上将线路巡道工作增加了一倍，并配备武装民兵加强夜间巡道工作。各站段还加强了防奸、防特、防事故工作，组成了工人纠察队，在通化辑安（今集安）等站实行配戴站内作业胸章制度，有效地防止坏人进入站内搞破坏活动。这些措施有力地保障了这条铁路大动脉上的大规模军运。

1950年10月，志愿军过江参战以后，通化铁路分局分担的军事运输任务更加繁重。分局组织技术力量及时对破损车辆、通信设备进行全面检查，消灭了事故隐患。12月，铁路职工中开展以"抗美援朝、保家卫国"为中心的爱国劳动竞赛。竞赛很快在职工中掀起高潮，各站段、班组都提出了竞赛要求和标准，并喊出了强有力的战斗口号。机务

第十一章 抗美援朝运动中吉林省的铁路系统

段乘务员提出,"志愿军打到哪里,我们就把火车开到哪里";煤抬工友提出,"多抬一筐煤,就等于打美帝一大锤",机修工友提出,"机器就是武器,工厂就是战场"等口号。

援朝职工吴英入朝前向组织立下钢铁誓言,"我虽不是共产党员,但我是人民的一员,哪怕是刀山火海也敢闯敢上,就是头断骨碎也心甘情愿,为祖国、为人民,为朝鲜独立和解放,贡献自己的力量"。有一次,吴英所在机班牵引军运列车行至大同江桥上遇到敌机轰炸。危险关头,他们毫不畏惧,冒着敌机猛烈的炮火,勇敢地把军运列车抢运到目的地,荣立集体三等功。一天夜里,吴英所在机班牵引一列军运物资进入新城站时,发现同一线路有车,呼喊司机采取非常制动,防止了两列军运列车正面相撞的事故,受到上级嘉奖。

梅河口铁路分局通化机务段98号"基干铁牛包车组"司机、共产党员綦凤舞,是第一个运送军用物资直接过境参加抗美援朝的中国火车司机,在朝鲜连续工作40天,实现"人在车在"的战斗口号。

1950年10月20日夜,綦凤舞和副司机徐国良、司炉陈德玉驾驶98号机车过境参加抗美援朝运输工作。为了保证军运列车安全,綦凤舞用草袋子把司机室捂得严严实实,防止晚上行车投煤时的火光暴露目标。每逢进山洞待避时,他都检查一下停车位置。有一次，引导员把列车引入山洞20多米处停下，他发现距洞口太近，就后退20多米。不一会敌机来了，向山洞口扫射，击中列车原先停留的位置。军代表握着綦凤舞的手说："好危险啊，多亏了你，老綦！"随后，綦凤舞驾驶机车在朝鲜引导员的引导下到山洞待避。那位引导员怕天亮被敌机发现，使劲摇动信号灯让加速运行。綦凤舞细心观察，认真瞭望，发现山洞里还有列车待避，他及时停车防止了可能发生的撞车事故。赴朝期间各站的人员都不够用，綦凤舞和伙伴们什么活都干。一天夜里，他们开着军列来到一个煤水站停车后发现煤水不够用，又没有人给上煤水，他们便自己动手装了3吨多煤。由于水塔被炸坏不能上水，他们便从车站旁边的河里往机车上拎水。朝鲜老百姓看到后，纷纷前来助战，很快就把水加满。

铁路桥梁经常被炸坏，给运输和生活带来很大困难。有时一连几天在山洞里待避，列车的车轴油不足，无法开动，他们便想办法克服。一次在山洞整备机车，准备晚上继续运行。当司炉准备给油时，发现车轴油用光了，车上又没有备用油。部件缺油不能走，司炉急得团团转，一筹莫展。綦凤舞琢磨片刻便想出办法，他把备用油线卷里的油全部挤出来，并把每个轴箱油线卷里的存油挤出一些，解决了机车暂时用油的困难。在山洞待避时，因山洞煤烟多，他

第十一章 | 抗美援朝运动中吉林省的铁路系统

就让伙伴在煤水车厢的下面铺上草袋子休息，而自己在车上看火。携带的米不够吃，副司机徐国良有胃病不能吃粗粮，綦凤舞就把仅剩的一点细粮给徐国良吃，自己到田地里捡玉米粒用铁锨炒着吃。司炉陈德玉刚结婚三天就参加抗美援朝，他想家又怕敌机轰炸，思想有负担。綦凤舞发现后耐心地做思想工作，又教给他怎样躲避敌机，使陈德玉减轻了思想压力。他们在朝鲜时正值冬季，寒气袭人，冷了他们就依偎在一起靠身体热量取暖。有一次朝鲜的线路引导员没穿棉大衣，綦凤舞就把大衣脱下来给朝鲜战友穿，这位朝鲜战友很受感动，用不熟练的汉语说："中国人真好！"綦凤舞和他的伙伴们战胜了千难万险，冒着几十次敌机的轰炸与扫射，把军运列车安全开到离前线仅有10千米的地方，出色完成了军运任务。朝鲜铁道省副省长亲自到机车上慰问他们，并一一握手，无比激动地说："你们辛苦了！我代表朝鲜人民军感谢你们。"

梅河口铁路分局通化工务段主任、共产党员高殿甲，志愿参加抗美援朝，被编在中国人民志愿军铁道兵4师12团1营4连任领工员。1950年10月28日，高殿甲被分配到介川站，带领114名工友组成抢修队抢修铁路。介川站是朝鲜一个二等站，北通满浦，南通顺川，西南通新义州，三路进车，是连接前后方极为重要的咽喉，在军事上占有极其重要的位置，因此敌机每天成群结队轮番轰炸，把介川周围的山川、村镇、房舍炸得没有一处完整的地方，无辜的朝鲜人民被炸得尸横遍野。高殿甲亲眼看到一位朝鲜妇女头部被敌机炸烂，躺在血泊里，可她那还未懂事的孩子还依偎在母亲的怀里吃奶。美军的暴行激起了他和战友们的满腔仇恨，决心要以修好铁道线的实际行动来抗击美军的侵略。

介川有13股铁路线路，都被敌机炸得七零八落，只有一股尚能维持通车运行。高殿甲和战友们商量尽快修复几股铁路线路，以满足军运需要。可是一无枕木、二无钢轨，就连路基都被炸得坑坑洼洼。高殿甲面对困难想办法收集修路材料。他们了解到距介川站约7千米的地方有一条矿山专用铁路线，便带领工友们赶到那里，在专用线的泥土里抠出300多根钢轨、3000多根枕木。他们冒着敌机扫射、轰炸的危险，肩扛人抬把这些材料运到介川车站内。他们一连四昼夜没有睡觉休息，有的肩头磨出血泡，但谁也没叫苦叫累。为了解决道钉、垫板、工具不足，高殿甲又组织工友建起一座小炉，成立"战地铁匠铺"，自力更生解决配件和工具。经过一段时间的日夜奋战，很快修复7股铁路线路，满足了军运需要。

1951年2月24日上午8点多，距介川站2.5千米的

第十一章 | 抗美援朝运动中吉林省的铁路系统

清川江大桥遭到敌机轰炸。敌机还没飞走，高殿甲就去检查大桥，发现一枚定时炸弹带着白色降落伞挂在大桥横杆上悬在半空。为了保证大桥安全不影响运输，他马上找到军代表刘贵荣、车站调度主任刘玉年，共同研究排弹方法。高殿甲借来了一把菜刀，刘贵荣和刘玉年已准备好一捆电线。高殿甲抱着电线就要去捆绑定时炸弹，刘贵荣和刘玉年抢着要一起去，高殿甲说："咱们谁也别争，我是负责抢修的有经验，还是让我去吧！如果定时炸弹爆炸了，有我一个人牺牲就可以了,何必要花那么大的代价呢！"说完后，高殿甲飞快地向定时炸弹跑去，迅速用电线把降落伞的8根绳子牢牢系住，接着用菜刀砍下降落伞的绳子。可是刀不快，砍断6根后怎么也砍不动了。他双手握住菜刀，使出平生力气，终于砍断最后2根，定时炸弹落下砸进桥下冰层里，他们3个人立即跑到桥下往外拉定时炸弹。这时跑来2名朝鲜桥工，5个人一起使劲，把定时炸弹拉到距大桥200多米的地方。当他们离开仅10分钟，定时炸弹就爆炸了，所幸大桥被保住了。

高殿甲于1954年3月15日回国。在3年多时间里，他与战友们冒着敌机的狂轰滥炸，把自己的生死置之度外，英勇顽强地抢修线路、抢救列车、抢架桥梁，为保证抗美援朝军用物资的安全运输做出了很大贡献。高殿甲先后荣

梅河口 1950 年 ~1953 年过轨车数、入境车数统计表

军用项目＼辆数	合计	年度 1950 年	1951 年	1952 年	1953 年
过轨车数	75908	7392	25052	20732	22732
入境空车	14168		5241	5021	3906
入境重车	35873		14996	9351	11526
入境破车	1741		267	1184	290
路用材料	15810		5468	5864	4478
合计	143500	7392	51024	42152	42932

梅河口铁路分局赴朝参战人员统计表

单位	本单位派出	抢修队转入	工程队转入	其他单位	合计	临时出国	党员	团员	集体功一等功	集体功二等功	集体功三等功	个人工一等功	个人工二等功	个人工三等功	特等功	性别
机务系统	177			1	178	227	28	27			7			11		
运输系统	65			1	66	65	20	24	2	1	4		2	7		
工务系统	289	39	19	1	348		18	6	4	4	6		2	22	1	
电务系统	98				98		29	7	5	8	17		1	12		女17
车辆系统	8	10	6		25	11	3	4			2					
直属系统	120	25	6		152		29	6	1	5	5			12		女6
小计	757	74	31	5	867	303	127	74	12	18	41	5	64		1	
辑安抢修队					336		11	6								
合计					1203	303	138	80	12	18	41	5	64		1	女23

立集体大功 1 次、个人小功 3 次、特等功 1 次，荣获铁道部颁发的红五星特等奖章，中国人民铁路抗美援朝委员会颁发的梅花奖章 1 枚，朝鲜民主主义人民共和国颁发的军功章 2 枚。

4. 炸不断的钢铁前线

战争是残酷的，也是艰苦的。在繁重的军事运输中，

第十一章 | 抗美援朝运动中吉林省的铁路系统

往往会遇到很多意想不到的困难,加上经常受到敌机的袭击,时时刻刻有生命危险。为此,军运铁路线被称为生死线。

抢修铁路

在这场抗美援朝、保家卫国的浴血战斗中,吉林省铁路职工发扬一不怕苦、二不怕死的革命精神,全力保证前线所需物资运输,出色地完成了各项军运任务,

涌现出许多可歌可泣的英雄模范事迹,有在敌机疯狂扫射下,为抢运军运列车而光荣牺牲的董长发烈士;有在敌机狂轰滥炸下,为抢救机车而献出年轻生命的张俊阳烈士。

1953年1月31日,援朝司机董长发,负责开往前线的军运列车。当列车行至朝鲜石园至顺安时，突然遭到敌机轰炸与扫射。董长发不怕牺牲，冒着敌机袭击果断开大气门加快速度，把军运列车抢开到轰炸区外有屏障的山洞里。军需物资保住了，而司机董长发却在抢运列车途中遭到敌机扫射，不幸光荣牺牲，年仅23岁。同年5月11日夜，援朝铁路职工张俊阳在安东（今丹东）机务段内，同其他战友一起，忙于整备机车，在执行过江军运任务时，突然遭到多架敌机狂轰滥炸。张俊阳同司机们毅然登上机车，不顾个人安危，冒着轰炸的危险抢先开走机车。张俊阳被飞来的弹片击中，不幸光荣牺牲，献出了21岁的宝贵生命。

在抗美援朝时期，援朝铁路职工不仅要与美帝的飞机周旋，还要及时准确判断险情，并与隐藏的敌人作斗争。梅河口铁路分局通化机务段156号青年包车组司机林声云、副司机张振英、司炉马相玉，就是用高度的警惕性在朝鲜战场上做出重要贡献的职工。

1951年1月13日凌晨3点多，林声云包车组驾驶满载军用物资的列车来到朝鲜的间里车站，本应在天亮前开车，但因故停了两个多小时也不见车站给开车信号，他们等得万分焦急。张振英对林声云说："眼看天快亮了，再不开车，被敌机发现目标，可能就要造成严重损失，咱们去找站长问问怎么办！"三人合计后，林声云和副司机张振英来到车站找到站长询问情况,并要求快点开车。可是那个站长一个劲地摆手,就是不同意开车,这可把林声云等人急坏了。又过了30多分钟,车站站长才向列车显示发车信号。当列车刚一发动,张振英就发现列车尾部升起一串红色信号弹,他立即把情况报告给林声云。林声云说:"情况不好,有特务,小马你盯住水汽,咱们快点跑,到前面山洞待避。"就在他们发车后没走多远,两架敌机便尾随而至,向列车疯狂扫射,把机车水柜打个大洞,水直往外流,左注水器送水管也被打穿,蒸汽和水喷出几米高,可是离山洞还有2千米左右。如果进了山洞锅炉里没有水,锅炉就会爆炸,情况万分危急。张振英马上拉开右水泵向锅炉注水,及时关掉左注水器蒸汽止阀。为了保证水汽供应,他让马相玉负责观望,自己去烧火。列车很快进入山洞,锅炉也注满水,这才保住了机车和军需物资。安全后林声云、张振英却总觉得不对劲。为什么列车刚一启动就在车后打起信号弹?为什么列车刚一开就来了敌机?这里面一定有问题。于是,他们派人跑了5千米,到鱼波站找到军代表庄志元,如实向他反映情况。事后,军代表对他们说:"经过调查,那个站长是特务,现在已被抓起来了。如果不是你们的警惕性高,说不定会给军运工作带来更大损失呢!"

抗美援朝期间,吉林铁路职工与敌人周旋、斗智斗勇的事例还有很多。

1951年春，援朝司机金振富负责牵引军运列车，行至鱼波站附近时被敌机发现。他急中生智，一面勇敢地加快速度往山洞里待避，一面拉开水泵排汽，用汽缸排水伐放汽来掩护列车。由于大量的气雾模糊了敌机视线，敌机扫射后就溜走了，从而保住列车和军需物资，受到上级表彰并荣立小功一次。

梅河口机务段1197号包车组，在朝鲜战场牵引运输大米的列车时被敌机击中起火。全组人员奋不顾身扑灭大火，抢救物资。经过数小时努力，终于扑灭大火，又投入到抢修工作。在全组人员的共同努力下，他们修好了机车，继续牵引列车前进。

梅河口机务段247号包车组司炉于世强，出乘时遭到敌机轰炸，头部负伤仍坚持工作。领导叫他到通化医院休养，他执意不肯，并说："我不死就上前方去！"于世强到医院简单上完药，第二天仍坚持出乘。

梅河口机务段1197号包车组完成部分运输任务后返回洗罐，他们怕领导不让重返前线，就坚定地向领导请求说："赶快做完洗罐，我们还走，坚决完成任务。"134号包车组乘务员，一次连续乘务55个小时，仅吃过两顿饭，忍受饥饿坚持完成运输任务。

司机吴志惠添乘的 3803 号包车组，由老岭开往辑安（今集安）。当列车快到辑安（今集安）时，忽然遭到敌机袭击，机车立刻停下，乘务员全部下车待避。吴志惠不惧危险，坚持把机车送风器关好才下车。当他发现锅炉仍然往外冒白气时，又回到机车上，将气泵关好，熄灭了烟和白气，敌机因找不到目标，盘旋几圈就飞走了。

援朝铁路职工张明玉，在司机、司炉被炸轻伤的情况下，主动担负起看守机车并护理同车人员的任务，在山洞里用自己的饭盒给伤员消毒注射器。朝鲜添乘司机没有大衣，张明玉就把大衣脱下给他穿。

解放型 960 号包车组在极为艰苦的条件下，奋战几十天把军运物资送到目的地后才回国。解放型 1243 号包车组白云朋、张忠礼，解放型 967 号包车组王春江、季东升，都是两班乘务过轨，临时援朝达 3 个月，同长期战斗在朝鲜铁路运输线上的援朝职工，在极为艰难的条件下日夜并肩奋战。

援朝铁路职工王恩宣牵引一列油罐车在介川站停留时，突然遭到敌机轰炸扫射。王恩宣和司机吉兴堂冒着敌机轰炸扫射的危险，勇敢地将机车与油罐车抢运到山洞里，避免了机车被炸和罐车起火，保护了军运物资。

白宝丰任定州机务段副军代表期间，在敌机疯狂轰炸扫射的危急关头总是积极带头抢救抢运。1952年4月15日，一列满载面粉的列车，在定州站被敌机扫射后起火，白宝丰带领全站工作人员不顾敌机轰炸扫射的危险，冲到列车起火处将车辆分开，把没有起火的车辆牵引到安全地方待避，对起火的车辆则组织抢救以减少损失，他们的英勇行为受到上级表彰并荣获集体三等功。同年4月19日，一辆运送弹药的列车在定州站外被敌机扫射后起火。白宝丰发现后果敢地冲向起火列车，将列车分离后组织抢救，避免了巨大损失，受到上级嘉奖，荣立三等功。1953年10月，白宝丰参加中国人民志愿军召开的全军战斗英雄功臣模范大会，获得立功证书和奖状。

梅河口铁路分局电务段通信工董国卿不顾敌机扫射继续抢修被炸坏的电线路，不幸被敌机扫射击中而牺牲。董国卿虽然牺牲了，但他的事迹激励着万千吉林铁路职工勇往直前，继续奋战在抗美援朝的战场上。

梅河口铁路分局电务段通信工姜振元，冒着定时炸弹随时爆炸的危险，徒手爬上3号电线杆迅速接通线路，完成了紧急通话任务。1953年1月23日，美军出动重型轰炸机对清川江大桥进行轮番轰炸，大桥被炸坏、电线路被炸坏。时任新安州电务工区通信工长的姜振元带领工区工友冒着零下20摄氏度的严寒，拉线过江完成接线任务，保障了通

梅河口铁路分局抗美援朝牺牲职工名录

单位	姓名	职务	牺牲时间及简要经过
通化机务段	孙连仲	司炉	1951年3月8日,在朝鲜介川—山洞口被敌机轰炸牺牲。
通化机务段	辛耀生	副司机	1951年5月28日,在朝鲜某山洞待避时,被机车撞伤,送回长春医治无效牺牲。
通化机务段	娄树海	司机	1951年3月8日,在朝鲜介川—山洞口被敌机轰炸牺牲。
梅河口机务段	董长发	副司机	1953年1月26日,在朝鲜石国、顺安间为抢救军用列车被敌机轰炸牺牲。
梅河口机务段	张俊阳	司炉	1953年5月11日,在安东机务段内抢救列车被敌机轰炸牺牲。
辽源机务段	赵文田	司炉	1951年4月1日,在朝鲜中平—山洞口被敌机轰炸牺牲。
辽源机务段	高春明	副司机	1951年9月24日,在朝鲜熙川5号山洞被敌机轰炸牺牲。
辽源机务段	王启武	司机	1953年1月27日,在朝鲜平壤石岘站信号外被敌机轰炸牺牲。
辽源机务段	王洪祥	副司机	1951年9月24日,在朝鲜熙川5号山洞被敌机轰炸牺牲。
梅河口电务段	董国卿	通信工	1951年7月6日,在朝鲜介川—山洞口被敌机轰炸牺牲。
通化工务段	胡朝金	养路工	1953年7月15日,在朝鲜抢修中被炸牺牲。
通化站	李茂珍	车号员	1951年11月25日,到沙里院领被服时,遇敌机投燃烧弹被烧牺牲。

中国人民志愿军经海龙县(梅河口县)过境部队一览表

部队人数	部队番号	过境时间	过境地点
第一批从海龙过境赴朝鲜部队总计12万人	东北军区后勤第一分部	1950年10月11日	梅河口车站
	第42军124师370团	1950年10月16日	梅河口车站
	第42军	1950年10月19日18时	梅河口车站
	炮8师	1950年10月20日18时	梅河口车站
	第38军	1950年10月22日18时	梅河口车站
第一次战役后从海龙过境赴朝鲜部队(总计30余万人)	炮5师44团	1950年10月25日18时	梅河口车站
	第50军148师	1950年10月26日	梅河口车站
	铁道兵一部	1950年11月6日	梅河口车站
	9兵团20军	1950年11月7日	梅河口车站
	9兵团26军	1950年11月7日	梅河口车站
	炮兵11团	1951年2月1日	梅河口车站
	第16军47师	1952年2月	梅河口车站
	第24军	1952年9月14日	梅河口车站
	第1军	1953年2月	梅河口车站
	第21军62师	1953年2月	梅河口车站

信信号的安全畅通。1953年10月,姜振元被朝鲜民主主义人民共和国评为二等功臣,荣获朝鲜民主主义人民共和国二级战士勋章一枚。

3年间,吉林铁路职工出色地完成了抗美援朝的军运工作。仅通化铁路分局就派出援朝职工885人,其中有137名职工荣立集体和个人功192次,有14名职工在朝鲜战场上光荣牺牲。此外,还有301名职工临时出国执行援朝任务。他们共办理过轨、入境车辆的运输业务达143500车次,其中为中国人民志愿军和朝鲜人民军运送物资达75908辆车次,往朝鲜运送材料达15810辆车次。

第十二章

最可爱的人

★ 抗美援朝后援地

    提起"谁是最可爱的人",人们会立刻想到在抗美援朝战场上那些可歌可泣的中国人民志愿军的英雄形象。在众多的英雄儿女中,最具代表性的吉林籍英雄人物有：荣立特等功、荣获一级战斗英雄称号、荣获朝鲜民主主义人民共和国三级国旗勋章的郭忠田、徐长富、杨宝山；荣立特等功、荣获二级战斗英雄称号、荣获朝鲜民主主义人民共和国三级国旗勋章的关崇贵、高云和；荣立一等功、荣获二级战斗英雄称号的王景洲、张雨和。他们在朝鲜战场英勇作战、不怕牺牲的英雄事迹传遍祖国的大江南北。

辑安（集安）籍抗美援朝老兵石万金获得的各类奖章　　辑安（集安）籍抗美援朝老兵李国文获得的各类奖章

1 吉林英雄儿女之一：

龙源里阻击战中的一级战斗英雄——郭忠田

    在美国和韩国关于朝鲜战争的记述中,曾不约而同地

第十二章 | 最可爱的人 ★

提到一个地名——葛岘岭。1950年11月29日,这里发生了一场令各国军人肃然起敬的阻击战:一个志愿军步兵排在敌人百余架战机和数千发炮弹的轮番轰炸下,巧妙地利用地形,仅靠手中的轻武器顽强地阻击了拼死逃命的美军,歼敌215人,自己无一伤亡。创造这一战争奇迹的是志愿军一级战斗英雄郭忠田和他的"郭忠田英雄排"。

郭忠田,公主岭市(原怀德县第9区)四道岗子乡兴龙沟人,1926年1月2日出生在一个贫苦家庭。1945年9月参军,1946年11月加入中国共产党,历任东北第1纵队

郭忠田

2师6团和38军113师337团副班长、班长、排长。解放战争期间，他参加了三下江南、四战四平、辽西会战、解放天津、进军广西等战役，因作战勇敢机智，工作热情积极、完成任务突出，曾立大功4次。1950年随部队赴朝作战。

1950年11月25日，中国人民志愿军与美帝国主义军队展开激烈的第二次战役，志愿军采取诱敌深入的办法，吸引敌人进入志愿军预定战场。11月30日，郭忠田所在的38军113师337团1连2排全体指战员，冒着严寒，披着晨曦，埋伏在朝鲜西部龙源里北山东侧的高地上，任务是阻击美军南逃。

晨雾还没散尽，远处的公路上忽然烟尘滚滚，敌人出现了。郭忠田立即命令全排战士进入阵地，并向连部作了报告。不一会儿，敌人露头了，从烟雾里钻出4辆汽车，开路的是一辆美式吉普车，紧随其后的是3辆10轮大卡车，后面的车辆因烟尘看不清楚。郭忠田当机立断，决定先打掉前面的4辆车。他来到前沿阵地命令6班班长张祥忠："你一定要打准、打狠、打好这第一枪，让敌人有来无回，全部消灭。"张祥忠参军前是东北森林中的好猎手，在部队的射击中也是出类拔萃的。张祥忠领命后，果然不负众望，当敌人的4辆车接近拐弯处，他便端起机枪猛射，子弹正好打在吉普车的油箱上，汽车立即冒出一股黑烟，车上的

第十二章 | 最可爱的人 ★

敌人军官两手一扬往后倒下，紧接着3辆卡车的油箱也被打中燃烧起来，卡车上的美军狼狈逃窜。这时，郭忠田跳出来大声命令：5班从左翼插上把敌人消灭掉，4班到山下汽车上搬弹药。两个班各司其职，5班战士像猛虎下山一样冲上前去，很快就把几十个美国兵全部消灭在山沟里；4班战士搬上很多物资弹药，还有白面、黄油和罐头等。战斗打得干净利落，大获全胜。

战斗的胜利令人鼓舞，郭忠田暗想，可不能让胜利冲昏了头脑，硬仗还在后面，必须时刻保持清醒的头脑，切忌骄傲。正在思考的时候，远处公路传来隆隆的马达声，这是敌人的坦克上来了，他连忙命令大家注意隐蔽，没有命令不许开枪，烟雾里美军坦克一辆接一辆地开过来，一条长蛇似的朝2排阵地压过来。敌人的每辆坦克后面都跟随两三辆汽车，前后大约有上百辆。面对这么多的机械化部队，郭忠田心中暗暗着急，怎么办？当时我军的部队，火箭筒、反坦克地雷、炸药包一样都没有，每人只有4个手榴弹，怎么能挡住敌人的坦克呢？经过一番考虑，他同副排长商量，决定把先头的坦克及所掩护的车辆放过去一部分，专打中间部分，来个中间开花，让敌人军车首尾脱节，两头不能兼顾。主意已定，郭忠田立即派人向连部报告。连长、指导员同意了他们的打法，郭忠田率领全排战士准备迎敌。

敌人的坦克和汽车在郭忠田的阵地前继续开过去,后面剩下少量炮车和4辆装满弹药的大卡车向阵地开过来。郭忠田看到时机成熟,命令6班长张祥忠用穿甲弹和燃烧弹交替开火,第一梭子弹打后面两辆炮车,第二梭子弹打前面两辆炮车,一定要完全彻底地消灭敌人。张祥忠接到命令后,二话没说,端起冲锋枪一梭子扫过去,但是没有打中要害,敌人的汽车只冒烟不爆炸。这下子可急坏了郭忠田,汗珠子刷地就下来了,心想前面放过去那么多车,这几辆再阻击不住计划就会落空。6班长张忠祥也急得直跳,突然小战士朱品高提醒道:"排长打油箱啊!"一句话提醒了郭忠田和6班长张祥忠,于是张祥忠再一次瞄准射击,一梭子弹正打中油箱。两辆炮车立即燃烧起来,车上的弹药随之被引爆,把整个公路炸得烈焰滚滚,刹那间几十辆汽车被烧成一条火龙。敌人受到这突如其来的打击,立刻乱了阵脚,一个个晕头转向,哇哇怪叫,手足无措,甚至自相踩踏,死伤无数。郭忠田带领2排战士马上进了掩体,准备阻击敌人的反扑。这时,走在前面的坦克返回来向2排阵地开炮,敌人飞机也赶来向2排5班挖的假工事投弹轰炸,等坦克进攻过后,200多美国兵像狼群一样朝2排阵地包抄过来,敌人满以为我军阵地荡然无存了,一个个洋

第十二章 | 最可爱的人 ★

洋得意，张牙舞爪地奔向山头。这时已经埋伏好的2排战士备足了手榴弹，正等着敌人向阵地靠近，待敌人离阵地大约30至40米的距离时，郭忠田连吹两声喇叭，战士们扔出的手榴弹在敌军里炸开了花，炸得敌人尸体横飞，满地打滚，只剩下50多人鬼哭狼嚎地退了下去。

敌人上午的进攻被击退了，战士们利用敌人溃退的间歇，抓紧时间修整工事，真假工事一起修，以此来迷惑敌人，保护自己。下午两点左右，敌机又向葛岘山阵地轰炸，整个山头一片火海。但2排战士均在防空洞里隐蔽，连一根汗毛都没伤着，郭忠田设计的真假工事又奏效了，战士们高兴极了，都赞扬郭排长的机智。

敌机的轰炸结束了，紧接着敌人又嗷嗷乱叫向山上扑来。郭忠田立刻命令2排5班隐蔽向左前方运动，待敌冲到离我军阵地约二三十米时，集中火力侧击敌人。这一招果然奏效，5班的枪声一响，敌人就倒下一大片，余下的敌人连滚带爬地退了下去。3点钟左右，敌机又来了，进行低空盘旋，搜索扫射，企图找准目标轰炸，无奈敌机乱投一气之后掉头离去。这时敌人的坦克、榴弹炮和重迫击炮也一起向2排阵地猛烈轰击，碎石、树枝被炸得满天飞舞，阵地上硝烟弥漫，烈火滔滔。但2排又巧妙地用防空洞做掩护，全排战士安然无恙。

敌人以为这样的狂轰滥炸，又有坦克和大炮的轰击，2排阵地准被炸成平地，我军所剩无几，所以敌人又在公路上集结起来向我军阵地冲过来。哪承想2排战士在观察哨里看得一清二楚，待敌人一靠近，战士们跳出防空洞把敌人一下子压了下去，另一批敌人扑上来又被2排战士压下去，就这样反复了几次，敌人的反扑均被打退。面对狗急跳墙的敌人一次次的反扑，郭忠田仍从容不迫地指挥着，他让战士们一定要节省子弹，以便回击敌人更大的反扑。战士们也确实做到了弹无虚发，特等射手闫振章几乎是枪枪命中，11发子弹打死9个敌人，小战士朱品高的手榴弹一炸一大片，由于扔手榴弹用力过猛，手都磨出了血泡，自己竟然不知道，战士们真是打红了眼，使足了劲。

敌人十多次的冲锋均被阻击下去，逃跑无望，退却无门，成了瓮中之鳖。志愿军各路部队按时汇合，郭忠田全排与其他部队一起勇猛冲出工事，向敌人杀去，整个战斗胜利结束。这次阻击战中，仅郭忠田率领的2排就击退敌人多次轮番攻击，歼敌200多人，缴获满载军用物资的汽车58辆及枪炮弹药等，创造了激战一整天全排无一伤亡的奇迹，胜利地完成了阻击任务。志愿军总部为郭忠田记特等功一次，授予他"一级战斗英雄"称号；全排立集体一等功，被命名为"郭忠田英雄排"。

第十二章 | 最可爱的人 ★

郭忠田在葛岘山之战中,打出了军威,打出了国威。"郭忠田英雄排"的名字传遍了38军,传遍了整个志愿军总部。由于作战有功,指挥得当,郭忠田很快被提升为3连副连长,到1951年2月第4次战役开始时,郭忠田已担任3连连长了。

1951年2月1日晚,38军的113师奉命南渡汉江阻击敌人的进攻。由于战事的需要,113师的337团配属112师管辖,所以3连即随112师出发,准备打击北犯的美军24师的进攻。郭忠田指挥的3连奉命固守西官厅北山。

战斗开始前,3连召开了会议,郭忠田介绍了2排龙源里阻击战的经验,又让大家分析了敌人进攻的各种特点及我军对付敌人的办法,最后确定了以隐蔽防止敌人炮击和轰炸、以近战反击打退敌人攻击的战术;建立了每天进行战斗总结,战后举行战评会的制度。

战斗于2月4日打响。美军集中3个营的兵力(即1个团),在数十辆坦克、30多架飞机的掩护下,轮番向3连阵地轰击。战斗十分激烈,郭忠田冒着浓烟烈火,跑到最前沿的5班、7班阵地,鼓励战士们英勇杀敌,打出志愿军的威风。战士们也满怀信心地回答:"放心吧,连长!你能在一连打出一个英雄排,我们一定能创造出一个英雄连!"全连上下斗志昂扬,勇气倍增。机枪手赵子扬对准冲上来的美国兵就是一顿扫射,两梭子子弹就打倒了12个敌人,接着跑到小山岗上，一个人独当一面，受了伤也顾不得包扎，硬是一个人用机枪打退敌人的两次冲锋，之后才用毛巾略微包扎一下。5班长徐连才也是一个人独当一面，消灭了大量敌人。阵地上硝烟弥漫，弹片横飞，郭忠田沿着交通沟来回跑动，一会到7班调整一下机枪位置，嘱咐战士们如果敌人后退就一直追到对面山根下；一会又到5班告诉战士们注意左面山头的敌人。敌人开炮时，他立即指挥全连进行隐蔽；飞机一扫射，他指挥战士们安全进入防空洞；炮击、扫射结束后，他又指挥全连向敌人反击。就这样反复地阻击、隐蔽、反击，阻击战到了白热化的程度。

敌人正面攻不下我军阵地，开始绕到5班侧面包抄，正好与迫击炮班长姜士福带来的6名战士相遇。姜士福急中生智，接连用六零炮弹射向敌人，立即杀伤一大片。当敌人再次进攻时，又被姜士福2枚炮弹打下去，毙敌30余人。姜士福随后命迫击炮班的5名战士加入7班参加战斗，他自己带4名战士上了5班阵地，战斗中不幸双腿负伤，拉响手榴弹与敌人同归于尽。

郭忠田知道姜士福牺牲的消息后急红了眼，高喊："为炮班班长报仇！"战士们也杀红了眼，更加英勇顽强，把一颗颗仇恨的子弹射向敌人。有的轻伤不下火线，有的重伤不喊不叫，17岁的小卫生员2次受伤不下火线，仍然抢救战友。在郭忠田的带领下,全连打退敌人6次进攻,毙敌260余人,圆满完成任务后撤出了主阵地。

3月8日,3连又奉命到汉江北468.6高地阻击美军第24师1个营的进攻。这次战斗同前次一样,3连打退敌人在飞机、大炮的掩护下的多次进攻,致使敌人伤亡200余人,同样圆满完成了掩护主力转移的任务。

郭忠田由指挥一个排到指挥一个连,不仅是每战必胜,而且是以少胜多,创造了辉煌战绩。在全军总结这次战役和评选英雄部队时,郭忠田所在的3连被军首长授予"英雄部队"称号,志愿军司令部政治部给3连记特等功一次,授予"二级英雄连"称号,授"屡战屡胜"奖旗一面。3连又成了全军闻名的英雄连队。

1951年6月,志愿军总部派郭忠田和周文江随中国代表团去柏林参加第3届世界和平联欢节。当他们随团途经苏联莫斯科时,受到苏联人民的热烈欢迎,这使他们感受到列宁故乡的人民对中国人民的真切情感。

1951年8月5日,第3届世界和平联欢节在德国柏林正式举行。开幕式上,郭忠田等人被邀请到主席台上,受到了特殊的礼遇。联欢节期间,各国代表团纷纷邀请志愿军代表联欢。郭忠田用自己的亲身经历,向全世界青年朋友与全世界人民讲述:美帝国主义是完全可以战胜的,最后的失败一定是美帝国主义及其帮凶。

世界青年联欢节闭幕以后，郭忠田随代表团回到祖国。总政治部安排郭忠田参加了新中国成立后的第 2 个国庆观礼，然后又参加了在北京天坛公园召开的庆祝抗美援朝一周年纪念大会。纪念大会上，郭忠田向党和国家领导人汇报了龙源里阻击战的情况。全场爆发出经久不息的热烈掌声，毛主席和其他中央首长也都多次鼓掌。报告结束后，郭忠田由于过于激动，把本想做完汇报后向毛主席敬礼、握手的心愿给忘了。这次会议后，郭忠田的事迹传遍全国，特别是后来他随报告团做巡回报告，更鼓舞了全国人民的斗志，增强了抗美援朝、保家卫国的信心。

抗美援朝战争结束后，郭忠田随部队回国到东北驻防，1967 年随部队调防到华北，任某部副师长。1993 年 2 月 8 日，郭忠田因病逝世，终年 67 岁。

2 吉林英雄儿女之二：

和敌人同归于尽的一级战斗英雄——杨宝山

杨宝山，1919 年出生在吉林省敦化县大石头镇的一个贫苦农民家庭。1945 年，杨宝山参加东北民主联军，1948 年加入中国共产党。解放战争中，杨宝山多次立下战功，是全军闻名的战斗英雄。1951 年 3 月，杨宝山任志愿军第

47军141师422团5连连长。9月,杨宝山率部驻守天德山。10月1日"联合国军"向杨宝山驻守的天德山阵地发起猛攻,杨宝山率部多次打退美军进攻。10月3日,在弹药耗尽,阵地上仅剩20多名伤员的情况下,杨宝山待美军又一次冲上阵地时,冲入美军,拉响手雷与敌人同归于尽。

杨宝山

杨宝山的童年时代是在苦难中度过的。他的父亲给地主家当长工,积劳成疾,患吐血病死去。母亲领着幼小的兄妹4人开荒种地,因劳累过度,无钱治病,也于1939年离开人世。孤苦伶仃的兄妹4人相依为命,在日本侵略者的铁蹄下过着朝不保夕的悲惨生活。长大后的杨宝山,知道中国共产党领导穷人打天下,为老百姓造福,他决心参加革命。1945年12月,杨宝山加入东北抗日联军刘建平司令员所属部队。1946年,杨宝山所在部队被编入吉东警备旅,后又正式编入中国人民解放军第10纵队(后改为第47军)。杨宝山当过班长、排长、连长,他带兵得法,以身作则,所带的班、排、连都是能攻善守的队伍。

解放战争中,杨宝山就表现出优秀的指挥才能。1947年5月,杨宝山所在部队接到命令,去长春拦截国民党守敌往南电运送弹药的车辆。战斗中,杨宝山用炮火压制了敌人的火力,部队顺利地完成了任务,全歼敌保安大队,缴获机枪20余挺及所有的车辆和弹药,杨宝山荣立小功一次。紧接着,由于骑兵旅在长春西白龙驹山被敌包围,上级命杨宝山所在的2营前去解围,杨宝山作战勇猛,又荣立了小功一次。

1947年底,杨宝山提升为7班班长。在接受攻打德惠县城任务时,杨宝山的7班为尖刀班,杨宝山荣立大功一次。1948年初,2营的任务是从开原西"羊圈子"向东推进占领"孙台子"。杨宝山率领的7班像一把锋利的钢刀,直插敌人心脏,连续爆破,所向披靡。战后7班被命名为"杨宝山英雄班",他荣立大功一次,并光荣地加入了中国共产

第十二章 | 最可爱的人

党，同时被提升为副排长。

1948年秋，辽沈战役开始，我军决定消灭敌新6军指挥部。在这次战斗中，杨宝山和战友们活捉140多个俘虏，捣毁了敌新6军的指挥部。辽沈战役结束后，部队乘胜前进，挥师入关，参加平津战役，后又直插湘西执行剿匪任务。

1949年11月，为追歼逃敌，2营连续2天急行军，半夜到达山城重庆，占领重庆以北的悦来场渡口。悦来场一仗，共俘敌近2000人，杨宝山因指挥灵活，作战勇敢顽强，完成任务出色，荣立大功一次。

1951年3月2日，杨宝山所在的中国人民解放军第47军加入了志愿军的行列，从长沙登上了北去的列车。火车在奔驰，杨宝山和东北籍战友的心也随着列车回到了东北。车过山海关，这种思乡的感情就更急切了。杨宝山多么希望列车能从长（春）图（们）线上通过呀！列车不停，不能下车，哪怕能在车厢里深情地望一眼家乡的山山水水也就满足了。然而上级没有这样安排，列车从沈阳直奔安东（今丹东），跨过鸭绿江。进入朝鲜行军途中，杨宝山看到了美军飞机轰炸后留下的弹坑和炸弹碎片，目睹了敌机轰炸后熊熊燃烧的大火，以及被炸成焦土的城市和村庄、被炸死的朝鲜的人民和无家可归的孤儿……看到美帝侵略者的暴行和朝鲜人民遭受的深重苦难，杨宝山和战友们义愤填膺，满腔怒火，决心誓死为朝鲜人民报仇雪恨！

1952年6月，杨宝山所在部队接受了防守临津江东岸的任务。这是朝鲜战场的中线，西有临津江，东有太白山，是一片山地。朝鲜战争的双方谁要占领这一带，谁就可以左右东西两线的形势。双方都把战斗力较强的部队部署在这里。中国人民志愿军第47军面对的是美军骑兵第1师和美军第3师，这两个师是参加过第二次世界大战的王牌部队。这时，杨宝山已经担任5连连长。按照上级的部署，杨宝山部于9月21日率5连接防了天德山阵地。天德山海拔418米（故称418高地），在铁原西北约15千米处。它的右面有月牙山（又称月夜山），海拔366米（又称366高地）。这个阵地是我军于6月中旬从敌人手中夺过来的。我军占据了天德山和月牙山，就直接控制着在铁路交叉点的铁原城。如果敌人占据天德山和月牙山，就可以打通北进的道路，达到支援东西两线的目的。

5连接防天德山以后，杨宝山抓紧部署兵力，配置武器，对干部做了明确分工。在干部动员会上，他强调说，"敌人这次发动进攻，必定是穷凶极恶的，我们要准备打恶仗。目前要抓紧修筑工事。准备与敌人展开反复争夺，不管怎样也要守住阵地"。杨宝山还鼓励战士们，要在战斗中争创英雄连队，还提出"不当英雄不下山"的战斗口号。

第十二章 | 最可爱的人

9月底,美军骑兵第1师1部和美军第3师15团,在12架飞机和25辆坦克的掩护下,向天德山和月牙山压了过来。10月1日,敌人开始了总攻。12架敌机贴着树梢向5连3排阵地猛烈轰炸,接着是几十门大炮一起轰击,似乎要把山头削平。在杨宝山的指挥下,5连当天打退敌人7次冲锋。太阳下山了,阵地上燃烧未尽的木头和枯草还在燃烧,发出噼噼啪啪的响声,四周黑黢黢的。杨宝山在观察地形时听到山下有锹镐的撞击声,他断定是敌军在山下修筑工事,企图对我军进行反扑。杨宝山当即命令战友做好迎战准备。翌日拂晓,当敌人刚来到山下集结部队尚未发起冲锋时,杨宝山就率领40多名战士,猛虎下山般扑向敌人,一举歼敌80余人,粉碎敌人企图偷袭的阴谋,迫使敌人不得不推迟对我军进攻的时间。战士们刚刚返回阵地,又从月牙山方向落下猛烈的炮弹,打得战士们抬不起头来。杨宝山便派人去侦察,原来月牙山已于昨夜失守。这就给防守天德山的5连带来了极大的困难,阵地右翼完全暴露在敌人面前。杨宝山与副连长商量,决定派一支小部队去袭击月牙山的敌人,以减轻右翼压力,杨宝山对所有连排干部重新部署,并指定了连长的第一、第二替代人选。

10月3日,敌人向天德山阵地上倾泻了几万发炮弹,整个阵地淹没在滚滚浓烟里。炮击一停,杨宝山和战士们便迅速从尘土里站出来,顽强地抗击敌人。一股敌人从侧翼向天德山阵地袭来。电台里传来营长赵汝斌的命令:"一定要把这股敌人消灭掉!"杨宝山摘下电台耳机,命令副连长火速去营部汇报情况并请求增援部队。他砸碎了手表,撕毁了文件和日记,把身边仅有的20几个伤员组织起来,每个人都想着"不当英雄不下山"的豪言壮语,决定与美国侵略者决一死战。弹药即将用尽,面对就要冲上山顶的敌人,杨宝山毅然决然地抱起一块大石头,右手握着一颗手榴弹,从右边的隐蔽处冲向敌群,只听"轰隆"一声巨响,英雄连长杨宝山与张牙舞爪的敌人同归于尽。这时,6连刘连长带着一个排的兵力增援来了,打退了敌人。天德山战斗的胜利,挫败了美国的王牌军,阻止了敌人企图北进的计划。

经中国人民志愿军总部批准,给5连记特等功一次,并授予"威震天德山英雄连"的光荣称号;给连长杨宝山记特等功一次,并授予"一级战斗英雄"的光荣称号。1952年10月5日,杨宝山所在部队又追授他自由独立二级勋章一枚。

3 吉林英雄儿女之三:
牺牲在铁路线上的二级战斗英雄——王景洲

王景洲,1929年出生在吉林省磐石县烟筒山镇一个贫苦农民家庭。1949年3月19日考入吉林铁路局磐石车站当

第十二章 | 最可爱的人

站务员。1950年3月加入新民主主义青年团，9月报名参加中国人民志愿军铁路援朝大队，跨过鸭绿江，任志愿军新成川车站车号员。

王景洲

美帝国主义发动侵略朝鲜战争以后，王景洲在《决心书》上写下了"祖国需要我的时候，挺身而出"的誓言。中国人民志愿军准备参战的前几天，王景洲整天积极地在车站上忙着办理军运，有时连饭都顾不上吃，利用火炉子烧几个马铃薯充饥，眼睛也熬红了。那时连续阴天，时雪时雨，他的鞋跑坏了，就光着脚跑，扭了脚脖，仍坚持工作，直到完成军运任务。为此，王景洲得到批准参加抗美援朝铁路职工大队。在过江前他在给车站全体同志一封信中说："同志们！……把美国侵略者赶跑了再来看你们……"

王景洲要出发入朝的前一天晚上，他的爱人在铁路医院里生了一个男孩，他愉快地跑到医院向他的爱人和孩子告别。当他一进入朝鲜，看见的第一个场景，就是一具被美军飞机炸得血肉模糊的婴儿尸体。他止不住流下眼泪！他对同事说："从那时起，我更懂得了我们为什么要抗美援朝，为什么抗美援朝就是保家卫国。"

入朝后，王景洲被分配到新成川车站担任车号员。1951年2月8日，敌机轰炸新成川车站。敌机临走又在车站上方投下几十颗定时炸弹。天黑了，定时弹不断地爆炸，土块、石子、枕木、弹片在浓烟里飞腾，车站两旁的房屋着了火。大家都明白，军事运输任务不能有一夜甚至一小时的停歇，况且当晚有一列装载伤员的列车开进来，两列重要列车要开出去。因此，王景洲和车站全体同志奋不顾身地冲进浓烟里抢修被炸坏的站内轨道和被炸断的电线及车辆。抢修中，工人发现9股轨道中间插进两颗二三十千克重的定时炸弹。王景洲当即带领大家，冒着生命危险挖掘、排除。事后经铁道部军管总局批准，授予王景洲二等功一次。

第十二章 | 最可爱的人 ★

赠给王景洲烈士家属匾

　　1951年3月2日，新成川车站又遭敌机空袭。离车站不远，就是闻名的沸流江。江桥有一百多米，过桥就是山洞。从江桥到山洞有个坡。敌机之前将江桥炸坏一个孔，随即被我方抢修好，因为刚修复的线路不好走，列车中部有5节车厢脱轨，阻碍了列车的前进，需要尽快恢复。根据经验，黎明时分正是敌机骚扰最厉害的时候。不得已，只好牵引机车另一端的几节车厢往回走了。其余10多节装有弹药的车厢就停放在桥上。全车站的职工和铁道部队的战士还有一些朝鲜老乡共300多人，都出动将那些车厢一节一节地推进山洞里。推了几节车厢后，大家已经很累了，但是为了争取时间谁也不肯休息。当推着第8节车厢走到要进山洞的那段坡道上时，敌机出现了，开始疯狂地扫射。为了避免伤亡，王景洲和岳永昌（当时新成川车站的运转员）让其他人离开待避。他俩冒着敌机扫射，用尽全力推着那节车厢。但是车厢的阻力较大，他俩阻止不了车厢往下滑。隐蔽在山头上的同志们着急地又冒着敌机扫射的危险往下跑来。但是时间已来不及了，这节弹药车厢滑下来了，速度也越来越快了。岳永昌同志说，"危险了，挡不住了"！王景洲同志说，"坚决不能撞"。这时溜下来的这节车厢距停在桥上的那几节弹药车厢仅10米左右，在这短暂的时间内，王景洲手拿撬棍插在车轮下边，想阻止车厢下滑，然而车重撬棍小仍然挡不住。危急时刻，岳永昌看见王景洲忽然冲到车轮下，用自己的身躯塞在车厢底下。没有豪言壮语，没有离别嘱托，王景洲一瞬间的行动最终挡住了车厢的下滑，而他却光荣地牺牲了。

王景洲在危急时刻发扬了高度的工人阶级忘我牺牲的精神，表现了高度的坚强不屈的工人阶级的品质，牺牲了自己的生命，抢救了7节弹药车厢，保护了重要的沸流江桥。

中国人民志愿军铁道军事管理总局党委，根据王景洲生前愿望，批准并追认他为中国共产党党员。1953年11月，志愿军政治部给王景洲追记一等功，并授予"二级战斗英雄"的光荣称号。

4 吉林英雄儿女之四：

松鼓峰战役殊死搏斗的烈士——隋金山

隋金山，1924年7月生于吉林省蛟河县横道子漂河川（今蛟河市漂河镇）。魏巍《谁是最可爱的人》中13位烈士之一。

1946年12月，他带着为穷人打天下和对新生活的美好向往参加了东北民主联军，在第38军112师335团1营3连当战士。在著名的解放四平战役中，他勇猛果敢，冲锋在前。战斗中，在强大攻势下敌军一败涂地。隋金山和他的战友们在追歼敌人过程中，被躲在一座高大碉堡里的敌军所射出的密集火力阻挡，战友们接连倒下。紧急时刻，隋金山大吼一声，在战友们的掩护下，巧妙地避开敌军火力，勇敢地爬上碉堡顶端，用枪口逼着敌人，大喝"缴枪不杀"！碉堡里的敌人被从天而降的隋金山吓呆了，乖乖地举手投降。隋金山只身拿下了碉堡，为大部队进攻打开了通道。在收复四平战役中，一座大楼里的敌军火力密集，

抗美援朝战斗英雄隋金山（左一）

控制面积大，压得解放军不能前进。这时，隋金山以他从小在山区练出的攀登本领，敏捷地爬上3楼，一个人拿下了敌军的指挥所。敌军失去指挥，乱作一团，被我军一举歼灭。后来，隋金山参加了辽沈战役，又随军南下，一直打到海南岛。无数次战斗的洗礼使他成为一名坚强的革命战士，在战斗中隋金山不怕牺牲，总是冲在前面，多次立功被嘉奖。

朝鲜战争爆发后，隋金山所在部队被编入中国人民志愿军，当时任排长的隋金山奉命向中朝边境集结。

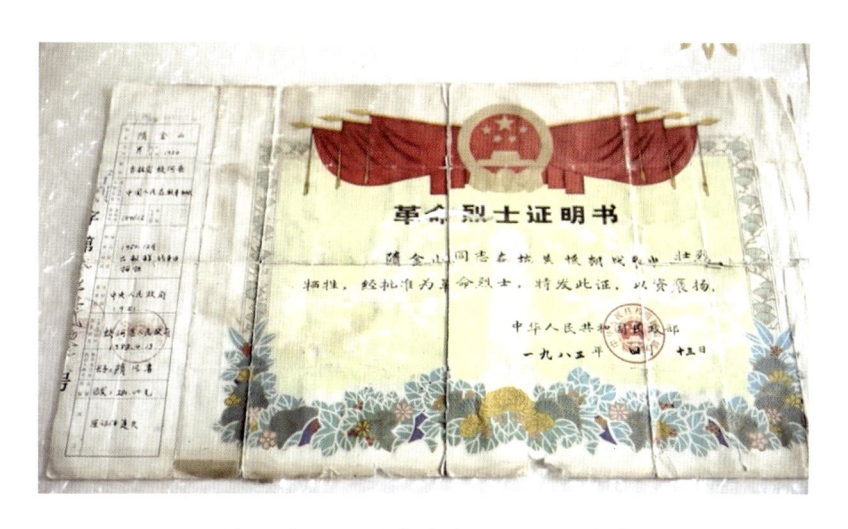

英雄隋金山的《革命烈士证明书》

部队在九台驻扎时，隋金山写信给妻子陈桂芝，要她带上从未见过面的儿子隋凤喜来部队。然而，当陈桂芝刚刚准备好路费要动身时，又收到隋金山的第二封信，告诉她部队马上开拔，不要来了。此后陆续有隋金山的立功喜报寄回家乡。1950年底的一天，部队派人送来了隋金山最后的"军功章"——烈属证！陈桂芝知道丈夫再也回不来了！几十年后，隋金山未曾见面的儿子隋凤喜还是在魏巍的作品和档案中详细地了解了他父亲牺牲的经过。

1950年11月25日，抗美援朝第二次战役开始。隋金山所在的3连接到切断松鼓峰下军隅里（朝鲜城市名）敌军退路的命令。3连被编为先头部队，立即向敌后猛插。当他们赶到书堂站时，溃逃的敌军恰恰赶到这里，敌军汽车就要从路上开过去。3连抢先占据路边的一个小山岗，集中火力，猛烈地向逃窜的敌军射击，堵住了敌军的退路。敌人为了夺路逃命，动用飞机在空中盘旋扫射，投弹轰炸，地面则用10多辆坦克和一个团的兵力，发起集团冲锋，向3连阵地汹涌卷来，几次冲锋都被3连的战士们打回去了。敌人发了疯似地拼死争夺，炮火把3连阵地上的土地都打翻了起来，飞机投掷的汽油燃烧弹把阵地都烧红了。3连的勇士们在这烟与火的山岗上仍然寸步不让，高喊着口号，一次又一次地把冲上来的敌人消灭在阵地前沿。敌人的尸体堆满山坡，可是残敌还是拼死争夺。这场激烈的战斗整整持续了8个小时，最后子弹打光了，就进行肉搏战。

隋金山等十几位志愿军战士全部壮烈牺牲在阵地上，在掩埋烈士们的遗体时人们发现，隋金山的嘴里还含着敌人的半个滴血的耳朵。

5 吉林英雄儿女之五：

用机枪打落美军飞机的战斗英雄——关崇贵

在朝鲜战场上有这么一名士兵，违反纪律却还被授予英雄称号，仅凭一人之力就成功阻击敌军两天三夜，他的杰出表现连彭德怀听了都忍不住点头称赞，更是被选为国

第十二章 | 最可爱的人 ★

庆典礼的志愿军代表人物。他的英勇事迹，连电影都不敢那么拍，他就是号称朝鲜战争中的最牛战士——关崇贵。

用机关枪击落美军飞机的通化籍战斗英雄关崇贵（1951年）

关崇贵，1924年出生于吉林省梅河口市，1947年参加东北民主联军。1950年朝鲜战争打响后，随42军125师奔赴战场。1951年2月，关崇贵因在战斗中表现杰出，成为125师357团的一名副班长。同时也是机枪手的他，接到命令前往614高地附近的一处小山头驻扎，一方面监测敌情及时回传，另一方面尽可能阻击敌人的进攻步伐。

当时正处在朝鲜战争第4次战役末期，美军强势反扑。随着各方面物资的急速减少，志愿军一度陷入艰难的时期。接到命令的关崇贵，毫不犹豫地带着战士来到指定地点。可万万没有想到，眼前的山头已经被敌人飞机轰炸得连个像样的掩体都找不到。没有掩体就等于把目标暴露在敌人面前，把目标暴露在敌人面前，又谈何阻击。想到这里，关崇贵牙根一咬，连夜带着大家在山头上挖起了壕沟，经过整整一夜奋战，他们终于挖好掩体，然而还没来得及填饱肚子，敌人的飞机就朝他们袭来。4架飞机如同4只凶猛的老鹰，在他们头顶不断盘旋，还不时地发起一波波攻击，试探山上到底有没有人。关崇贵见状，强忍住内心射击的冲动，带领小队成员不动声色地躲在壕沟里，直到敌人飞机飞走才发出命令，让战士们换到更为有利的位置，准备迎击上山的敌军。

和敌军交手半年多来，关崇贵已经摸清了对方的套路——每次都是派飞机探路，大致确定情况后再正式发动进攻。果然，就在关崇贵和战士们刚调换好位置后没多久，一股约40人的敌军小分队便偷偷摸上山来。为更有效地给敌人以威慑，关崇贵按兵不动，等到敌人距离足够近时才下令发动攻击。这一轮猛攻，直接造成敌军四分之一的伤亡。剩下的四分之三按捺不住，想要带走受伤的敌军，关崇贵

第十二章 | 最可爱的人

瞄准机会二话不说就是一梭子子弹，这一下敌人瞬间蒙了，也不管倒在地上哀号的士兵，直接调转方向撤退。紧接着，先前的飞机又带着震耳的轰鸣声袭来，对小山头进行各种轰炸扫射，本就不堪的小山头更加泥土四溅滚石飞扬，关崇贵担心武器受损，连忙把武器护在身下，而他身旁仅有的水壶和食物却被炸得粉碎。

关崇贵情急之下举着机枪对准最近的一架飞机开始扫射。然而，一顿火光四射的射击后，敌军飞机竟完好无损地飞走了。身旁一个战士赶忙劝阻关崇贵不要再继续射击了。因为在志愿军里有着这样一条明文规定，在没有防空武器的前提下，任何人不得在交战中射击飞机，一旦违反，必将受到严厉处置。可关崇贵想到敌机一次又一次地挑衅，立马气不打一处来地换上新弹匣，朝着另外一架逼近他们的敌机打去，而这一次，竟然直接打在了机头的螺旋桨处。敌机冒着黑烟一头扎进山沟。

随着这架飞机的击落，开启了我军用轻武器击落敌机的先河。也正是因为关崇贵的这次扫射，使得敌机随后不敢轻举妄动，为我军主力部队争取了足够的时间。可此时关崇贵却怎么都高兴不起来——在当时的作战环境下，为避免位置暴露带来更大伤亡，是绝对禁止向敌军飞机开枪的，像他这样不顾规定强行开火，就算不被开除军籍，也少不了被通报批评，取消后续作战资格。

关崇贵的行为也从侧面证明，仅靠轻武器是能够击落敌机的，如果这个行为可大范围推广，那么以后再遇到敌机时，就不用像以前那样被动挨打。用机枪打飞机的事迹也传到了志愿军总部。关崇贵到底是该奖还是该罚？彭德怀给出了答案，那就是奖。因为在关崇贵这一举动出现之前，几乎所有的指战员都对如何应对敌机感到非常头疼。于是，在彭德怀的示意下，关崇贵不仅没有受到任何处分，还被授予个人特等功。在听到消息的那一刻，连关崇贵自己都难以置信。不过待到冷静下来之后，关崇贵按照指示，立刻将自己是如何击落敌机的详细过程写下来，交由上级领导宣传到其他部队进行学习。

在几天后的阻击战中，关崇贵再次奉命坚守614高地附近的一处阵地。基于前几次吃亏的教训，敌军不再把全部注意力放在614高地上，而是采用围堵策略，从614高地的外围阵地入手，以便找到防守薄弱的突破口，而关崇贵所在的阵地，就是敌人炮火的目标。当时，他所在小队仅有一个机枪组和一个班，不过十余人，而敌军足有500人之多，不仅数量上是关崇贵的几十倍，武器配置上更是不知强出多少。一轮密集进攻下来，小队成员几乎损失过半。就在所有人都以为这是一项不可能完成的任务时，关崇贵

第十二章 | 最可爱的人

用实际行动再次证明，哪怕敌人火力再猛，也坚决不离开阵地一步。其他幸存的战士见关崇贵如此勇敢，纷纷被感动并坚持战斗。待到第一天防守下来，山坡上仅剩下关崇贵和另外两名战士。

关崇贵指挥两名战士将战场上的轻武器收集起来，按照一定间隔，摆在第一道防线上，等到敌人一出现，便跑着射击进行干扰。不得不说，在这种出其不意的战术下，敌人愣是一个晚上也没前进一步。第二天天亮后，这两名战士还是不幸被敌军的阻击手击中，关崇贵心中有种说不出的沉重，可一想到山下蠢蠢欲动的敌军和身后笼罩在战火中的家乡，就容不得他退缩半分。在接下来的两天两夜里，没有人知道关崇贵是凭着怎样的意志和敌人周旋，也没有人知道关崇贵是怎样凭借一己之力让敌人不能前进一步的！

当614高地危险解除、大部队准备打扫战场原地休息时，有士兵发现关崇贵所在阵地方向仍有零星枪声响起。负责指挥行动的42军军长吴瑞林收到消息，立马调出2个营的兵力从侧面冲上阵地。在那里，战士们见到了让他们永生难忘的一幕，只见一片黑压压的土地上，敌军的尸体横七竖八地躺了一地，而在不远处，关崇贵浑身是血地瘫坐其中，在他身边堆满了数不清的武器弹药，空气中弥漫着挥之不去的硝烟味和躯体烧焦的味道，身体和精神上的

★ 抗美援朝后援地

双重消耗，使得关崇贵变得非常虚弱。可即便如此，一听到有人靠近，关崇贵还是本能地举起手中的武器，直到看见来人穿着和他一样的志愿军军服时，才猛然感到一阵放松，倒在地上沉沉睡去。看着由于饥饿和疲劳已经站不起来的关崇贵和他身边摆着的从敌人尸体上捡来的30多支步枪、机枪、冲锋枪，身经百战的志愿军战士也感到极大震撼。随后，战士们代替关崇贵守在此处，而关崇贵则因负伤严重被送到后方治疗。3天后，有关关崇贵一人坚守阵地力阻敌军500余人的英雄事迹再次传遍整个志愿军，令无数战士既钦佩又感动。志愿军司令员彭德怀得知后激动地说，"真正的英雄啊！提拔三级使用"。

1951年关崇贵在北京参加国庆观礼期间受到毛泽东等中央领导接见（后排左起第6人为关崇贵）

关崇贵以他在抗美援朝中的英勇表现屡获殊荣,志愿军总部授予他一级战斗英雄称号,记特等功;朝鲜民主主义人民共和国主席金日成授予他三级国旗勋章;1951年9月,他被选为志愿军国庆观礼代表,受到毛泽东主席和朱德总司令的接见并合影留念。关崇贵凭借轻武器击落敌机的范例也被多个部队广泛使用。转业多年后,关崇贵回到老家吉林省梅河口市退休养老,而他打下的那架飞机残骸照片和他戴上军功章的照片,直到今天依然并排陈列在北京军事博物馆里。

6 吉林英雄儿女之六:
一根扁担活捉25个美伪军的老民兵——曲洪一

在抗美援朝运动中,吉林省还组织担架队员、翻译、木瓦工、车夫、伙夫、司机、电讯员、护理员、理发员等战勤工作人员,自1950年10月27日起过江赴朝参战,随军支前。他们在炮火硝烟的战场上把伤员送到后方,再把后方的作战物资送到前沿阵地。他们发扬不怕苦、不怕牺牲的革命精神,喊出了"志愿军打到哪里,我们就跟到哪里"的口号,冒着敌人的炮火抢救志愿军伤员,许多人壮烈牺牲。在硝烟弥漫的战场上,人们传颂着一位54岁的老民兵,用一根扁担活捉了25个美伪军的事迹,成为吉林省众多支前担架队员的一个缩影。

曲洪一,1896年出生在集安市榆林镇地沟村。1945年参加革命,曾任农会会长,村民兵队长。1950年10月,他参加首批中国人民志愿赴朝担架队,被选为辑安县(今集安市)第3担架大队队长。

一根扁担活捉25个美伪军的辑安县(今集安市)第3担架大队队长曲洪一

1950年10月30日的晚上,曲洪一奉命去前线将伤员运到朝鲜楚山医院救治。可是到达楚山的时候,发现医院已经转移了。为了确保伤员生命安全,曲洪一决定连夜将伤员抬过鸭绿江,送到辑安县(今集安市)海关村进行救治。当路过朝鲜楚山郡下水洞的半山腰时,天已经黑得伸手不见五指,忽然听到左岔道不远处传来急促的脚步声和叽哩咕噜的说话声,他立即停止了脚步,命令大家就地隐蔽。生活在鸭绿江边50多年的曲洪一精通朝鲜语,根据敌人的说话和敌人照明弹的亮度,他准确地判断:这是一伙被我军打散的敌人,这也是俘虏他们的好机会。于是,他告诉大家做好战斗准备,自己握着扁担趴在最前头。当那伙敌军走到近前时,他一个箭步猛然跃起,举起扁担用朝鲜语大声喊道:"缴枪不杀!"随后队员们也都一齐冲出来举起了手中的扁担。25个全副武装的李承晚伪军和美军,被这突如其来的喊声吓呆了,不知道是哪来的"天兵天将",更不知道"天兵天将"手中拿着什么"新式武器",于是乖乖地缴械投降了。

等曲洪一率领的担架队在天亮的时候把他们绑到山下时,这伙美伪军才知道,自己是被中国担架队的几个民兵拿几根扁担给俘虏了,瞬间懊恼不已。后来对这25个美伪军的审讯才知道,他们是来自李承晚的王牌部队。没有武装的担架队队员抓获了敌方的王牌部队成员,曲洪一和他所在的担架队瞬间就出了名,受到了嘉奖。当时"一根扁担活捉25个美伪军"的故事,还上了报纸。

1950年冬，曲洪一（左一）与担架队员们整队出发赴朝前线

回国后，曲洪一荣记一等功，他的事迹登上了《东北日报》和《人民画报》。他使用的扁担也被送到中国人民革命军事博物馆陈列至今。曲洪一退休后，仍积极为党和人民工作。

7 吉林英雄儿女之七：

长春铁路分局一等功臣——张雨和

张雨和是长春机务段司机。1951年8月，他驾驶机车渡江参加抗美援朝战争。张雨和机车组入朝后从未发生过

第十二章 | 最可爱的人

任何事故，他们冒着枪林弹雨和敌机的狂轰滥炸，先后4次抢救弹药车和汽油车，防止机车破损事故2起。全组被中国人民志愿军铁道军事管理总局评为二等模范机车组，张雨和荣立一等功、荣获朝鲜民主主义人民共和国二级战士荣誉勋章，出席了中国人民志愿军铁道军事管理总局首届功臣模范代表大会。

张雨和带领的机车组在工作中主动接受任务，积极与朝鲜职工并肩合作，服从朝鲜线路指导员的指挥，虚心向他们学习请教，很快掌握并熟悉了情况及线路附近的地形地貌。

1952年6月的一天，张雨和的机车组刚刚进段休息，又接到调度命令，要求他们继续出乘。因为当时机务段没有预备机车，只好由他们这台机车去完成临时任务。张雨和当即表示坚决完成任务。但是，就在他们上完煤、加完水清炉的时候，机车反炉条出槽脱落，尽管他们费了很大的劲儿，使用各种办法，仍然不能修复。时间是不等人的，急得张雨和团团转。这种情况不但造成机车破损事故，而且影响军列运输。紧要关头，张雨和立刻到宿营车找来"盔甲"——棉袄、棉帽子。炎炎的夏天，火热的太阳直射着一切，钢轨、路基石像火炉一样灼热烫人。张雨和披挂着"盔甲"更是闷热得很。他挥手下令，副司机像消防员一样，擎

· 421 ·

着水龙头向他身上猛喷，司炉也像救火一样端来一盆盆凉水，从他头上直浇到脚下，浇得浑身透。张雨和就是利用这副"盔甲"，借着凉气，从地沟钻进这几百度高温的机车车厢里，抢修反炉条。锅炉的火和炉条的余热，很快烤透"盔甲"，张雨和浑身冒着热气腾腾的烟气，时间1分钟、2分钟……过去了，同志们担心地在机车外焦急地呼唤着张雨和的名字。

张雨和像洗澡一样，浸泡在不断升温的热水中，顷刻间头昏眼花，双腿发颤。但是，他知道这是祖国人民的考验，忍着难以忍受的热浪，终于把反炉条送回槽内，直至完全修复。当他钻出地沟时第一句话就是"抓紧出库……"，话未说完便昏倒在地。军代表等领导同志闻讯赶来让他休息，但他苏醒后喝了几口凉水便登上机车。军代表眼含泪花不住地称赞，"真是祖国的英雄儿女呀"！

张雨和就是靠着无限忠诚于祖国和为革命负责的精神，在朝鲜战场上顶着弥漫的硝烟抢运军用物资。

还有一次，张雨和牵引着一列满装汽油的列车从价古站开出后，就听到隐约的枪声。知道有空袭，张雨和便非常小心地开着车，不让列车透出一点亮光。当列车行至"价古—明文"间大桥处，敌机发现了列车制动时闸瓦磨出的火星，就向列车疯狂扫射。张雨和已察觉到敌机发现了自

第十二章 | 最可爱的人

己，判断是制动所致，于是立刻采取措施让列车在下坡道时骤增速度以减少摩擦发出的火星。由于张雨和熟练的操作机车的技术，同时对这一带线路情况了如指掌，从而保证了列车安全行使。不过列车尾部的一节汽油车厢还是被敌机击中，汽油燃烧，滚滚浓烟冲向空中，不一会列车就像火龙一样狂奔疾驰，火势借列车前进的风势，风助火威，越烧越大，通红耀眼的火光照得列车目标更大。敌机乘势得逞，在上空盘旋一圈又俯冲下来疯狂扫射，顿时像猛兽吞食猎物一般，不知不觉又增加了几架敌机。在这非常时刻，张雨和急中生智，立即采取停车措施。之后，跳车疾步向尾部燃烧着的汽油车厢冲去，正当他要靠近汽油车厢时，一股热浪夹杂着汽油的浓烟猛扑过来，灼得他满脸火辣辣的痛。张雨和停步张望，距起火汽油车厢尚有五六节，如果时间再拖延,这些车厢就有燃烧的危险。时间就是命令，不容他再考虑。张雨和面临险情毫无惧色，忍着剧烈的灼痛继续向起火的汽油车厢靠近，顾不得烧着了的衣服，烤焦了的手背，冒着生命危险猛力关闭折角塞门提车钩，回身向机车上的同志举臂高喊："快！快走！"

机车拉走剩下完好的油箱车，脱离险区。"轰轰"两声巨响，起火的两节汽油车厢爆炸，顷刻间油火四溅，飞向天空，一片火海。敌机看到了熊熊火光，误以为击中目标，把带来的所有炸弹全部倾泻下来，然后扬长飞去。此时张雨和驾驶着机车早已安全通过了大桥，减少了军需物资的损失。

抗美援朝重大战役战斗

1	第一次战役　黄草岭战斗	42军
2	第二次战役　飞虎山战斗	38军
3	第二次战役　奔袭三所里	38军
4	第二次战役　松骨峰战斗	38军
5	第二次战役　长津湖战役	20军　26军
6	第三次战役	38军　42军
7	第四次战役　汉江南岸阻击战	50军　38军
8	四次战役　横城反击战	42军
9	第五次战役　县里围歼战	20军
10	粉碎"联合国军"1951年夏季攻势	20军
11	1952年秋季战术反击作战	38军
12	1953年夏季反击作战第一阶段	24军
13	1953年夏季反击作战第二阶段	24军
14	金城战役第一步作战	24军
15	金城战役第二步作战	24军
16	金城战役期间一线配合作战	1军

8 回家[①]

抗美援朝是一部志愿军将士用生命写就的英雄史，不但捍卫了年轻共和国的安全与尊严，而且是中国人民站起来的一次有力诠释。吉林省集安鸭绿江铁路大桥，是当年中国人民志愿军入朝作战的第一渡。

中国人民的优秀儿女回到祖国怀抱

1950年的深秋，寒风瑟瑟，一群年轻的战士告别家人，奔赴前线，抗美援朝，保家卫国。这一去，是枪林弹雨，山高路远。1953年的盛夏，山花烂漫，一群经历血与火淬

[①] 纪念文章于2023年4月3日刊发在人民网吉林频道。

★ 抗美援朝后援地

炼的钢铁战士胜利归来。这一回，是阖家团圆，国泰民安。在伟大的抗美援朝运动中，吉林省共有5.3万名青年义无反顾地赴朝参战，有1.8万名吉林籍英雄为祖国、为人民、为和平献出了宝贵生命，更有百万计吉林人民为伟大胜利奋勇支前。

志愿军使用的枪和子弹（2014年接收在韩志愿军烈士遗骸时移交）

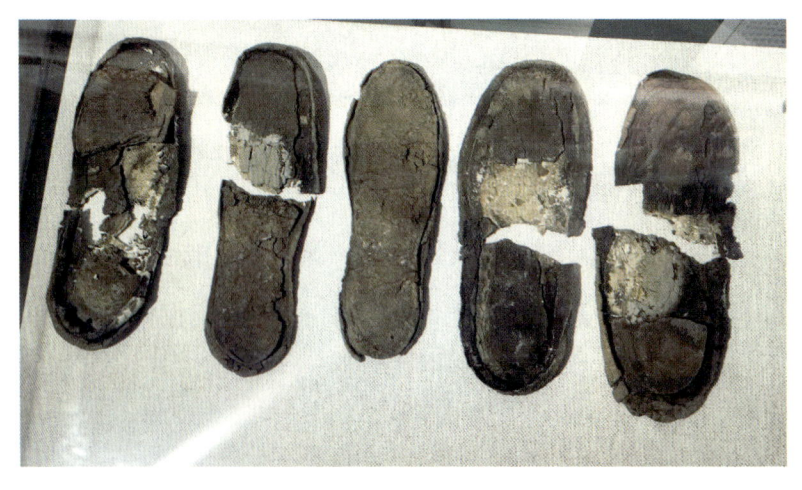

志愿军使用的军鞋

第十二章 | 最可爱的人 ★

高呼"不当英雄不下山"的志愿军战斗英雄杨宝山，出生在吉林省敦化市。他从抗日的烽火中走来，在解放战争中屡立战功，是全军闻名的战斗英雄。入朝作战前他最大的心愿是所乘列车能从长（春）图（们）线上通过，这样他就可以在车厢里深情地望一眼阔别已久的家乡。1951年3月，杨宝山任志愿军第47军141师422团5连连长入朝参战。10月1日，"联合国军"向杨宝山驻守的天德山阵地发起猛攻，杨宝山豪言"不当英雄不下山"，率部打退美军多次进攻。战至10月3日，在弹药耗尽，阵地上仅剩20多名伤员的情况下，杨宝山拉响手雷冲入美军，与敌人同归于尽。杨宝山用自己的鲜血与生命守住了阵地，却未能回到自己的家乡再看一眼。这一年他32岁。

"假若需要立纪念碑的话，让我把带火扑敌及用刺刀和敌拼死在一起的烈士们的名字记下吧。他们的名字是：王金传、邢玉堂、胡传九、井玉琢、王文英、熊官全、王金侯、赵锡杰、隋金山……让我们的烈士们千载万世永垂不朽吧！"这是作家魏巍在《谁是最可爱的人》中描述的一段话，其中的隋金山是吉林省蛟河县人。1950年10月，时任排长的隋金山带领战友们奉命向中朝边境集结。部队在九台驻扎时，隋金山写信给妻子陈桂芝，要她带上从未见过面已经4岁的儿子隋凤喜来部队。然而，当陈桂芝刚刚准

· 427 ·

备好路费要动身时，又收到隋金山的第二封信，告诉她部队马上开拔不要来了。此后陆续有隋金山的立功喜报寄回家乡。1950年底的一天，部队派人送来了隋金山最后的"军功章"——烈属证，陈桂芝知道丈夫再也回不来了。在惨烈的松骨峰战斗中，隋金山和战友们把子弹打光了，就开始肉搏战。在掩埋烈士们遗体时人们发现，隋金山的嘴里还含着被咬下来的敌人的半个滴血的耳朵，这一年他27岁。

吉林省磐石站站务员王景洲于1950年首批赴朝，任新成川站车号员。出发前夜，王景洲的妻子产下了一名男婴，还未来得及与孩子亲近，他便匆忙收拾行囊奔赴朝鲜。见过鲜活的新生命后，他更懂得了生命的价值，理解了"抗美援朝，保家卫国"的深刻意义。1951年3月2日黎明，王景洲为了弹药车免遭敌机轰炸，和战友们冒着生命危险，将弹药车推进山洞隐蔽。但车的惯力太大，当推到最后一辆车的时候开始不住下滑，眼看就要与刚推进去的前车相撞发生爆炸，危及沸流江大桥。危急时刻，王景洲用力推开战友，自己在尝试用手拿撬棍插在车轮失败时，英勇地将自己的身躯塞在撬棍底下挡住了下滑的车辆，避免了事故的发生。王景洲当场壮烈牺牲，这一年他22岁。

离家尚是少年身，归时已为报国躯。还有一群可爱的人，他们用血肉之躯，将战火挡在了胸前。他们还未来得及变老，就将生命永远定格在了战场上,留下的是祖国和人民对他们的无尽怀念。多年来,让埋骨他乡的英雄魂归故里,成为了祖国人民的夙愿。回家的路慢慢且漫漫。随着祖国日益强大,党和国家对英烈的褒扬越来越重视。自 2014 年起,祖国以最高的礼遇连续 9 年共迎接 913 位烈士遗骸回到祖国。礼兵庄严接过棺椁的那一刻心中默念着:"英雄,我带你们回家啦!"

杨立荣烈士遗物

志愿军战士遗物

★ 抗美援朝后援地

礼兵护送覆盖着国旗的志愿军烈士遗骸棺椁进至棺椁摆放区

第十二章 | 最可爱的人 ★

陈曾吉是首批归国与亲人"相见"的英烈之一。陈曾吉,1930年5月出生,吉林延吉人。1947年,时年17岁的他离开家乡参军入伍,参加过解放战争。1950年,参加抗美援朝战争。在一次侦察中,他深入敌军控制区遭遇埋伏,壮烈牺牲,年仅20岁。同为志愿军的五叔找到了陈曾吉的尸体并亲手掩埋。自从1949年收到陈曾吉从前线寄回来的最后一封信后,家里人就再也没有他的消息。家人都在翘首盼望陈曾吉的归来,最后接到的却是牺牲的噩耗。得知这一消息,入伍参军、找回兄长的遗骸,成了陈家余下三兄弟最大的心愿,但是寻找多年均未果,陈家另一名兄弟也在战斗中献出了自己年轻的生命。

陈曾吉烈士弟弟陈虎山手捧哥哥生前照片

许多年后，得知陈曾吉的遗骸回国，已是80多岁高龄的弟弟陈虎山热泪盈眶，他身着志愿军军装，步履蹒跚地来到沈阳抗美援朝烈士陵园，参加认亲仪式。在认亲现场，陈虎山和家人在刻有十多万姓名的抗美援朝烈士英名墙上细细寻找。找到陈曾吉的名字后，一身戎装的陈虎山立正敬礼，弯腰将一束鲜花摆在墙前，说起过往，陈虎山眼圈泛红，几度哽咽，泪水在眼眶里不停打转。

在写着陈曾吉名字的英名墙前，他挺起胸膛，庄严立正敬礼，这次见面他们等了七十余载。"每到过年和八月十五，家人都要给你盛一碗饭、摆一双筷子。"陈虎山跟大哥说着话。解开绸缎包裹，陈虎山捧出一张相片，相片里的战士手握钢枪，英姿飒爽——这是陈曾吉留下的唯一一张照片。

2021年至2022年，又有38名中国人民志愿军第38军113师377团的吉林籍烈士回到祖国的怀抱，他们是杨玉胜、屈世新、许洪阁、张兴、王庆阁……"待我回家"，是他们出征时的殷殷期盼；"代我回家"，是他们牺牲时的无尽遗憾；"带我回家"，是祖国和人民不会忘记的"约定"。清明之际告慰英魂。出征之日，山河重振百废待兴；归来之际，中华盛世如您所愿。

中国人民志愿军立功受奖统计

在抗美援朝战争中，中国人民志愿军在极为艰难的条件下，充分发挥了思想政治工作的保障作用，教育官兵认识抗美援朝的伟大意义，激励官兵的作战积极性和创造性，保持部队的旺盛战斗意识，以灵活机动的战略战术和一往无前的英雄气概，发扬爱国主义、革命英雄主义、革命乐观主义、革命忠诚和国际主义精神，英勇作战、不畏牺牲，创造了可歌可泣的英雄业绩，涌现出大批英雄、模范和功臣。他们的精神永远是中华民族的骄傲，他们的业绩将万古流芳！

• 朝鲜政府授予中国人民志愿军英雄称号和勋章、奖章统计	
授予英雄称号者	12 名
授予勋章、奖章	526354 枚
• 中国人民志愿军英雄模范统计	
特级英雄	2 名
一级英雄	51 名
一级模范	4 名
二级英雄	287 名
二级模范	75 名
荣立特等功者（未包括获得英雄称号者）	85 名
荣立三等功以上者	302724 名
荣立集体三等功以上单位	5953 个

参考文献
References

《中共吉林省委重要文件汇编》（1950-1951）第二册吉林省档案馆编 1985 年

《中共吉林省委重要文件汇编》（1952）第三册吉林省档案馆编 1986 年

《中共吉林省委重要文件汇编》（1953）第四册吉林省档案馆编 1987 年

《中国共产党历史》第二卷（1949—1978）（上）中共中央党史研究室著 中共党史出版社 2011 年

《中国共产党吉林省历史》第二卷（1949—1978）中共吉林省委党史研究室 中共党史出版社 2019 年

《吉林省抗美援朝运动》中共吉林省委党史研究室编 2002 年

《吉林人民与抗美援朝运动》吉林省政协文史资料委员会编 2010 年

《较量——抗美援朝战争纪实》郭志刚 王志成 齐德学等著 中国青年出版社 2001 年

《抗美援朝战争风云录》中国军事博物馆编著 花城出版社 1999 年

《中国人民志愿军历史上的 27 个军》张明金 刘立勤著 解放军出版社 2014 年

《驰骋汉江南北——四十二军在朝鲜》郭宝恒等著 辽宁人民出版社 1996 年

《三十九军在朝鲜》吴信泉著 辽宁人民出版社 2009 年

《英雄的城市英雄人》中共丹东市委党史研究室 刘启发主编 1989 年

《正义的胜利》中共吉林市委党史研究室 吉林市民政局吉林市档案局编 1998 年

《保家卫国的奉献——辽宁省支援抗美援朝战争纪实》中共辽宁省委党史研究室 丹东抗美援朝纪念馆 辽宁大学出版社 2000 年

《抗美援朝运动在长春》中共长春市委党史研究室 长春市民政局编 1994 年

《中共白城简史》中共白城市委党史研究室编 吉林文史出版社 1994 年

《中共白山历史》（1921-2000）初国仁 郝祥东 吉林人民出版社 2003 年

《中共辽源市历史大事记》（1929—1990）中共辽源市

委党史研究室1992年

《双辽党史回眸》赵恒权主编 东方出版社2005年

《安图党史资料》中共安图县委党史研究室编1990年

《中共延吉党史资料》(第二集)中共延吉市委党史研究室编著吉林文史出版社2003年

《抗美援朝在海龙》崔宏主编 吉林文史出版社2014年

《集安抗美援朝运动史料》中国人民政协集安市委员会卫视资料委员会文史资料选第十六辑 2010年